Debbie Johnson vit et travaille à Liverpool, où elle emploie son temps à écrire, s'occuper d'une petite tribu d'enfants et d'animaux, et ne pas faire le ménage. Elle a été journaliste de nombreuses années, avant d'estimer qu'il serait plus amusant de raconter ses propres histoires plutôt que de raconter celles des autres. Ses romans, émouvants et justes, ont l'art de vous faire passer du rire aux larmes.

Ce livre est également disponible
au format numérique

www.milady.fr

Debbie Johnson

LA VIE DE A À Z

Traduit de l'anglais (Grande-Bretagne) par Nathalie Guillaume

Milady

Milady est un label des éditions Bragelonne

Titre original : *The A-Z of Everything*

Originellement publié en Grande-Bretagne par Harper, un département du groupe HarperCollins*Publishers* Ltd.

ISBN : 978-2-8112-2921-4

Bragelonne – Milady
60-62, rue d'Hauteville – 75010 Paris

E-mail : info@milady.fr
Site Internet : www.milady.fr

À ma mère.
Cinq ans déjà, et une part de moi s'attend toujours
à ce que ce soit elle quand le téléphone sonne tard le soir.

PREMIÈRE PARTIE

Le décor est planté

Prologue

Andrea

Quarante années se sont écoulées depuis que ma mère est morte, et pourtant, je m'en souviens comme si c'était hier. Je me rappelle encore les sons et les odeurs, et la sensation de sa minuscule main dans la mienne quand elle a finalement abandonné le combat, et que la lumière a quitté ses yeux. Je me rappelle ce vide intérieur que j'éprouvais en rentrant chez moi, en larmes dans l'autobus à impériale, hermétique à la compassion des inconnus tandis que nous traversions doucement Londres. Je me revois passer la porte de notre appartement, submergée du besoin de choyer mes enfants, de les mettre à l'abri et de les aimer à tel point qu'il ne leur arriverait jamais aucun mal. Je voulais leur épargner les tourments de la vie.

Quatre décennies entières plus tard, c'est toujours si net. Le temps suspend son vol pour les gens que vous aimez et ceux que vous perdez, certaines choses vous hantent pour l'éternité. Cette pensée m'obsède parce que j'ai appris ce matin que j'étais en train de mourir. Pas de la manière lente et certaine dont nous allons tous mourir, mais de la version « d'ici deux mois, avec un peu de chance ».

L'empathie experte que le spécialiste a affichée tandis qu'il me l'expliquait a suffi à réanimer mes lèvres crispées, et je l'ai fait taire avec un sourire. J'ai été actrice toute ma vie, et j'ai joué plus d'une scène de mort. Maintenant, je dois décider comment interpréter la mienne et en tirer le meilleur parti. Le dernier rappel que j'ai noté sur mon agenda était de dire à mon ami Lewis que sa vieille chienne, Betty, avait besoin d'un traitement antipuces. Le précédent mémo concernait l'achat d'un nouveau chapeau pour notre virée à l'hippodrome. C'est drôle comme tout peut changer en un claquement de doigts.

À présent, il me reste quelques semaines, et je dois faire en sorte de leur donner un sens. Je dois programmer, travailler et planifier comme je n'ai jamais programmé, travaillé et planifié. Pendant ces quelques semaines, si Dieu le veut, je vais diriger ma propre pièce… et réaliser un petit miracle. Parce que, bien entendu, je n'ai pas été capable de mettre mes filles à l'abri du monde pour le restant de leurs jours, aucune mère ne l'est. Je n'ai pas été capable de leur éviter le pire des tourments : faire du mal à ceux qu'on aime.

Si c'est la dernière chose que j'entreprends de mon vivant, je ne reculerai devant rien pour atteindre mon but. Je vais cogner les têtes de mes filles ensemble, et les réunir. Je ferai tout ce qui est en mon pouvoir pour les réconcilier, consolider leur avenir, tant que j'en ai le temps. Car elles vont avoir besoin l'une de l'autre. Un jour, très bientôt, elles vont se réveiller dans un monde sans leur mère et, comme je le disais, je me rappelle encore ce que ça fait.

Sa minuscule main qui tient la mienne.

Chapitre premier

1984 – Adieu à Templeton Peck

Les cadavres de poissons rouges sont des choses assez dégoûtantes, songe Andrea, tandis qu'elle emballe affectueusement la dépouille du défunt, le formidable animal de compagnie connu sous le nom de Futé. Jadis une délicieuse créature traversant avec vivacité son faux récif de corail et son château de pirate, il est à présent gluant, froid, et rappelle bien trop la nourriture chinoise qui commence à se décomposer après trois jours au réfrigérateur. Une fois celui-ci enveloppé dans un mouchoir en papier, on le place dans une boîte à chaussures, que les filles ont décorée dans le style de la petite Corvette du héros d'*Agence tous risques*. C'est un chef-d'œuvre de feutre rouge et de peinture blanche baveuse, avec des traînées roses qui dégoulinent le long du carton.

Patch, leur Jack Russel qui louche, jappe et cherche à lui mordiller les chevilles, mourant d'envie d'accéder au cercueil. Ce n'est qu'un en-cas à ses yeux, et Andrea lui ordonne de déguerpir. Il disparaît du côté du jardin et commence à creuser un trou dans les parterres de fleurs. Poppy sanglote de façon incontrôlable, ses cheveux bruns et indisciplinés plaqués sur ses joues baignées de larmes. Sept ans et déjà une reine du drame. Rose la serre dans ses bras, avec des murmures apaisants pour tenter de la consoler. Elles sont toutes les deux pieds nus, encore en chemise de nuit, et paraissent incroyablement petites et abandonnées tandis qu'elles flânent sur l'herbe du jardin de leur cottage. C'est évidemment plus simple pour Rose de faire bonne figure. Son poisson, Barracuda, nage toujours gaiement dans le bocal, en traitant les gens d'imbéciles avec ses airs de caïd. Le pauvre Futé a duré moins de trois mois. Ceci est leur première rencontre avec la mort, et l'émotion est vive.

Il y a un petit trou, qu'Andrea a creusé un peu plus tôt ce matin-là, et un magnétophone à côté, qui fonctionne sur piles. Andrea tend la boîte à chaussures à Poppy, qui surmonte son hystérie le temps de la prendre avec ses minuscules mains tremblantes. Andrea lui caresse le visage pour essuyer ses larmes. Sa peau est moite et pâle, et même si – au moins – une partie de cette scène est jouée pour l'effet, Andrea sait que sa petite fille est dévastée. Elle se dit que la prochaine fois elle leur offrira un animal de compagnie avec une durée de vie plus longue. Comme l'une de ces tortues qui vivent cent ans.

— Vas-y, Popcorn, l'invite-t-elle gentiment en désignant le trou. Nous devons faire nos adieux à Futé, maintenant. Est-ce que tu aimerais dire une petite prière pour lui ?

— Je ne p-p-peux pas ! bredouille-t-elle, parcourue de tels tremblements que la boîte commence elle aussi à être secouée.

Andrea s'imagine le poisson tentant un saut vers la liberté, volant dans le ciel pour atterrir sur la tête de l'un de leurs nains de jardin. Cette pensée l'amuse, mais elle lutte pour garder son sérieux. Elle ne peut pas rire. Pas maintenant. L'heure est grave. La manière dont elle interprète tout ceci conditionnera leur vision de la Grande Faucheuse pour le restant de leur vie. Elle doit au moins essayer de bien s'y prendre.

— Je vais le faire, dit Rose.

Elle a deux ans de plus et manifeste déjà un instinct maternel alarmant. Andrea se demande si elle ne risque pas d'être grand-mère à quarante ans. Elle sera obligée d'enfermer sa fille dans le placard à balais d'ici peu, ou de l'inciter à mordre dans une pomme enchantée. Poppy hoche la tête et se penche pour placer la boîte dans la terre. Elle l'incline dangereusement, mais par chance, aucun cadavre n'en jaillit. Patch les observe depuis le trou dans lequel il est à présent assis, et Andrea récite silencieusement sa propre prière : *S'il Vous plaît, empêchez ce petit chien qui pue de galoper jusqu'ici et de détaler avec le cadavre du poisson.*

Elles se tiennent en retrait avec respect et joignent leurs mains dans la position de prière qu'on leur a apprise à l'école. Andrea n'est pas certaine de croire en Dieu, ni en l'au-delà, mais c'est assurément pratique pour expliquer la mort aux enfants. Bien plus réconfortant que l'autre option.

— Cher Jésus, dit Rose en penchant la tête, de telle sorte que ses boucles brunes se balancent autour de son visage potelé. S'il Te plaît, emporte ce merveilleux poisson, Futé, au paradis. C'était un bon poisson, et nous l'aimions tous. S'il Te plaît, donne-lui un chouette bocal pour nager, et beaucoup d'autres poissons pour jouer avec lui, et dis-lui qu'on ne l'oubliera jamais. Amen.

C'est une charmante prière, simple, innocente, qui vient du fond du cœur, et Andrea sent ses yeux se remplir de larmes. Elles sont tout pour elle, ces deux beautés. Ces deux anges crasseux qui ont tant apporté à sa vie. Dans ces moments-là, elle peut oublier tous ses soucis : les factures, sa carrière d'actrice sans éclat, l'épuisement auquel sont condamnées les mères célibataires dans un monde conçu pour les couples. Oui, elle est capable de faire abstraction de tout ça et de se concentrer sur ce qui compte : sa Rosehip et sa Popcorn. Les meilleures filles de l'univers.

Poppy lève les yeux vers sa grande sœur et esquisse un petit sourire tremblotant.

— Ça va aller, Pop, dit Rose en lui prenant la main. Le paradis est un endroit magnifique, et Futé sera heureux là-haut.

Poppy fronce les sourcils, comme quand elle réfléchit intensément. C'est l'air qui précède en général une question extrêmement délicate, comme « d'où viennent les bébés ? » (ce qu'elle demande d'une voix forte dans le parc après avoir vu une dame avec une poussette), ou « pourquoi est-ce que le monsieur est chauve ? » (d'une voix tout aussi forte dans le bus derrière le sosie local de Kojak), ou sa préférée : « pourquoi est-ce que je n'ai pas de papa ? » (au beau milieu de la soirée des parents d'élèves).

— Maman, dit-elle d'une voix bien plus ferme que son expression larmoyante, comment est-ce que Futé va monter au ciel ? S'il est enterré dans une boîte dans le jardin ? Et est-ce qu'il y a une partie différente pour chaque chose… tu sais, comme un paradis des moutons, un paradis des gens et un paradis des poissons rouges ? Parce que les moutons auraient besoin d'herbe, et les poissons auraient besoin d'eau, et les gens auraient besoin du pub…

Une fois encore, Andrea se mord la lèvre du bas pour réprimer un fou rire. Le pub ? C'est l'idée qu'elle se fait du paradis pour les gens ? Il est clair qu'elle a été trop souvent embarquée au *Farmer's Arms*…

— Eh bien, tout ça est un peu mystérieux, mon amour, répond Andrea. Personne n'est jamais revenu du paradis pour nous en parler, parce qu'on y est simplement trop heureux. Personnellement, je pense que des anges vont descendre et remonter Futé avec eux en volant cette nuit, pendant que nous dormirons.

Tandis qu'elle raconte cela, elle voit la figure de Rose se plisser ; elle a l'air sceptique.

Oh non, pense-t-elle. *Elles sont trop grandes pour un bobard si monstrueux. Elles ne me croient pas, et elles risquent de déterrer cette foutue boîte demain pour vérifier s'il est parti. Voilà le programme de ma soirée : un verre de vin rouge et une exhumation de poisson rouge improvisée.*

— Mais est-ce qu'ils vont toujours au paradis en volant ? demande Rose en jetant un bref coup d'œil vers la maison. Parce que Barracuda déteste voler, tu le sais, n'est-ce pas ?

En fait, la question s'avère plus simple qu'elle ne s'y attendait, ce qui est un soulagement. Toute l'affaire est un terrain miné.

— Eh bien, quand l'heure de Barracuda sera venue, nous le ferons partir par les toilettes. Il pourra alors nager jusqu'au paradis.

— Le paradis des poissons rouges ? demande de nouveau Poppy, n'abandonnant pas l'idée d'un au-delà compartimenté.

— Exactement ! Maintenant, dit Andrea d'un ton catégorique, désireuse d'éviter toute autre interrogation de la ligue junior de l'Inquisition espagnole, que diriez-vous de mettre la musique ?

Les deux filles acquiescent, et leur mère appuie sur le bouton du magnétophone. Le thème de *L'Agence tous risques* retentit bruyamment, résonnant dans le jardin et couvrant le chant des oiseaux, ainsi que le son d'une tondeuse au loin et le léger grondement de la circulation à l'entrée du village. Elles se tiennent toutes au garde-à-vous, chantant en chœur à coups de « dou dou dou dou » aux bons moments. C'est leur série préférée, et une fin vibrante parfaitement appropriée pour la courte vie détrempée de Futé.

L'ultime rituel achevé, Andrea leur prend les mains, en espérant qu'elles seront contentes, et pas trop perturbées par cette histoire insensée de mortalité. Elles marchent toutes les trois vers le cottage, se frayant un chemin dans le labyrinthe de lavande en pots, de nains de jardin et d'abeilles bourdonnantes. Alors qu'elles s'apprêtent à rentrer et, avec un peu de chance, s'installer calmement pour leurs habituels dessins animés du samedi matin, Poppy tire sur la main d'Andrea et fait halte.

— Maman, dit-elle sur un ton sérieux. Qu'est-ce qui nous arrivera quand toi, tu iras au paradis ?

Andrea s'accroupit sur le dallage irrégulier et fissuré, et prend les deux fillettes dans ses bras. Elle sent des petites mains et des membres maigrichons s'enrouler autour d'elle, et les serre de tout son cœur. Comme si elle ne voulait jamais, jamais les lâcher.

— Oh, chérie, ne t'inquiète pas pour ça. Ta maman n'ira pas au paradis avant très longtemps.

Elle recule, toujours accroupie, de telle sorte qu'elle a les yeux à hauteur des leurs, une paume sur l'épaule de chacune. Elle regarde d'un visage à l'autre, et voit la façon dont Poppy a déjà glissé sa main dans celle de Rose ; voit leur force, leur merveilleuse complicité, leur potentiel. Comment a-t-elle pu engendrer deux créatures aussi parfaites ?

— Et même quand ça arrivera, ajoute-t-elle en leur adressant un sourire rassurant, vous serez toujours là l'une pour l'autre.

Chapitre 2

Aujourd'hui

— Je sais que tu vises Scarlett O'Hara sur son lit de mort, chérie, mais avec ces boucles d'oreilles, tu fais plus penser à Pat Butcher qui part du *Queen Vic* en taxi londonien.

Lewis est perché au bout du lit, essayant de ne pas prêter attention aux machines, aux fils et à la redoutable perfusion. Il est un peu nauséeux à cause de l'odeur. Cette odeur caractéristique d'hôpital : un cocktail abject de mort et de désinfectant. Il entend les infirmières à l'extérieur, bavardant inlassablement au sujet de leur virée nocturne du week-end, et éprouve un besoin furieux de fracasser leurs têtes les unes contre les autres. Il prend conscience que c'est injuste ; Dieu sait que s'il y a des gens qui ont le droit de boire pour oublier, ce sont bien ceux qui s'occupent des mourants. Mais bon. Un peu de décorum ne serait pas superflu.

Andrea parvient à lui donner un coup de pied, même s'il le sent à peine, car elle est très faible, et il a le derrière bien rembourré. C'est comme un moucheron qui s'attaquerait à un tyrannosaure. Il lui tapote la jambe sous la couverture verte et lui sourit.

— Je te déteste, dit-elle. Avec une passion absolue.

— Attention, ma douce, réplique-t-il en remarquant qu'elle enlève les pendants d'oreilles avec des mains tremblantes. Tu pourrais casser ta pipe à tout moment. Est-ce que tu voudrais vraiment que ce soient tes dernières paroles ?

— Non, répond-elle en jetant les bijoux par terre, sans tenir compte du fait que les faux rubis glissent sans bruit sur le sol, l'un disparaissant sous le lit et l'autre élisant domicile sous le meuble.

— Si ces paroles devaient être mes dernières, je dirais « une putain de passion absolue ». Bon, tu es prêt ? Comment est l'éclairage ? Honnêtement, on imaginerait qu'ils y accorderaient plus d'importance, non ? Quelques projecteurs tamisés, au lieu de toute cette… fluorescence ?

— Accorder plus d'importance à l'éclairage ? À l'hôpital ? Je suppose qu'ils se concentrent sur des choses plus essentielles.

— J'ai justement atteint un stade où il n'y a rien de plus essentiel. La lumière fait toute la différence, tu sais. Il y a eu cette fois, sur le plateau, avec John Nettles…

— Oh, Seigneur ! s'exclame Lewis, se dressant sur ses pieds pointure quarante-sept en jetant les bras en l'air dans un geste à mi-chemin entre l'imploration et la capitulation. Si tu me racontes encore une histoire sur ce foutu Bergerac, je jure devant Dieu que tu n'auras pas l'occasion de mourir naturellement ; je vais prendre cet oreiller et t'étouffer avec !

Elle arrive à esquisser un sourire, mais il est triste à voir. Comme si sa peau ne contenait plus assez de vie pour y insuffler la moindre conviction. Elle a toujours été svelte, d'aussi loin qu'il la connaisse, mais à présent, il ne reste quasiment rien. En l'espace de six semaines, la maladie et les médicaments l'ont ravagée comme une horde de Vikings, laissant derrière eux ce vestige d'être humain gris et décharné. Il ferait n'importe quoi pour lui transmettre un peu de sa robuste masse, mais apparemment, les scientifiques n'ont pas encore trouvé le moyen de greffer la santé et la vitalité d'un homme de soixante-huit ans sur son amie mourante. Il a envie de pleurer, et se sermonne sévèrement. Il aura tout le temps de s'apitoyer sur son sort plus tard ; pour l'instant, il ne doit être question que d'elle.

— Peut-être que tu ferais mieux, Lewis, dit-elle en fouillant dans la trousse de maquillage installée sur ses genoux. Et je ne peux pas dire que ça me dérangerait. Je préférerais de loin faire mes adieux à ce monde cruel avec un homme séduisant dans mon lit…

— Eh bien, dans ce cas, répond-il en s'agitant avec la caméra, je ferai un saut dehors tout à l'heure, pour voir si je peux t'en dégotter un. Qu'est-ce qui te plairait, Daniel Craig ? Ou quelque chose d'un peu plus *old school* avec moquette sur le torse, genre Burt Reynolds ?

Elle n'écoute pas pour l'instant, il le devine. Elle a sorti un petit miroir de poche, et inspecte son reflet. La grimace sur son visage laisse penser qu'elle n'est pas entièrement ravie de ce qu'elle voit. La main tremblotante, elle essaie de tenir un pinceau, le plonger dans la poudre, se retoucher pour sa scène finale. Ça fait pitié à regarder, et il ne le supporte pas. Il pose la caméra, marche d'un pas lourd vers Andrea et s'assoit à côté d'elle. Il y a, malheureusement, largement assez de place pour eux deux. Il prend le pinceau et la poudre, et se met au travail. Il ajoute du blush, et une touche de couleur à ses lèvres. Elles sont craquelées et fines, déshydratées. On dirait que son corps rejette tout ce qui va l'entretenir. Patiemment, elle subit son pinaillage sans une seule injure. Il se doute qu'elle doit se sentir mal, de rater une occasion de se moquer de lui pour ses talents en maquillage. Ses années passées dans une troupe de théâtre amateur lui auront au moins appris ça.

— Tu as fini, Max Factor ? demande-t-elle en laissant retomber sa tête en arrière sur l'oreiller, comme si l'avoir tenue droite l'avait vidée de toute son énergie. Comment je suis ?

Il tend le bras et lui passe la main sur les cheveux. C'est une nuance de gris-argent éclatant, une coupe très courte, dans l'un de ces styles à la garçonne que seules les plus belles femmes réussissent à porter. Et Andrea est belle ou, du moins, elle l'a été. À présent, ses pommettes jadis élégantes – le type dont la mère de Lewis disait qu'il « vieillissait bien » – ressortent comme du fil de fer, et sa peau est extrêmement tendue, comme le pire lifting de toute la création. Ses yeux sont obscurcis par la souffrance

– elle a refusé de prendre le moindre médicament ce matin, précisant qu'elle doit garder l'esprit clair –, mais conservent cette même couleur stupéfiante dont il se souviendra toujours. Un bleu si profond qu'ils sont presque violets. Les yeux d'Elizabeth Taylor. Il a vu Andrea dans nombre de ses rôles pour la télé, à ses heures de gloire, et elle était à l'époque ce qu'on aurait appelé un « canon ». Elle n'a jamais été une star, et n'est pas apparue à l'écran dans quoi que ce soit d'inédit depuis 2005, mais elle reçoit encore à l'occasion du courrier de fans, ou une invitation à une convention. Beaucoup de gens la reconnaîtraient. Ces yeux. Ce visage. Tous les rôles qu'elle a joués dans les années 1970-1980, dans des intrigues sentimentales, incarnant une serveuse de bar pas farouche, ou encore ce qu'elle appelait une rupine. Jamais vraiment la femme en tête d'affiche, mais bon, les rôles intéressants pour les actrices étaient alors très rares, et elle avait aussi deux enfants à charge. De nos jours, il se dit qu'elle aurait cartonné ; elle aurait été une Keeley Hawes, une Rachel Weisz ou une Kate Winslet. Toutefois, même quand elle jouait la pute au grand cœur dans *The Sweeney*, ou une acolyte sexy extraterrestre dans *Doctor Who*, elle était toujours bonne. Toujours remarquablement glamour. Toujours inoubliable.

En fait, les seules qui semblaient avoir été capables d'oublier Andrea sont les deux personnes qu'elle aime le plus. Les deux personnes pour qui elle s'apprête à enregistrer son ultime message, après des semaines de préparation. D'excursions, pour lui. À fouiller dans des albums photos, faire des cassettes, vider des sacs-poubelles, mettre en place des comptes de partage de vidéos, dessiner sur des cartes routières au stylo rouge, chaparder dans des scrapbooks. Piller leur passé, dans l'espoir qu'elle pourra changer leur avenir.

Il ignore totalement si ça fonctionnera. Il ignore totalement si même il s'en soucie ; elles ne sont pas réelles pour lui, Rosehip et Popcorn. Il ne les a jamais rencontrées, et ne le désire pas vraiment. Elle lui a interdit de les contacter pour leur expliquer qu'elle est malade pour de vrai cette fois (il en déduit qu'elle a peut-être déjà essayé de les piéger avec des visites dramatiques à l'hôpital, dans le seul but d'attirer leur attention), et ça lui convient très bien. Il est ami avec Andrea depuis plus de dix ans, et elle ne lui a jamais présenté ses filles, ce qui en dit long. D'une part, pense-t-il, en l'observant tandis qu'elle respire péniblement, les yeux fermés, les doigts agrippés à la couverture avec ses ongles couleur corail, elle refuserait qu'elles la voient ainsi. Réduite à de la peau et des os maintenus ensemble à force de pure volonté. D'autre part, elle est si focalisée sur son plan démentiel qu'il est désormais devenu plus important que tout le reste pour elle, qui s'y accroche et y place tous ses espoirs. Elle est convaincue que ceci est son héritage. Que ça va marcher. Qu'elle pourra accomplir à sa mort l'unique chose qu'elle n'a jamais pu accomplir de son vivant : réunir ses filles.

Pour Lewis, ces deux-là méritent moins une seconde chance qu'un bon coup de fouet ; tellement absorbées par le passé, dans leur mesquine amertume, qu'aucune d'elles ne s'est souciée des conséquences que cela aurait sur leur mère. Ça l'avait rongée, de l'intérieur, aussi assurément que le cancer, et ni l'une ni l'autre ne semblait le remarquer. Elle les a vues, bien entendu ; il y a eu des escapades le week-end, des séjours chez elles, des soirées à des spectacles à Londres. Mais jamais au cottage. Jamais dans la même pièce. Jamais ensemble, et c'est ce qui a causé des dégâts. C'est ce qui a provoqué des lésions internes que toutes les IRM du monde ne révéleraient jamais.

Il n'a pas la moindre idée de ce qui a déclenché le conflit, Andrea a invariablement jeté un coup d'œil théâtral au ciel en donnant une réponse vague. Mais ce n'était certainement pas assez grave pour provoquer un tel cataclysme, condamnant leur mère à passer ses dernières semaines à imaginer un plan dingue pour les réconcilier. Elle a peut-être raison de ne leur avoir rien dit. Elle veut que l'on se souvienne d'elle comme elle était, non comme elle est, aujourd'hui, une version diminuée d'elle-même sur la dernière ligne droite avant la fin. Elle est persuadée que même si ses filles se retrouvaient au chevet de son lit de mort, cela ne suffirait pas à les convaincre d'enterrer la hache de guerre. Et cela, elle ne pourrait pas le supporter. Les motivations, les raisons de Lewis d'être soulagé de leur absence sont moins louables. Il pense juste qu'elles ne la méritent pas. Mais qu'est-ce qu'il en sait ? Il n'a jamais eu d'enfants. Ce serait possible maintenant, ces temps-ci et à cet âge ; il dénicherait un chouette couple lesbien et trouverait un arrangement, ou adopterait comme Elton John et David Furnish. Mais à son époque… eh bien, les célibataires endurcis ne devenaient pas pères, c'était comme ça. Et d'après ce qu'il a vu de la vie d'Andrea, il en est assez content.

Il tend le bras pour prendre l'une de ses mains dans la sienne. Il a des mains énormes – il est bâti comme un grizzly –, et celles d'Andrea sont minuscules. Il la tient délicatement, observant sa peau parcheminée, craignant qu'elle parte en poussière et s'envole au plus léger contact. Il sent ses doigts s'enrouler autour des siens et se réjouit de se trouver là. Certes, elle n'a pas ses filles, mais elle n'est pas seule.

— Tu crois que tout est réglé, Lewis ? murmure-t-elle, le tirant de ses réflexions dans un sursaut.

Il avait supposé qu'elle était sur le point de piquer l'un de ces sommes intermittents.

— Tu crois que j'en ai fait assez ? dit-elle, lui agrippant les doigts.

Elle avait plus que jamais besoin d'être rassurée.

— Chérie, tout est réglé. Je ne t'ai jamais vue déployer de tels talents d'organisation que ces dernières semaines. Ça suffira, je te le promets. Alors ne t'inquiète de rien, je sais quoi faire. Tout est prêt, et je jouerai mon rôle à la perfection.

— Ah, ce sera une première, alors…, chuchote-t-elle d'un ton sarcastique.

Toujours la critique. Juste parce qu'une fois – une seule fois – il a lâché ce foutu crâne pendant une représentation d'*Hamlet*.

Elle peine à se redresser pour s'asseoir. Il l'aide à s'incliner en avant et arrange le lit de telle sorte qu'elle soit calée bien droit. Il lui lance un dernier coup d'œil ; les cheveux aussi impeccables que possible, le maquillage appliqué, les oreilles débarrassées de leurs effroyables pendants. Elle a insisté pour porter des « vêtements convenables », même si désormais son chemisier en soie crème flotte sur ses épaules, et s'est aspergée de Coco Chanel, comme si les filles allaient percevoir les odeurs sur la vidéo.

— OK, dit-elle en prenant une grande inspiration. Je pense que je suis prête. Je vois pratiquement un homme avec une faux qui rôde dans le couloir près du distributeur automatique, mon ange, alors on ferait mieux de s'y mettre. *The show must go on.* Tout est prêt ?

Il acquiesce et allume la caméra. La technologie n'a jamais été son fort, et il a dû apprendre vite. S'il en a marre de jouer au bon avocat de province, il pourra toujours se reconvertir en génie du numérique.

— Test, test, *uno-dos-tres*…, dit Andrea.

Elle a une voix haute et ferme ; plus forte qu'il ne l'a entendue depuis des jours. Quelle professionnelle. Il ajuste ses angles, sachant qu'elle insistera pour faire une nouvelle prise si le résultat n'est pas conforme à ses grandes exigences, et lève le pouce pour lui donner le départ. Elle tourne vers lui ses yeux splendides et sourit à l'objectif. C'est un gros plan parfait, et elle l'interprète exactement comme il faut.

— Mes chéries. Rosehip, Popcorn, mes seuls véritables amours. Je ne veux pas verser dans le mélo hollywoodien, mais si vous regardez cette cassette, cela ne peut signifier qu'une chose : j'ai quitté mon enveloppe charnelle… et vous allez avoir besoin plus que jamais l'une de l'autre. Vous devez mettre de côté vos différends et veiller l'une sur l'autre, comme vous le faisiez avant.

Chapitre 3

École primaire
Beacon Church of England, 1986

— Je vais te fourrer le nez dans cette crotte de chien, espèce de grosse snobinarde ! crache Jackie Wells, en maintenant la figure de Rose dans l'herbe par la peau du cou.

C'est la dernière année de Rose en petite école, et elle a commis le péché capital d'être brillante. Elle a raflé tous les prix ; elle est jolie, populaire, et même douée au netball. Évidemment que Jackie Wells la déteste.

— Tu n'as même pas de père, et si tu en avais un, le mien le démolirait, ajoute Jackie, assise sur son dos.

Rose n'a pas le moindre doute là-dessus ; le père de Jackie ressemble à un camion-benne. Elle lutte, s'efforçant de dégager de son dos sa némésis de onze ans, en ne parvenant toutefois qu'à se tortiller vainement sur le terrain de jeux de l'école. Elle jette un coup d'œil devant elle, voit du gazon vert et ras ; pas très loin de là, une jolie pile de besoins canins bourdonne de mouches. Si Rose était debout, elle pourrait avoir une chance contre Jackie, mais malheureusement pour elle (et pour Jackie), cette enfant a pris de son père, et pèse déjà autant que le bébé hippopotame qu'ils ont vu pendant la sortie scolaire au zoo. Naturellement, il n'y a aucun enseignant en vue, et le petit cercle d'élèves rassemblé autour du spectacle semble se réjouir de ce divertissement inattendu. Ceux qui n'apprécient pas – les amis de Rose – paraissent nerveux, gênés et inquiets, mais sont trop effrayés par Jackie pour intervenir. Rose essaie de se rappeler les paroles souvent répétées par sa grand-mère, à propos de la jalousie qui est la mère de toutes les agressions. Elle se dit que c'est peut-être vrai, mais pas d'une grande consolation à ce moment précis. Pas quand elle a l'uniforme tout taché d'herbe, le visage couvert de traces de terre, et qu'elle va manger du caca au déjeuner. Elle se débat, tente d'envoyer des coups de pied à son adversaire avec ses Clarks, mais sans succès. La seule conséquence, c'est que Jackie lui enfonce encore plus fort la figure dans l'herbe, et durant quelques instants terrifiants, elle ne peut plus du tout respirer. Elle entend huer, hurler, et, au loin, le cri courageux de sa meilleure amie, Tasmin :

— Laisse-la tranquille, ou je vais chercher Miss Cunningham !

S'ensuit un petit glapissement plaintif, Rose doit donc en déduire que Tasmin a payé le prix de sa bravoure. Jackie lui relève la tête, en se servant de sa longue queue-de-cheval bouclée comme d'une poignée, et lui frappe de nouveau la figure dans le sol humide. Elle sent la terre s'écraser entre ses dents et dans sa bouche, et panique encore une fois tandis que le monde plonge dans le noir. Alors qu'elle est sur le point d'abandonner et d'accepter sa mort précoce, un couinement assourdissant retentit, et le poids imposant de Jackie se volatilise soudain. Rose prend quelques secondes pour aspirer de l'air, puis roule sur le dos afin de voir ce qui se passe. Poppy est arrivée, dans une confusion de violence et de fureur, et plaque Jackie au sol en lui envoyant des coups de poing dans la tête. Rose ignore totalement comment elle fait ça, puisqu'elle est non seulement plus jeune que Jackie de deux ans, mais pèse aussi presque un bébé hippopotame de moins.

— Touche pas à ma sœur ! s'égosille-t-elle, en ponctuant chaque mot d'un coup de ses poings repliés.

À l'évidence, c'est à ce moment-là que Miss Cunningham fait son apparition, et que le groupe de spectateurs s'évapore comme par magie pour aller jouer au foot, ou ramasser des coccinelles, ou parler de Zammo dans l'épisode de *Grange Hill* de la veille. Miss Cunningham sépare physiquement Poppy de Jackie, qui est recroquevillée, en larmes, et Rose remarque avec une certaine satisfaction qu'elle est couverte de traces de cette même substance avec laquelle elle la menaçait quelques minutes plus tôt. Poppy tremble de colère, son corps maigre et longiligne vibrant d'émotion. Elle regarde vers Rose, qui se met à présent debout, instantanément apaisée par le sourire de sa grande sœur. Le sourire qui lui dit qu'il n'y a pas de problème, que tout va bien se passer, et qu'il n'y a pas de souci à se faire. Rose sait que Poppy va avoir des ennuis pour ça. Mais elle sait aussi, au plus profond d'elle-même, qu'elle ne voudrait pas qu'il en soit autrement. Rose est peut-être celle qui semble veiller sur elles deux, mais au moment critique, c'est toujours Poppy qui est prête à se jeter dans la mêlée. Elle est son ange vengeur, et quiconque l'énerve en paie le prix fort.

Rose se dépoussière et prépare le cas pour la défense. Dès qu'elle s'est redressée, Poppy s'échappe du sermon de Miss Cunningham et se jette dans ses bras. Elle est si fluette, et elle pleure, et elle a les cheveux en bataille, et on dirait un peu une clocharde. Rose l'étreint, lui passe la main sur les cheveux et lui chuchote à l'oreille :

— Merci, Popcorn. Et ne t'en fais pas ; tout va bien se passer.

— Maman va me tuer…, marmonne Poppy, commençant à assimiler la réalité de la situation tandis que Miss Cunningham se faufile vers elles, mains sur les hanches et grimace renfrognée sur la figure.

— Maman comprendra parfaitement, répond Rose, certaine de ce qu'elle avance. Et elle nous emmènera probablement prendre le thé pour fêter ça.

Chapitre 4

Aujourd'hui

Lewis est assis sur une borne de circulation, non loin du hall de l'hôpital. Ce n'est pas très confortable, malgré sa corpulence, et il regrette qu'il n'y ait aucun endroit plus agréable où s'installer. Il pense qu'il fera peut-être don d'un banc, en mémoire d'Andrea. Le banc commémoratif Andrea Barnard. Il accueillerait les culs des frigorifiés, des esseulés, des malades, des désespérés. Elle détesterait viscéralement, estime-t-il, et l'idée de l'air méprisant qu'elle afficherait le fait sourire. S'il existe un paradis, elle y remuera les poings en prononçant de funestes menaces.

Quelque chose avec un peu plus de classe, je t'en prie, chéri, dirait-elle. *Pourquoi pas un joli petit bar à tequila ? Dieu sait combien ces défavorisés ont besoin d'un verre !*

Il est tard à présent, 22 heures passées, de ce qui s'est avéré une très longue journée. D'ordinaire, il serait déjà bordé au lit avec un épisode d'*Antiques Roadshow*, ou en train de lire un bon Barbara Cartland. C'est vendredi, il ferait donc une agréable grasse matinée le lendemain, avant un petit tour vivifiant dans la vallée. Peut-être persuaderait-il Andrea de l'accompagner. Peut-être, si le temps était clément, iraient-ils faire du pédalo sur le lac avec son vieil épagneul, Betty. Pour Lewis, et pour sa pauvre antiquité de chien, il y aura au moins un autre lendemain. Un autre lever de soleil. Une autre chance de s'émerveiller du monde, non qu'il semble très impressionnant quand tout ce que vous pouvez en voir est un parking éclairé au néon et les urgentistes lessivés en pause-clope. Pour Andrea, il n'y aura rien. Plus de levers de soleil. Plus de tequila. Plus d'*Antiques Roadshow*, sauf si on l'a invitée à se présenter En Bas, où elle sera raillée par des poupées effrayantes et d'affreuses poteries pour l'éternité.

Elle est partie, et il a du mal à croire que cela puisse être vrai ; que, d'une façon ou d'une autre, le monde continue de tourner comme si de rien n'était. Il devrait y avoir un trou noir dans le ciel, une nuée d'étoiles filantes pour marquer sa disparition, une rangée de corbeaux à l'arrêt de bus croassant son nom. Pas juste cette… banale réalité. Elle a fait son film, et Lewis avait été ébloui par elle. Par sa force, sa résolution, sa détermination. Il savait combien elle était malade, la douleur qu'elle endurait, mais vous ne pouviez le deviner en voyant cette vidéo. Elle réussit de quelque manière à être aimante, ferme, et même drôle. Très franchement, c'était la meilleure interprétation de sa vie. Contrairement à elle, il n'avait pas été à la hauteur, avec ses mains tremblantes et son besoin constant de cligner des yeux pour chasser les larmes. Navrant. Il était dans un état lamentable, elle était la pile électrique. Cependant, une fois qu'elle avait fait sa vidéo (en une prise d'une spontanéité miraculeuse, même s'il savait qu'elle avait répété son texte), on aurait dit que le peu de vie qu'il lui restait l'avait quittée. C'était son dernier hourra, et quelques minutes après avoir filmé cet ultime gros plan, elle avait laissé retomber sa tête grisonnante en arrière, sur son oreiller, en basculant dans un long silence, le regard fixe. Il y avait eu quelques reniflements après ça, une poignée de questions succinctes et essoufflées sur sa performance, mais il savait ; il savait que c'était tout ce qu'elle avait encore à donner, et elle l'avait donné à ses filles. Par la suite, ça n'a été que silence et morphine jusqu'au bout. C'était une expérience étrange de voir quelqu'un mourir. Il n'était même pas certain qu'elle soit partie à l'instant où cela a fini par arriver, après plusieurs fausses alarmes. À un moment, elle a tenu ce qui a paru durer quelques minutes sans inspirer, et quand il est allé la voir, elle a soudain ouvert les yeux et l'a fait hurler comme une fillette. Au moins, cela a suscité un fou rire, même s'il s'est achevé par une quinte de toux.

Cela dit, il y a presque une heure, cela a pris fin. Tout a pris fin. Cette flamboyante existence, ce sens de l'humour malicieux, cette vigoureuse boule d'énergie. Soixante-cinq ans d'amour, de rire et d'expérience, tout ça évaporé en un instant. Une main parcheminée est tombée de la couverture pour pendre par-dessus le bord du lit, les ongles corail contrastant vivement sur les draps blancs, et l'autre

– enserrée dans celle de Lewis – est devenue flasque et inerte.

Il a attendu, attendu, et attendu encore. Au fond de lui, il avait désespérément voulu que ce moment arrive, qu'elle soit délivrée de sa souffrance. Mais il lui semblait aussi que quelque chose en lui était mort avec elle. Il avait eu envie de se faufiler dans ce lit, de tirer les draps sur eux deux, et d'arrêter de respirer. Cesser d'exister. À cet instant précis, un monde sans Andrea était un concept qui dépassait l'entendement. Lewis s'était fait beaucoup d'amis durant sa vie bien remplie, mais aucun d'eux n'était jamais arrivé à la cheville d'Andrea. Elle était un arc-en-ciel scintillant dans un monde gris, un éclat de lumière aveuglante dissipant les ténèbres. Elle était son âme sœur, l'amour de sa vie sans être son amante, sa complice. Il l'avait rencontrée pour la première fois quand il s'était installé au village des années auparavant, et leurs regards s'étaient croisés au-dessus d'un étal de légumes géants à la kermesse. Ils avaient tous deux observé la même collection de courges ridiculement grosses, et avaient haussé les sourcils avec le même air de dire : « Ouh là là, mam'zelle », tout droit tiré des *Cinglés du camping*. Cela avait mené à un café. Le café s'était terminé en soirée au pub. Et la soirée au pub avait donné lieu à une amitié inébranlable, fondée sur l'humour, un goût pour la plaisanterie et le sarcasme, mais aussi, il devait bien l'admettre, sur leur profonde solitude.

Et maintenant elle était partie, et il était assis sur une borne en béton qui lui martyrisait les fesses, et il faisait noir, froid et pluvieux. L'été anglais dans toute sa splendeur. Il avait laissé son imper sur la banquette arrière de sa voiture, sa veste de tweed était trempée, et il savait que sa chemise lui collerait à la peau de façon peu flatteuse. Elle serait profondément choquée s'il exhibait ses mamelles de bonhomme de manière si inconvenante, il n'en doutait pas. Il avait les doigts tremblants, et ses cheveux soigneusement peignés étaient mouillés et plaqués sur son crâne, révélant les zones dégarnies. C'était le cadet de ses soucis. Toute sa vie, il avait fait ce qu'il fallait : propre sur lui, jouant son rôle, faisant exactement ce qu'on attendait de lui. À présent, il se moquerait d'être nu, couvert de plumes et de parler en langage des signes. Tout paraissait lourd, inutile et vide. Surtout lui. Il avait la sensation que rien de tout cela n'était encore réel. Il avait rempli de la paperasse, accepté du thé sucré et la compassion de gentilles infirmières qui ne l'avaient jamais vraiment connue, et s'était vu forcé d'avaler des toasts saturés de beurre. Après lui avoir « accordé un moment », elles ont fini par suggérer délicatement qu'il devait quitter la chambre. Ce sont seulement des décennies d'entraînement, de conditionnement et de pure politesse britannique qui l'ont dissuadé de hurler contre elles. De les mettre dehors à coups de pied, de barricader la porte avec son fauteuil inclinable, et de geindre comme ces dames du Moyen-Orient qu'on voit aux infos. Il comprenait maintenant, pour la première fois, comment le deuil pouvait vous faire vagir ainsi. Comment la peine pouvait être si pure et furieuse qu'elle prenait vie à part entière, un petit animal enragé qui voulait crier à en cracher ses poumons. Hurler, hurler et hurler jusqu'à ce que l'univers vole en éclats par la seule force de sa détresse.

Ses parents étaient morts après de longues vies bien remplies, et ils n'avaient jamais été proches de toute façon : ils se résumaient aux gens qui lui rendaient visite au pensionnat, et insistaient pour qu'il devienne avocat. Évidemment, il avait eu de la peine quand ils étaient décédés, mais rien ne l'avait préparé à ceci. À la brutalité. Au désespoir. Cette incapacité à accepter qu'elle était vraiment partie. Qu'il ne s'agissait pas de l'une de ses stupides farces, qu'elle n'avait pas tout simulé, et qu'à tout instant elle n'allait pas se redresser, morte de rire, ses yeux magnifiques pleins d'espièglerie, en proclamant : « Je t'ai bien eu cette fois, mon chou ! Je t'ai complètement mystifié ! Ça te dit un gin-to sur le chemin du retour ? »

Mais peu importe combien de temps il a attendu, cela ne s'est pas produit. Elle refusait simplement d'arrêter d'être morte, maudite créature. Et maintenant il est là, sous la pluie, fouillant dans sa poche de veste à la recherche de son téléphone et de sa boîte à cigares. Le cigare qu'elle lui avait acheté : un Montecristo édition limitée que, dans des circonstances normales, il aurait eu hâte de fumer. Il l'apprécierait sur la terrasse de son petit jardin, avec un bon verre de porto ruby, écoutant les sons nocturnes de la nature tout autour de lui, nimbée de la lumière des étoiles.

Là, cependant, c'est légèrement différent. Aucun son de la nature, juste des sirènes, des pneus qui crissent, des gens tristes et abîmés qui se tiennent en petites grappes humides tandis qu'ils attendent des taxis. La voûte céleste a été remplacée par le clignotement des panneaux jaunes de l'hôpital, et les centaines de minuscules lumières diffusées par des centaines de minuscules fenêtres. Les phares des voitures se reflètent dans des flaques sombres de pluie huileuse sur le macadam grêlé quand elles passent en trombe, et Lewis entend les cris d'une bruyante altercation alcoolisée qui se déroule non loin de là. Il a connu de meilleurs moments. Il attend que le déluge redescende de son niveau « Construisons tous une arche » à une petite bruine, et sort sa boîte à cigares. Il a laissé son coupe-cigare chez lui, et commet donc l'acte blasphématoire d'en arracher l'extrémité. Il l'allume, et tire cette première et glorieuse bouffée, une fumée blanche montant en volutes devant son visage dans un nuage parfumé. Il se rend compte qu'il est assis à côté d'une pancarte « Non fumeur », mais personne d'autre ne semble le remarquer. Le cigare a une odeur et un goût divins. Un petit plaisir rare. Elle lui avait fait promettre un tas de choses, en vérité, mais surtout de faire ça. Un cigare au calme, tout seul, juste pour elle. Après quelques verres, elle lui en chipait souvent un et tirait dessus en remuant les sourcils devant l'expression scandalisée de Lewis. Andrea essayait régulièrement de le choquer en ayant des comportements indignes d'une dame, et parvenait malgré tout à rester la femme la plus classe qu'il ait jamais connue. Après avoir apprécié quelques instants l'arôme et la saveur à la fois sucrée et boisée dans sa bouche, Lewis relève les yeux et voit un homme en fauteuil roulant stationné devant lui. Il semble avoir dans les quatre-vingt-dix ans, et n'a qu'une jambe. Sa figure ratatinée est enveloppée dans la capuche d'une parka ourlée de fausse fourrure, et un examen plus attentif lui révèle qu'il est beaucoup plus jeune, mais vieilli prématurément par une addiction ou une autre. Lewis a passé suffisamment de temps à arpenter les tribunaux pour savoir que le membre manquant est probablement une affection connexe, et même dans leur coin relativement tranquille du pays, la drogue a ravagé plus d'une existence. D'habitude, il s'excuserait et prendrait congé, submergé par ce singulier mélange de pitié et de dégoût que les hommes de son âge et de son milieu ont tendance à éprouver pour les gens frappés par l'héroïne. Andrea, bien sûr, ne réagissait jamais ainsi. Elle donnait de l'argent à quiconque en demandait, avait assez d'exemplaires de *Big Issue*, le journal vendu par les SDF, pour tapisser les murs de tout son cottage, et se montrait d'une éternelle compassion envers les âmes perdues de ce monde.

—Nous avons tous nos démons, chéri, disait-elle, en passant un billet de cinq livres à un type miteux avec un chien en laisse, c'est juste que ceux de certaines personnes se voient plus que d'autres.

Il décide qu'il ne va pas bouger, pas ce soir. Pas pendant qu'il fume son Montecristo magique, et qu'il se demande encore s'il devrait retourner à l'hôpital en courant pour ramener Andrea à la maison avec lui. Peut-être pourrait-il la naturaliser et la caler sur le canapé, afin d'avoir toujours quelqu'un à qui parler. Il est convaincu que, même à l'état de momie, Andrea serait toujours de meilleure compagnie que la plupart des gens.

— Ça sent bon, dit l'homme en reniflant l'air avec admiration. Vous en avez un en rab, mon vieux ?

— Je crains que non, répond Lewis, en se déplaçant un peu pour soulager l'engourdissement de ses membres inférieurs. C'était le cadeau d'une amie.

— Vous devez avoir de bons amis, réplique l'homme en tapant le bout de ses doigts incrustés de crasse sur les bras de son fauteuil roulant. Je n'en ai plus.

Je me demande bien pourquoi, pense Lewis, de manière peu charitable, avant de se rappeler qu'Andrea pourrait le regarder en ce moment même. Planant au-dessus de son épaule, un spectre chatoyant à strass lui disant qu'il pourrait se permettre d'être *un tout petit peu moins snob, tu ne penses pas, mon chou ?*

— Je ne suis pas persuadé d'en avoir non plus, finit-il par répondre. La meilleure que j'aie jamais eue vient de mourir, là-dedans.

De véritables larmes embuent les yeux de l'homme, et Lewis s'en veut immédiatement de l'avoir méprisé. Il ignore totalement quelle est son histoire, ou pourquoi il a atterri là, ou quels sont ses démons. Il ne sait rien de lui, et n'a aucun droit de le juger.

— Ça, c'est moche, mon vieux. Je suis vraiment désolé pour vous. Je connais par cœur, bienvenue au club.

Ils disent qu'avec le temps on s'en remet, tout ça... Mais je n'en suis pas convaincu. Parfois, le temps se contente de stagner, si je m'en tiens à ce que je vois. En tout cas, bonne chance à vous. Je dirai une petite prière pour votre amie.

Il adresse à Lewis un hochement de tête et commence à éloigner son fauteuil, ses mains glissant sur les structures mouillées tandis qu'il tourne, le vent balayant la capuche de son crâne rasé.

—Attendez! lance Lewis en se levant, aussitôt en proie à une douleur fulgurante qui lui remonte la colonne vertébrale.

Aïe! Il récupère et suit l'homme roulant, en lui tendant le cigare. Il a perdu l'appétit pour ça, de toute façon.

—Elle s'appelait Andrea, ajoute-t-il en repartant vers le parking. Et j'apprécie vos prières. Je suis sûr qu'elle apprécierait aussi.

L'homme marmonne des remerciements et lui fait signe alors qu'il s'en va, regardant Lewis se diriger vers sa voiture, une vieille Jag qu'il possède depuis des siècles. Celui-ci jette un coup d'œil derrière lui, et tout ce qu'il voit de son nouvel ami est la lueur orange du bout du cigare qui bouge dans la nuit noire, comme une luciole aromatique. Il ouvre la portière, et s'affaisse sur le siège passager dans un tas froissé et dégoulinant.

Il a fumé son cigare. Il a augmenté son compte de bons points karmiques. Et maintenant, il doit faire ce qu'il redoute depuis cette dernière heure. Il doit faire ce qu'Andrea lui a demandé. Ce qu'il lui a promis de faire.

Il doit entamer le processus qui, l'espérait-elle, permettra de réconcilier ses filles. Il sait qu'il doit être fort. Pour les aider et, ce faisant, aider Andrea. Mais il ne se sent pas capable de recoller les morceaux entre les deux sœurs, alors qu'il a le cœur en miettes. Il a le sentiment d'être Humpty Dumpty, et n'a aucune idée de la façon dont il va trouver la force d'accomplir sa mission.

Appeler Rosehip et Popcorn pour leur annoncer la mort de leur mère.

Chapitre 5

Il est presque 23 heures, et Joe est au lit. Rose ne se fait aucune illusion : son fils ne dort pas. Il est probablement sur Instagram, ou en train de jouer à la Xbox Live, ou de faire ce que font les adolescents quand leur mère n'est pas dans les parages. Elle juge préférable de ne pas trop y penser, et va dans la cuisine. Elle entrevoit son reflet dans la porte du réfrigérateur en inox, et se hâte de l'ouvrir. Personne n'a besoin de voir ça, surtout pas elle. Elle porte une vieille robe de chambre trop grande, des chaussettes de nuit à rayures, et à l'aspect de ses cheveux, on devine sans peine qu'un shampoing ne serait pas du luxe. Ou peut-être même un rasage intégral pour repartir sur de bonnes bases, et ne plus entretenir cette vague ressemblance avec un blaireau négligé : ses boucles ne sont plus à présent qu'une masse de frisottis informes, le brun foncé strié de gris.

Elle examine le contenu du frigo, baignée de sa lumière jaune. Elle inspecte les étagères, sachant déjà ce qui s'y trouve. Rien de tout ça ne lui fait envie. Elle est allée chez Tesco en rentrant du travail, et il y a pratiquement la récolte d'une ferme entière entassée sur ces étagères. De la roquette fraîche, des bâtonnets de carottes, et un concombre assez gros pour faire office d'arme fatale dans un épisode des *Experts*. Des filets de saumon, une salade de quinoa et des jus de légumes dans des bouteilles en verre tendance. Son régime est plus strict que celui de toute l'équipe olympique britannique de cyclisme en session d'entraînement. Pour ressentir leurs bienfaits, peut-être suffit-il de contempler tous ces aliments sains, bons pour l'organisme ?

Elle farfouille, en soupirant. Elle a acheté tout ça pour son nouveau coup de fouet santé, arpentant le supermarché, gonflée d'espoir et de détermination en remplissant son caddie de super aliments hors de prix. C'est son fils qui l'y a résolue en la couvrant de honte : elle ne montre pas le bon exemple en se goinfrant de gâteaux à la crème dans une pièce alors que lui s'inflige une poêlée de brocolis dans une autre. En plus, il ne restait jamais de gâteaux à la crème pour lui, ce qui n'était pas juste. Rose estimait qu'il n'était pas nécessaire de le lui faire remarquer. Elle se sentait assez coupable comme ça, et il ne connaissait même pas l'étendue du problème. À seize ans, Joe passait beaucoup de temps en dehors de la maison. Il avait des amis à voir dans la journée, des fêtes le soir, et traînait dans des parcs le reste du temps. Et pendant qu'il était de sortie, elle n'avait pas besoin de se cacher ; elle pouvait s'empiffrer comme bon lui semblait.

Sauf que, bien entendu, son cœur ne s'en réjouissait probablement pas. Les paquets de soufflés au fromage et les moelleux au caramel micro-ondables ne figurent jamais sur ces pyramides vantant les mérites d'une alimentation saine placardées aux murs de l'école où elle travaille. Ce sont les renégats, les parias, les bandits du monde nutritionnel. Rose se dit, en refermant la porte du frigo sans doute beaucoup plus violemment qu'elle ne le devrait, qu'ils sont aussi les seules choses qui lui rendent la vie un peu plus agréable.

Elle se dirige vers le placard sous l'escalier. Celui où Joe ne va jamais, parce qu'elle y fait étrangement cohabiter l'aspirateur, des cartouches d'imprimante, des boîtes en carton vides qui ont jadis contenu des appareils depuis longtemps disparus, et des cadeaux divers pour d'autres gens. Il est connu comme le « placard à cadeaux », vestige d'une époque où Joe était beaucoup plus jeune, quand il était en primaire, et qu'il semblait y avoir une fête tous les week-ends. Quand le square et son aire de jeux étaient au centre de son existence, et qu'un jouet à cinq livres fourré dans une pochette cadeau suffisait à son bonheur. Quand il fallait offrir un mug fantaisie pour les institutrices à Noël, et des accessoires de toilette en fin de trimestre. Le placard contenait une véritable corne d'abondance. Des jeux bon marché et des bocaux artisanaux, du papier cadeau et des boîtes pleines de cartes avec des images d'ours câlins pour les filles et d'ours pirates pour les garçons. Tout cela s'est évanoui à mesure que Joe a grandi, quand le billet de dix dans l'enveloppe a remplacé la camelote aux anniversaires. À présent, les fêtes avec des attractions pour enfants et autres piscines à balles sont un lointain souvenir ; aujourd'hui, elles s'articulent surtout autour de pizzas livrées à domicile, d'alcool introduit clandestinement dans le jardin à l'aide de bouteilles de Coca, le tout sur la playlist d'un téléphone diffusée à plein volume par des enceintes puissantes.

Mais pour une raison qu'ils ne parviennent pas à s'expliquer, après toutes ces années, ils l'appellent encore tous les deux le « placard à cadeaux ». Et, en vérité, Rose y conserve toujours des cadeaux : pour les collègues, les voisins, pour ces quelques occasions où elle a juste besoin de dire « merci » avec un assortiment de chocolats ou une bonne bouteille de vin. C'est ce qu'elle a en tête à cet instant, tandis qu'elle fouille parmi les sacs à dos vides, la boîte en fer pour les piles, et le carton débordant de mystérieux chargeurs pour des objets tout aussi mystérieux. Elle finit par en émerger, victorieuse, en brandissant l'une de ces grosses barquettes en plastique rondes remplies de Cadbury Heroes. Elle l'a achetée à l'approche de Noël, avec environ cinq autres. Celle-ci est l'unique survivante. Le reste a définitivement élu domicile sur ses cuisses. Rose vérifie la date limite de consommation, constate que tout est encore bon, et se replie dans le salon. Elle se vautre sur le canapé, et soupire en s'apercevant qu'elle a laissé la télécommande à côté de la télé. Soulevant de nouveau son corps trop gros, elle la récupère, et zappe jusqu'à ce qu'elle trouve quelque chose de supportable. Cela prend plus longtemps que ça ne devrait, étant donné qu'ils ont environ huit millions de chaînes. Elle s'arrête sur une rediffusion de *Poldark*, ce qui représente à peu près l'équivalent d'une grosse boîte de chocolats sous forme visuelle, et se cale au fond des coussins. Juste un épisode, se dit-elle. Et juste quelques chocolats. C'est vendredi, après tout. Elle a eu une semaine de travail bien chargée, elle le mérite. Elle entamera son coup de fouet santé le lendemain, et sera bientôt toute vive et souple, comme Demelza, assez maigre pour folâtrer dans les vagues sur une plage de Cornouailles en été au lieu de cacher ses abjects mollets dans des leggings et de gainer ses bras de chauve-souris dans des gilets. Elle entend des bruits sourds à l'étage, et en déduit que Joe est sur sa Xbox. Son fauteuil de jeu se balance dans tous les sens, et il est probablement sur les nerfs, en train de tirer sur des créatures. Au moins, c'est le début des vacances scolaires, donc peu importe à quel point il veille tard. Pareil pour elle, d'ailleurs. Six semaines se profilent devant eux : six semaines de loisir pour lui, et six semaines d'ennui pour elle. Vous ne vivez pas les vacances scolaires de la même manière à quarante-deux ans qu'à seize ans. L'aspect positif, c'est qu'elle pourra rattraper le retard sur ces tâches qu'elle a laissées s'empiler autour d'elle. Nettoyer la voiture. Déboucher l'évacuation de la douche. Toutes sortes de corvées exaltantes. Il faut absolument qu'elle appelle sa mère le lendemain matin, ça doit figurer au sommet de la liste. Sa mère a envoyé à Joe un bon d'achat pour fêter son brevet, qu'il a évidemment déjà dépensé. Il est arrivé des semaines plus tôt, et ils continuent tous les deux d'oublier de lui téléphoner pour la remercier.

Maintenant qu'elle y pense, elle n'a vraiment pas beaucoup parlé à sa mère récemment. Elle avait l'habitude d'appeler souvent ; du moins, ce qui semble souvent, quand c'est votre mère. Rose hausse les épaules, estimant qu'elle doit juste être occupée, et utilise ses ongles peu soignés pour déchirer le scotch autour du couvercle de la boîte. Pourquoi rendent-ils toujours ces trucs si difficiles à ouvrir ? Pourquoi se fait-il que les bâtons de carottes soient à portée de main, tout lavés, prêts à servir et simples d'accès, alors que les bonnes choses comme le chocolat exigent une licence d'ingénierie et un chalumeau pour les atteindre ? La vie n'est vraiment pas juste, parfois. Elle se fourre une poignée de caramels miniatures dans la bouche, et cache les emballages dans la barquette. S'ils sont tout au fond, c'est comme s'ils ne comptaient pas. Rien à voir par ici, rien du tout.

Elle regarde Poldark se mettre torse nu – programme de qualité –, et se demande si c'est tout ce qu'elle a désormais à attendre avec impatience. Des soirées calmes en intérieur, avec une boîte de chocolats et Aidan Turner. Ce qui ne serait pas trop mal, si c'était le vrai Aidan Turner, ici en personne, et fauchant son arrière-jardin pour elle, mais ce n'est pas le cas. C'est juste une minuscule version télé, ce qui est loin de s'avérer aussi satisfaisant.

Elle se demande aussi ce que fabrique son voisin Simon. Elle l'a vu faire du jardinage un peu plus tôt, également torse nu. Pas tout à fait Poldark, mais assez pour la faire rougir. Elle se dit qu'il doit dormir, ou chatter en ligne avec des top models.

Et je me transforme en vieille chaudasse qui ferait mieux de se créer une vie, plutôt que d'exister à travers celle des autres.

Joe entre au lycée en septembre, pour passer son bac. Il est excité, plein d'espoir, et suffisamment brillant pour bien s'en sortir. Le monde est à ses pieds pointure quarante-cinq, et c'est là qu'est sa place, parce que c'est vraiment un garçon génial. Ça n'a pas été spécialement facile pour lui, entre son père et la nouvelle famille de celui-ci, et sa présence à elle, qu'elle suspecte d'être devenue de plus en plus morose, mais il est toujours resté enjoué. Confiant. Bien dans sa peau.

Elle se souvient de ces jours où tout semblait possible. À l'époque où maman était encore comédienne, qu'elles vivaient toutes au cottage, et que Celle-qu'on-ne-nommera-pas était encore dans sa vie. Ça paraît remonter à des millions d'années, songe-t-elle en attaquant les Wispa miniatures.

Chapitre 6

Boum de Noël au collège Forest Hills, 1991

Rose s'affale sur l'un des bancs, en nage. Poppy reste sur pied un peu plus longtemps, et essaie de la convaincre de se relever sur Chesney Hawkes qui chante *I Am the One and Only*.

—Aucune chance! dit Rose, s'essuyant le front en souriant à sa jeune sœur. Je déteste cette chanson de toute façon.

Poppy fait une moue et s'assoit à côté d'elle. Elle est en mission ce soir. Celle de s'amuser autant qu'il soit humainement possible à un événement tenu dans un gymnase d'école décoré pour l'occasion.

Il s'agit de leur dernière boum de Noël ensemble, et elle veut en faire un souvenir inoubliable. Rose a seize ans à présent, et va partir au lycée pour étudier des choses affreusement savantes en septembre. Poppy devra affronter le reste du collège seule, cette simple idée la rend malade. Elle est en train de bouillir, et voudrait suivre l'exemple de

Rose en s'essuyant le visage, mais elle sait que tout son fond de teint partira aussi. Son front boutonneux sera alors révélé au monde comme le logo du diable. Elle déteste les boutons presque autant qu'elle aime Rose, et sa bataille contre l'acné lui a déjà appris une précieuse leçon : la vie est injuste. Rose a le même héritage génétique qu'elle (du moins à sa connaissance), vit dans la même maison et mange la même nourriture, mais elle a ce type de peau blanc laiteux dont on se sert pour faire la pub de la lotion nettoyante Simple. Poppy, qui en vérité utilise la lotion nettoyante Simple, a la figure couverte de cloques croûteuses qui donnent l'impression qu'elle a réinventé le virus de la variole. Rose regarde sa sœur et voit sa peau luire sous les spots de la boum. Elle sort un mouchoir en papier de sa poche et tamponne délicatement l'excès d'humidité.

— Ça va, dit-elle doucement, tandis que Poppy commence à marmonner d'angoisse et tente de repousser sa main en la tapant, je fais attention. Le maquillage restera en place, je te le promets. Fais-moi confiance, c'est tout.

Poppy se calme aussitôt. Bien sûr qu'elle lui fait confiance. Rose ne la laisserait jamais exposée aux sarcasmes de ses prétendues amies, ni au regard insensible de la Bande des connards. Rose ne l'appellerait jamais Poppy Clafoutis, comme eux.

Elle se sent mieux une fois rafraîchie. C'est dur de voir correctement avec de la transpiration qui goutte de vos cils chargés de mascara. Non pas que Rose le sache, elle ne porte jamais de maquillage. N'en a pas besoin. Elle a les ravissants yeux de maman, et cette peau parfaite. Elle est une Rose anglaise, comme leur mère aime à le répéter. Poppy n'est pas certaine de ce qu'elle est, elle ; un vilain petit canard, qui, avec un peu de chance, se transformera peut-être par magie en un beau cygne de quatorze ans d'ici peu. Peut-être même qu'elle aura des nichons, comme Rose. Non qu'elle les apprécie ; elle prétend qu'ils ne valent pas tous les ennuis qu'ils causent, et les dissimule sous des pulls amples. Si Poppy les portait, elle commencerait sûrement à se balader topless, juste pour le plaisir.

— Je n'arrive pas à croire que tu vas m'abandonner…, dit Poppy en soupirant tandis qu'elle regarde vers la piste de danse avec dégoût.

Tout le monde semble bien trop concentré sur des membres du sexe opposé, sur les tenues que les autres portent, et sur le fait d'être cool. On passe *Vogue* de Madonna, et chacun s'active à décrire des carrés avec les bras. Ce n'est pas très coordonné, et ils ont l'air d'avoir été possédés par un démon épileptique.

— Je serai seulement au lycée de l'autre côté de la ville, répond Rose en lui donnant un coup de coude si fort qu'elle manque de tomber. Tu me verras encore tous les matins, tous les soirs et tous les week-ends. Et puis, tu as des amies ici. Tu n'es pas non plus Annie la petite orpheline, si ?

Poppy lui jette un coup d'œil oblique et hoche la tête. Techniquement, elle a raison. Le lycée est seulement à l'autre bout de la ville. Mais elle sait que c'est le début de la fin. Après son bac, Rose enverra des demandes d'inscription dans des universités, et elles ne seront certainement pas à l'autre bout de la ville. Elles pourraient se situer à l'autre bout du pays. Tout est en train de changer, et ça ne lui plaît pas. Et si Rose lui fait remarquer à raison qu'elle ne manque pas d'amies et qu'elle est bien entourée, il n'y en a aucune dont elle soit spécialement proche. Le collège semble dirigé par de jeunes seigneurs de guerre au comportement tribal, et elle n'a pas vraiment trouvé sa faction. Elle n'est pas assez dévergondée pour intégrer le groupe des Chaudasses, ni assez méchante pour les Sadiques. Pas assez bizarre pour faire partie du Gang des geeks. Elle n'est pas sportive. Ni musicienne. Pas particulièrement douée pour quoi que ce soit, à part être la sœur de Rose.

Rose est folle de joie d'aller au lycée, et Poppy voudrait partager sa joie. Mais elle sent son univers s'effondrer autour d'elle. Glisser, changer et se dérober. Elle aimerait bien que les choses restent telles qu'elles sont – elles deux ensemble –, mais le monde semble avoir d'autres idées.

— Je sais, dit-elle. Tu as raison. Je vais me débrouiller, évidemment. C'est juste que ce ne sera pas tout à fait pareil sans toi.

Elle est triste en déclarant ça, et elle s'en veut de ne pas arriver à se réjouir pour sa sœur. Rose a deux ans de plus qu'elle, et elle n'y peut rien. Si elle continue à tirer la gueule, elle va leur gâcher la soirée. Tandis qu'elle se plaque un énorme sourire sur la figure, déterminée à faire semblant jusqu'à y parvenir, la lumière passe soudain des néons stroboscopiques clignotants à quelque chose de plus tamisé, et la musique suit le mouvement. Poppy lève les yeux vers l'horloge au mur du gymnase et voit qu'il est presque 22 h 30. La soirée touche à sa fin, et c'est l'heure des slows. Argh ! Les filles regardent les couples se former et se séparer, tandis que les cœurs se brisent et que les rêves sont anéantis. C'est dur de voir les laissés-pour-compte s'éclipser dans les coins, et carrément drôle de voir les duos amourachés faire le tour de la piste en traînant des pieds sur Sinéad O'Connor qui chante *Nothing Compares 2 U*. Ça se roule des pelles, ça se pelote, et les professeurs échangent quelques regards inquiets. Poppy se dit qu'il y aura peut-être même un bébé de la boum de Noël dans neuf mois. Elle glousse à cette pensée et essaie de deviner qui pourraient être les heureux parents.

Une ombre s'abat sur elles, et elle lève les yeux. Ho, ho ! C'est Lui. Marcus Pemberton. Il est dans la classe de Rose, et la poursuit de ses assiduités depuis des années. Elle lui sourit, la main en visière pour se protéger de la lumière, et on dirait qu'il va fondre à ses pieds en une flaque de Levi's. Marcus est l'un de ces garçons qui sont dans toutes les équipes, et dont on célèbre le dernier exploit sportif pratiquement tous les matins en réunion générale. Il est président des élèves tout comme Rose est présidente, et si un jour il a eu un bouton, ce dont elle doute sérieusement, Poppy ne l'a jamais vu. Ses cheveux sont souples et blonds, et il a l'air complètement hypnotisé quand il contemple Rose. Poppy le déteste, purement et simplement.

— Est-ce que tu voudrais danser avec moi, Rose ? demande-t-il en se dandinant d'un pied sur l'autre, les mains dans les poches.

Il a le visage dans l'obscurité, mais Poppy devine qu'il est rouge comme une tomate. Elle reste silencieuse, mais remarque la manière dont sa sœur le regarde. Comme s'il était un Twix géant et qu'elle avait envie d'une friandise. Elle se prépare, disposée à rester jusqu'au bout planquée sur le banc, en feignant de n'y accorder aucune importance. C'est la dernière boum de Noël pour Rose, après tout. Si elle veut un Twix géant en forme de garçon, grand bien lui fasse. Poppy ne se mettra pas en travers de son chemin. Elle s'absorbe dans la contemplation de ses ongles – à quel moment les a-t-elle rongés jusqu'au sang ? – et fait tout son possible pour ne pas exister.

— Merci, Marcus, répond Rose, mais je suis déjà prise. Par contre, on se voit ce week-end, OK ? On pourrait peut-être aller voir le dernier *Star Trek* ou autre ?

Poppy hasarde un regard en douce de sous ses cils collés en paquets, et voit qu'il est à la fois déçu et plein d'espoir. Elle a dit non au slow, mais oui à un rendez-vous. Probablement un peu trop compliqué à déchiffrer pour un ado masculin, surtout un qui joue au rugby et se prend régulièrement des coups dans la caboche, mais il acquiesce et s'en va. Poppy résiste difficilement à l'envie de lui faire un double doigt d'honneur tandis qu'il disparaît dans l'obscurité.

— Allez, viens, frangine, dit Rose en se levant et s'étirant.

Elle tend la main, et Poppy la saisit. En réalité, elle est déjà plus grande que son aînée, un svelte et long brin de fille, pas encore tout à fait adaptée à ses propres jambes. Sa mère l'appelle Bambi, et Rose l'appelle juste Veinarde.

—Allons leur montrer comment on fait…

Rose mène Poppy sur la piste de danse, et les deux sœurs exécutent le genre de valse que leur mère leur a apprise quand elles étaient petites. Le genre qui implique beaucoup de rires, d'orteils écrasés, de *un-deux-trois* dans leurs têtes, même quand il n'y a absolument aucun lien avec la musique. Elles percutent des gens, interrompent quelques galoches, et s'attirent des tas de regards noirs. Mais elles ne pourraient s'en moquer davantage. Pour l'instant, au moins, c'est Rose et Poppy contre le monde entier, comme ça l'a toujours été.

Chapitre 7

Aujourd'hui

Poppy est debout, les yeux plongés dans son frigo, vêtue de sa tenue de gym imbibée de transpiration, et sent les fringales familières gargouiller dans son ventre plat. Il n'y a rien sur les étagères à part quelques tiges de céleri et une barre chocolatée à quatre-vingts pour cent de cacao. Elle se coupe un petit carré et le place sur sa langue, appréciant la sensation presque orgasmique du chocolat frais qui fond dans sa bouche. Elle ferme le réfrigérateur et va préparer un café. Malheureusement, elle est à court de Nescafé, elle verse donc l'eau chaude de la bouilloire directement dans le bocal vide, sachant après des années d'expérience que les granules cristallisés devraient suffire. Elle a besoin d'aller faire des courses, songe-t-elle en emportant le pot de café brûlant dans le coin détente avant de s'asseoir à son bureau. Il est tard, et elle utilise la lampe Anglepoise pour jeter un coup d'œil sur des papiers et sur les maquettes initiales fournies par l'équipe de graphistes. Elles sont toutes nulles, et elle devra botter des culs lundi matin.

Poppy dirige le service marketing d'une entreprise de produits pour animaux domestiques, et c'est à peu près aussi intéressant que ça en a l'air. Toutefois, ça lui permet de vivre dans un bel appartement à Islington, avec son propre emplacement de parking, une salle de bains attenante à sa chambre et, surtout, une salle de sport au sous-sol. Gé-ni-al.

En fait, elle revient juste de la salle de sport, où elle a passé plus de temps à flirter avec Josh, le conseiller financier de vingt-trois ans de l'étage du dessus, qu'à se faire transpirer sur le tapis de course. Elle se demande comment il peut bien être qualifié pour prodiguer des conseils sur quoi que ce soit d'autre que le lever de poids, il est si jeune. Elle ne se fierait certainement pas à lui pour son compte d'épargne, ça c'est sûr. Par contre, elle coucherait avec lui, et l'a même déjà fait, à plusieurs occasions. Il est grand, baraqué, en bonne forme physique et d'un tempérament énergique, et se fout éperdument qu'elle ne veuille jamais rester dormir. Ou qu'elle ait quarante ans, bien qu'elle ne lui ait jamais révélé cette information. Avec son corps tonique et ses longs cheveux lisses et soyeux, elle fait beaucoup moins que son âge.

Elle se dit que c'est marrant de s'amuser avec des hommes comme Josh. Et puis, on peut parfaitement se passer des glucides. Du moins, c'est ce qu'elle tente d'expliquer à sa mère, quand elles sont assises dans un salon de thé des Cotswolds, pendant l'une de leurs escapades, et qu'elle finit par saliver dans sa salade, alors que sa mère attaque les scones à la crème. Maman ne semble jamais changer, quelles que soient les quantités qu'elle mange. Après des années passées à s'affamer afin de rester mince pour sa carrière d'actrice, son métabolisme paraît s'être adapté au crépuscule de sa vie, en lui accordant le don de la constance. Elle a la ligne pour une femme dans la soixantaine – elle fait encore du yoga, nage et marche dans les collines –, et elle est restée mince et séduisante. Même si son dernier rôle à la télévision – la secrétaire fougueuse, mais attentionnée d'un conseiller de la reine beau et non conformiste – remonte à quelques années, les gens voient toujours en elle Penny Peabody et s'émerveillent de constater à quel point elle a bien vieilli.

La dernière fois qu'elle a parlé à Poppy, il y a maintenant deux semaines, lui semble-t-il, sa mère paraissait un peu fatiguée, et elle s'attendait à ce qu'elle se montre légèrement plus enthousiasmée par le séjour au spa de Cheltenham qu'elles avaient prévu. Poppy se dit, en sirotant son infusion de café insipide à même le bocal, qu'elle s'est peut-être lassée des soins du visage. Peut-être qu'elles devraient varier un peu les plaisirs. Elles pourraient aller en week-end de dégustation œnologique, ou faire du saut en parachute ensemble. Peut-être qu'elle devrait mettre son diabolique plan clebs en œuvre et acheter un chien à sa mère. Elles s'étaient rendues à une séance photo pour la campagne de pub qui venait d'être lancée pour Ouaf! quelques mois plus tôt, et il y avait un champ rempli d'adorables chiots. Enfin… adorables quand ils ne chiaient pas partout ou ne cherchaient pas à s'enfiler les uns les autres. Elles n'ont pas eu de chien depuis que Patch, le Jack Russel psychopathe qui louchait, est monté au grand chenil dans le ciel quand elles étaient ados. Mais le temps a passé, et le moment est peut-être venu d'envisager la possibilité d'un autre chien. Elle est chez elle toute la journée, adore aller marcher, a besoin de compagnie…

Poppy ajoute le plan clebs sur sa liste des choses à faire, avec « botter le cul des graphistes », « racheter du café » et « récupérer ses tailleurs au pressing ». Elle écluse le mélange café-chocolat qu'elle a dans la bouche, nettoie ses dents parfaitement blanches d'un coup de langue et allume la télé. Elle a une heure à tuer avant de repartir. Elle rejoint Kristin pour boire des verres au bar à vins qui fait l'angle, et elles ne seront probablement pas de retour avant les petites heures du jour, en même temps que la tournée du laitier. Avoir des conversations insignifiantes avec des gens insignifiants et, éventuellement, s'offrir une partie de jambes en l'air insignifiante. C'est un rituel du vendredi soir, un rituel dont Poppy essaie de se persuader qu'elle l'apprécie encore. Une part d'elle voudrait juste aller se coucher au lieu de retrouver sa complice de vingt ans et quelques, mais ce serait s'avouer vaincue. Ce serait agir comme une quadra, ce qui est bien pire que d'en être vraiment une. De toute façon, à part dans le cadre de son travail, c'est le seul moment où elle a l'occasion de voir de nouvelles têtes. Ce n'est pas simple de rencontrer des gens à Londres. Tout le monde est toujours si occupé, par son métier ou sa famille, éreinté par les trajets, stressé par ses finances et, dans le cas des quelques personnes qu'elle connaît ayant des enfants, obsédé par l'idée de déménager dans une zone avec une bonne école. Ça lui avait paru beaucoup plus amusant quand elle était jeune, mais ces temps-ci, tandis qu'elle discute et plaisante avec des gens de dix ans de moins qu'elle, elle a la sensation que c'est un peu plus… désespéré. Dieu seul sait ce qui va se passer quand Kristin se mariera. Ça arrivera fatalement un jour, elle le sait, elle a déjà perdu la plupart de ses potes de teuf au profit de l'autel des sacrifices. Elles ne sont plus jamais les mêmes une fois qu'elles ont la bague au doigt.

Elle zappe une comédie de Bollywood, esquive les infos (qui la dépriment toujours), et n'est que vaguement tentée par un film avec Steven Seagal. C'est toujours marrant de regarder un gros balèze faire des prises de karaté, mais elle n'est pas vraiment dans l'humeur qu'il faudrait ce soir. Elle s'arrête finalement sur *Poldark*, quelque chose qu'elle aimerait beaucoup faire dans la vraie vie. À cheval sur lui. En poussant un rire gras qui résonne dans son appartement vide, elle repose l'ersatz de café avec dégoût. Elle va peut-être plutôt opter pour un gin-to.

On est en week-end, ma poule, et il n'est jamais trop tôt pour commencer à boire.

Elle n'est pas stupide, et mesure l'ironie de son style de vie ; aller à la salle de sport tous les jours, bannir les gâteaux, boire assez d'eau pour remplir un bassin de flottation, et ensuite polluer le temple qui lui sert de corps avec de l'alcool le week-end. Eh bien, se dit-elle en se versant un bon verre, personne n'est parfait, si ? Et certaines habitudes sont plus difficiles à perdre que d'autres. Elle regrette seulement qu'être une fêtarde ne soit plus aussi drôle que dans l'ancien temps, au siècle dernier. À l'époque où elle avait encore une sœur.

Chapitre 8

Festival de Glastonbury, Somerset, 1995

— OK, donc on est d'accord, dit Rose, allongée sur son sac de couchage parce qu'il fait trop chaud pour se mettre à l'intérieur. Tu peux prendre Liam, et je prendrai Noel.

— Ça me va. Liam est carrément plus sexy. Tu veux Noel uniquement parce que c'est lui qui écrit les chansons et que tu es une snob intello, alors pour toi, ça veut dire qu'il est plus intelligent.

— En fait, Pops, pour être tout à fait honnête, je crois que les mecs d'Oasis n'ont pas inventé l'eau chaude… Si je voulais du cerveau, je viserais plutôt Jarvis Cocker.

— Même maigrichon comme il est ?

— Ouais. Il avait un côté sexy ce soir, tu ne trouves pas ? Sa façon de bouger, de tenir le micro ? Ou est-ce que c'est la marijuana qui parle ?

— Si elle te parle vraiment, dit Poppy en rebondissant sur le sujet abordé, alors je vais supposer que tu as bu de ce thé spécial aux champis que les hippies nous proposaient tout à l'heure.

— Non ! Je te promets que non ! s'écrie Rose en gloussant.

Tout semble très, très drôle. Même un peu avant cela, quand il y avait une guêpe piégée dans la tente avec elles – et elle est terrifiée par ces insectes –, elle ne pouvait pas s'arrêter de rire tandis que Poppy la chassait à l'aide du rouleau formé par le programme du festival. Vaillante chasseuse de guêpes.

— Je te crois, des tas de gens refuseraient…, réplique Poppy, en gloussant aussi. Hé, je viens de penser à un truc. C'est marrant.

— Vas-y. Je suis un public très réceptif à cet instant précis.

— OK. Tu sais que les Stone Roses étaient censés jouer, et qu'ils ont annulé ?

— Ouais.

— Eh bien, on est là, à fumer comme des cheminées, et au lieu des Stone Roses, on a… Rose Stone ! Rose ! Ton prénom ! Tu piges ?

Oui, Rose pige, et c'est franchement la chose la plus hilarante qu'elle ait jamais entendue. Elle rit tellement qu'elle craint qu'un événement calamiteux ne se produise dans son cortex cérébral. C'est la faute de Poppy, décide-t-elle avec un sourire, si elle est une Rose Stone, et qu'elle va mourir de rire. Elle a beau avoir deux ans de moins, elle est d'une mauvaise influence. Elle l'éloigne du droit chemin. Rose est en première année à Liverpool University, elle y étudie la biologie, option bière à deux balles. Poppy est au lycée pour préparer son bac. Elles ne se voient plus tant que ça, pour des raisons évidentes, et ce week-end s'est révélé glorieux. Elles ont entendu de bons groupes, mangé de moins bons burgers végétariens, se sont fait faire des tatouages au henné sur les mains, et ont assisté à l'accident d'un jongleur de feu qui a été emmené à l'hôpital. Elles ont dansé, bu, ont été portées sur les épaules d'illustres inconnus dans la foule, se sont étendues au soleil, en écoutant le son des bongos et des trips sous acide.

Il est tard à présent, et elles profitent de leur dernière nuit ensemble. Même aux premières heures, dans leur tente, elles perçoivent les bruits de la vie festivalière qui se poursuit autour d'elles ; de la musique, des rires, encore plus de bongos et de guitares qu'on gratte, et de temps en temps quelqu'un qui vomit.

— Est-ce qu'Andy était déçu que tu ne partages rien avec lui ? demande Poppy sans crier gare.

Andy est le petit ami de Rose, et il est là aussi, avec un groupe de copains. Poppy n'a pas de petit ami, juste quelques garçons à qui elle roule des pelles après un vendredi soir au *Tennyson's Arms*.

— Je ne pense pas, répond Rose, qui lui repasse le joint et se tourne sur le côté pour être face à sa sœur.

Poppy est toujours mince, longiligne et ravissante, et les boutons ont maintenant disparu. C'est un peu un canon, mais elle ne semble pas s'en rendre compte. Bambi a bien grandi, de corps, du moins.

— Je pense qu'il s'éclate assez avec ses potes, ajoute-t-elle. De toute façon, même si ce n'était pas le cas, rien à foutre ! C'est notre week-end. On le prévoit depuis des siècles. Je peux voir Andy quand j'en ai envie, mais passer du temps avec ma sœur adorée, ça c'est bien plus précieux.

Poppy s'esclaffe et écrase la cigarette sur le couvercle de la petite boîte en fer qu'elle a en permanence sur elle. Rose y jette un coup d'œil ; elle est ce qu'on appelle « vintage » de nos jours, et le couvercle est décoré d'un motif naval. Elle ressemble de façon suspecte à celle que leur mère exposait dans l'armoire vitrée au cottage.

— Est-ce que tu as volé ça à la maison ? demande-t-elle en désignant l'objet.

— Eh bien, puisque c'est aussi ma maison, techniquement je ne pense pas qu'on qualifierait ça de vol, si ?

— Maman péterait un câble si elle pouvait nous voir en ce moment… Surtout si elle s'apercevait que tu as cette boîte…

Poppy s'étire, ses membres si longs que ses orteils nus et crasseux touchent le bout de la tente, et répond :

— Meuh non ! Enfin, peut-être pour la boîte. Mais ça ne la dérangerait pas de nous voir allongées là à fumer un joint, je ne crois pas. Maman bossait dans le show-biz dans les années 1970, chérie, tu ne savais pas ? Elle a probablement sniffé de la coke sur le cul d'Oliver Reed ! En plus, elle nous a payé les billets, tout ça ; je ne pense pas qu'elle s'attendait à ce qu'on passe un week-end de nonnes.

Rose médite ces propos, et il lui faut quelques instants pour arracher son esprit à la vision de sa mère avec Oliver Reed. Est-ce qu'il est sur la liste ? tente-t-elle de se rappeler. La liste qu'elles tiennent avec Poppy, des noms que sa mère a lâchés, de la période où elle était plus célèbre. Elle semblait avoir connu – et elle soupçonne que « connu » pourrait signifier n'importe quoi, de « rencontré sur un tournage » à « déjeuné avec », ou « baisé dans une partouze » – à peu près tous les acteurs renommés de son époque. Les filles savent qu'il y a du vrai là-dedans. Quand elles étaient plus jeunes, elles l'ont rejointe en tournage dans divers endroits, et ont trouvé ça assez ennuyeux. Pour elles, c'était juste ce qui se passait quand votre mère allait travailler, même si ça paraissait glamour de l'extérieur. Et pour elles, maman était juste maman, même si elle avait un jour verni les ongles de Joan Collins.

— Non, tu as raison, finit-elle par concéder. Elle s'en moquerait. En fait, je regrette qu'elle ne soit pas là… On se marrerait bien avec elle.

— N'en parle à personne, répond Poppy avec des airs de conspiratrice, mais il se peut qu'elle soit là. Qui te dit qu'elle n'est pas l'une de ces femmes nues aux nibards peints en bleu, qui faisaient du yoga autour du feu de camp tout à l'heure ?

Rose éclate de rire à cette idée, et Poppy se joint à elle. Tout semble encore vraiment très, très drôle. Pour une raison qui leur échappe. Elles rient pendant des heures, jusqu'à ce que les bongos se taisent enfin, et que le silence retombe sur leur petit coin de Glastonbury.

Chapitre 9

Aujourd'hui

Le téléphone sonne, et Rose est si choquée qu'elle bondit littéralement. La boîte de Heroes est projetée de ses genoux, et les preuves honteuses de sa crise de boulimie se répandent sur le tapis dans une masse d'emballages en alu brillants et multicolores. Elle les pousse sous le canapé avec ses pieds en chaussettes de nuit.

C'est la ligne fixe. Personne ne l'appelle plus sur la ligne fixe. En fait, personne ne l'appelle plus, point barre. Sauf Joe, quand il a besoin qu'elle le conduise quelque part, ou pour voir s'il peut rentrer plus tard que prévu. Joe… Il est à l'étage, se souvient-elle, en sécurité, et ce coup de fil ne peut pas provenir de la police l'informant qu'il a eu un accident, qu'il s'est fait tabasser par des racailles, ou qu'il est tombé dans un puits. Ce qui signifie que c'est probablement un gentil monsieur d'Inde qui s'inquiète du niveau de couverture de son assurance-vie, ou bien sa mère, qui téléphone pour la prévenir qu'il y a *Poldark* à la télé. Une fois calmée, elle tend le bras vers la petite table et répond avec un « allô ! » circonspect. Elle n'aime pas être malpolie avec les gentils messieurs des plates-formes indiennes, ils essaient juste de gagner leur vie après tout, mais elle ne veut pas les encourager non plus.

— Bonsoir, dit la voix trop distinguée, posée, âgée et anglaise pour être celle d'un téléprospecteur. Est-ce bien Mrs Rose Young à l'appareil ?

Rose marmonne un « oui » et se sent soudain, sans raison apparente, saisie d'une pure frayeur. Son corps tout entier est froid et tremblant, et elle éprouve un besoin presque irrésistible de reposer le combiné. De mettre fin à cette conversation, qu'elle ne doit pas laisser se poursuivre, elle en est convaincue.

— Rose, mon nom est Lewis Clarke-Smith, et je crains d'avoir de mauvaises nouvelles à vous annoncer…

Chapitre 10

À environ deux cents miles, à Islington, Poppy essaie toujours de rassembler l'énergie nécessaire pour prendre une douche rapide et s'interroge sur la longueur de la jupe qu'elle devrait porter pour les aventures de ce soir-là. Elle est surprise quand la ligne fixe se met à sonner, et il lui faut quelques instants pour trouver le combiné. Kristin lui enverrait un texto pour la contacter, elle en déduit donc que c'est sûrement sa mère, qui a tendance à veiller tard et à regarder des rediffusions de vieilles émissions télé en critiquant les performances de tout le monde. Elle aura peut-être des commentaires sévères à émettre sur cette scène de fauchage. Poppy s'envoie une gorgée de gin-to, puis répond.

— Salut, maman ! dit-elle joyeusement, en essayant de ne pas laisser filtrer son alcool triste via les lignes téléphoniques jusqu'au Shropshire.

Elle ne veut pas que sa mère s'inquiète : la version officielle, c'est que tout va pour le mieux dans le meilleur des mondes.

— Euh… Je crains que non, lui répond-on.

C'est une voix d'homme, quelqu'un de plus âgé, le ton grave et l'élocution précise.

— Vous êtes bien Miss Poppy Barnard ? demande-t-il.

— En effet, dit-elle en commençant à s'agacer. Qui est à l'appareil ?

— Mon nom est Lewis Clarke-Smith, et j'étais un ami de votre mère.

Poppy retient à peine le nom et ne se soucie plus de son élocution pâteuse. Elle n'entend qu'un mot de cette phrase : « étais ». Le verre lui tombe des mains et déverse le reste de sa boisson sur ses cuisses vêtues de Lycra.

Chapitre 11

Rose repose le téléphone et tend machinalement le bras pour attraper un autre chocolat. Il lui faut s'y reprendre à trois fois avant de parvenir à retirer l'emballage, tant ses doigts tremblent, et elle n'en sent même pas le goût une fois qu'il est dans sa bouche. Elle se contente d'agir en mode robot. De donner à son cerveau quelque chose à faire. En essayant d'éviter de traiter l'information qu'elle vient d'entendre.

Que sa mère est morte. Que la boule d'énergie volubile qu'était Andrea Barnard n'honore plus cette planète de sa présence. Qu'elle était malade depuis un certain temps, et ne le lui avait pas dit. Qu'on lui avait diagnostiqué un cancer de l'estomac quelques semaines après son anniversaire, et que, pour une raison obscure, elle en avait gardé le secret.

Elle ignore ce qu'elle éprouve. C'est une sensation qui ne ressemble à rien de connu. C'est un choc, la façon dont elle en a été informée, et ça la paralyse. Peut-être aurait-ce été différent si elle s'était trouvée au chevet de sa mère, où était sa place. Si elle avait été avec elle. Si elle avait eu la chance de lui dire adieu.

Rose sait qu'elle n'était pas seule. Lewis Clarke-Smith l'en a assurée, de sa voix profonde, posée et calme. Le genre de voix habituée à être écoutée, et à se faire fermement comprendre. Sauf qu'elle n'a pas compris. Elle n'a rien compris de tout ça. Évidemment, ça a été difficile ces dernières années, mais elle estimait quand même qu'elle était proche de sa mère. Elle la voyait aussi souvent que possible, effectuant le trajet sur des nationales pittoresques de Liverpool au Shropshire, la rejoignant à Ludlow pour déjeuner ou faire du shopping dans les marchés. La recevant chez elle pour Noël. En alternance, bien entendu, puisque une année sur deux elle allait chez Celle-qu'on-ne-nommera-pas. Elles se parlaient au téléphone, s'envoyaient des textos. Elles étaient présentes dans la vie l'une de l'autre ; alors pourquoi n'était-elle pas là pour sa mort ? Pour alléger sa souffrance lors de ses derniers jours ?

Rose sent la colère sourdre au creux de son estomac. Elle essaie de l'étouffer, elle sait que c'est déplacé, mais c'est là. Elle est en colère de ne pas avoir été informée que sa mère vivait ses derniers instants. Elle est en colère contre le ton légèrement désapprobateur qu'elle devine dans la voix de Lewis Clarke-Smith ; juste une pointe, un mépris presque imperceptible. Il juge qu'elle a négligé sa mère, et Rose a la désagréable impression qu'il n'a peut-être pas tout à fait tort. Et c'est ça, dans le fond, qui la met en colère ; parce qu'elle sent la culpabilité qui commence à remonter à la surface. Elle a tant de questions, et elle en a posé si peu. L'appel était inattendu, choquant. La voix à l'autre bout du fil a livré la nouvelle avec une compassion appliquée et constante, et son interlocuteur était si calme qu'elle s'est elle-même complètement oubliée.

Il avait l'une de ces voix autoritaires auxquelles elle était incapable de résister, comme celle du directeur de son école. Un branleur fini, mais tout ce qu'il dit paraît sensé. C'était pareil avec cet homme, ce Lewis Clarke-Smith auquel, maintenant qu'elle y pense, sa mère a déjà fait allusion. Elle ne l'a jamais rencontré, mais se rappelle de vagues histoires à propos de spectacles de théâtre amateur et de la kermesse du village, et du fait d'emprunter sa chienne Betty pour des promenades dans les collines. Elle n'y prêtait aucune attention, bien entendu. Et elle n'est jamais retournée au village, ni au cottage qui avait été la maison de son enfance. Trop absorbée qu'elle était par sa propre vie, ses propres défis. À éviter des souvenirs qui lui feraient trop mal. Probablement, si elle est tout à fait honnête, trop occupée à prévoir ce qu'elle allait commander comme plats à emporter ce soir-là. Et maman n'était jamais à court d'histoires, il lui restait toujours une anecdote, quelque chose d'amusant qui lui revenait en tête.

Rose tenait tout cela pour acquis, et il lui apparaît soudain qu'il n'y aura plus d'histoires. Plus de récits sur sa vie dans le show-biz des années 1980. Plus de détails sur les mensurations des courges aux concours d'agriculture. Plus de descriptions sur la fois où elle a lâché un pet de deux cents décibels pendant sa salutation au soleil au cours de yoga, dans la salle communale du village.

Plus d'Andrea. Cette pensée est simplement inconcevable. Elle était partie du principe que sa mère survivrait à tout le monde. C'était une force de la nature, unique en son genre, une déesse évoluant parmi les mortels. Elle ne pouvait pas être morte. C'était insensé.

Rose en est maintenant à son quatrième œuf en chocolat, et se sent légèrement nauséeuse. Un peu à cause du choc, un peu à cause du chocolat. Le fait que toutes ces questions tournoient encore dans sa tête comme du lait caillé passé au tamis. Que Lewis l'ait calmement informée qu'elle devait à présent regarder une foutue vidéo. Qu'elle aurait la réponse à un grand nombre de ses questions, et que c'est ce qu'Andrea avait voulu. La nausée la saisit, et elle se précipite aux toilettes du rez-de-chaussée, pousse du pied les diverses brochures de voyage qu'elle y conserve, truffées de destinations luxueuses où elle ne partira jamais. Elle s'affaisse à genoux et vomit une boîte entière de chocolats Cadbury. Quand elle a fini, la cuvette est pleine d'un liquide brun et épais, et des larmes lui coulent le long des joues. Elle retombe sur les fesses, en atterrissant sur une brochure de safari Kuoni qui amortit sa chute, et craque.

Chapitre 12

Poppy caresse sa boîte à tabac, celle qu'elle a piquée à sa mère il y a plus de deux décennies, tentée de fumer pour la première fois depuis des années. Au lieu de cela, elle la range et ferme le tiroir du bureau. Elle prend son téléphone, et envoie un message à Kristin pour la prévenir qu'elle sera en retard, et ne pourra peut-être pas venir du tout.

Étrangement calme, elle envoie le mail de Lewis à sa « télé incroyablement intelligente », comme sa mère l'appelait toujours, refusant résolument d'accoler le terme *smart* à tout objet lié de près ou de loin à la technologie.

« *Smart* veut dire élégant, comme un costume bien taillé et des richelieus cirés, chérie, pas quelques boutons sur un appareil idiot », répétait-elle à qui voulait l'entendre.

Lewis avait répondu à chaque question que Poppy lui avait balancée, tandis qu'elle suivait une espèce de check-list d'une efficacité effrayante qui lui avait jailli à l'esprit durant leur brève conversation. Elle n'a pas la moindre idée d'où elle lui est venue, ce n'est pas comme si elle avait planifié ça, ni été préparée de quelque manière. Mais elle avait l'habitude de tenir des réunions et d'être aux commandes, et elle suppose que c'est ce qui a fait effet ; son cerveau reptilien l'aidait à traiter cette nouvelle information en la convertissant en points d'action. Elle pouvait quasiment transformer le décès de sa mère en une série de *slides* sur PowerPoint. Elle était morte ce soir-là, dans le grand hôpital le plus proche. Elle avait un cancer de l'estomac. Elle avait organisé ses funérailles à l'avance ; toutes les dispositions étaient prises, et elle n'avait rien à faire. Lewis, en tant qu'ami et avocat d'Andrea, s'occupait des affaires de celle-ci, et avait besoin de les voir, Rose et elle, après l'office. Toutes les deux. Ensemble. Dans la même pièce. *Seigneur !* Cette perspective était presque aussi éprouvante que la mort de sa mère. Andrea était partie, et Poppy commençait à flipper à l'idée de revoir sa sœur ; était-elle donc à ce point égoïste ?

La brume infusée de gin s'est à présent complètement dissipée, et *Poldark* est terminé. Elle a les jambes encore humides d'avoir renversé son verre dessus, et son odeur la dégoûte. Elle a besoin de se doucher, l'intérieur comme l'extérieur, pour récurer toutes les émotions contradictoires qui la traversent.

Reste calme, s'exhorte-t-elle, en tapant sur les boutons de la télécommande. *Reste calme, et avance. Une dépression nerveuse ne servirait à rien. Ça ne te ramènera pas ta mère.*

Elle va vers le canapé en cuir et chrome lisse et luisant dressé devant la télé, et appuie sur la touche Play d'un ongle long et parfaitement laqué.

Chapitre 13

Andrea est calée sur un lit d'hôpital, ses cheveux gris acier bien lisses, son maquillage impeccable, si ce n'est qu'elle a eu la main un peu plus lourde que d'habitude. Le chemisier en soie qu'elle porte est parfaitement repassé, et elle affiche un sourire éclatant. Sans la perte de poids et, bien entendu, les lieux, vous ne devineriez jamais qu'elle est malade. La chambre est petite, dominée par ce lit, par cette minuscule silhouette qui y est allongée. Le meuble déborde de bouquets de fleurs, des pétales de lys retombant dans un pichet de sirop orangé, et la lumière est vive.

Andrea effectue un test rapide, et la caméra oscille légèrement, comme si la personne qui la tient bougeait, ou peut-être lui faisait signe avec les pouces. Elle acquiesce une fois, croise avec soin ses mains délicates sur ses cuisses recouvertes d'un duvet, et commence à parler. Elle a la voix stable, assurée, nettement posée ; elle a déclamé plus d'un monologue, et ceci est de loin le plus important qu'elle ait jamais prononcé.

« Mes chéries. Rosehip, Popcorn, mes seuls véritables amours. Je ne veux pas verser dans le mélo hollywoodien, mais si vous regardez cette cassette, cela ne peut signifier qu'une chose : j'ai quitté mon enveloppe charnelle… et vous allez avoir besoin plus que jamais l'une de l'autre. Vous devez mettre de côté vos différends et veiller l'une sur l'autre, comme vous le faisiez avant. J'imagine que ça doit vous faire un choc, mais je ne vais pas m'excuser d'avoir procédé ainsi. La maladie s'est vite déclarée, affreusement vite, et, avant que je sache ce qui arrivait, j'avais affaire à d'adorables infirmières de Macmillan et de charmants docteurs qui avaient tous d'épouvantables nouvelles à m'annoncer.

Cela ne remonte qu'à quelques semaines, mes amours, et je sais que vous serez tristes de ne pas avoir pu passer ce temps-là avec moi. Vous serez peut-être même un tout petit peu fâchées que je vous aie privées de la chance d'être à mes côtés. Mais j'avais mes raisons, et si une vieille dame a le droit de n'en faire qu'à sa tête, c'est bien quand elle est mourante, vous ne croyez pas ?

Une part de moi refusait de vous rendre spectatrices de ma souffrance. Vous étiez trop petites pour vous rappeler quand ma mère est morte, mais ça a été l'une des pires expériences de ma vie ; assise à son chevet, à lui tenir la main, alors qu'elle ne me reconnaissait même pas. La douleur s'était emparée d'elle, comme si elle était possédée par un démon. Honnêtement, je n'aurais pas été surprise de voir sa tête se mettre à tourner ni de l'entendre parler en araméen ancien.

La souffrance peut infliger ça à une personne : elle la réduit à son état bestial, la dépouille de tout ce qui la rend… humaine. J'ai passé des nuits interminables dans ce centre de soins palliatifs, seule avec ma douleur, et je me suis juré que c'était un supplice auquel je ne vous soumettrais jamais. Je n'ai aucune idée de ce qu'est mon destin. J'espère un chant du cygne plein de dignité, avec une lumière douce, des huiles aromatiques et peut-être des chants grégoriens en fond sonore. Une sortie gracieuse, côté cour.

Mais, en vérité, il se peut aussi que je devienne comme ma mère ; cet animal ravagé de souffrance, qui n'a qu'une certitude : qu'il va mourir. Elle ignorait totalement que j'étais à son chevet à la fin, et depuis, j'ai toujours pensé qu'accompagner quelqu'un dans ses derniers instants était juste un piège pour avoir mal. C'est une consolation, je suppose ; en étant présente, vous pouvez toujours vous dire que vous avez fait de votre mieux, qu'au moins le mourant n'était pas seul.

Mais honnêtement ? Je pense que nous sommes tous seuls quand nous mourons. Nous embarquons pour une destination où personne ne peut nous accompagner.

Pour ceux qui restent, épuisés et vidés, c'est une raclée émotionnelle d'une intensité à laquelle vous ne pouvez jamais vous préparer. C'est une épreuve indescriptible, d'attendre qu'un être aimé vous quitte, en sachant que chaque minute que vous passez avec lui pourrait être la dernière, mais aussi qu'une part de lui n'est déjà plus là. Je ne voulais pas vous imposer ça, et j'espère que vous me comprenez ; j'ai pris cette décision par amour. Et j'avais mon pauvre Lewis à mes côtés ; j'ai essayé de le virer à plusieurs reprises, mais cette vieille tête de mule ne veut rien entendre, et je le soupçonne d'être là jusqu'au bout. Il est avec moi en ce moment, m'aide à réaliser cette vidéo, et laissez-moi vous dire qu'il est l'une des plus formidables créatures que cette planète ait eu l'honneur de porter. Mais assez de bla-bla ; je ne peux pas m'en sortir si ses mains antiques tremblent, ni s'il pleure, pas vrai ?

Bref. Ça faisait partie de mon raisonnement. J'aurais probablement dû en discuter avec vous à un certain stade, mais ce n'est pas un truc facile à glisser dans une conversation courante, si ? « Je passe un très agréable séjour, chérie, et au fait, je ne t'inviterai pas au chevet de mon lit de mort. » Ça ne vous sort pas facilement de la bouche, alors je crains d'avoir évité le sujet. Peut-être que j'ai été une lionne à court de bravoure, qui sait ? Mais ça paraissait tellement hors de propos. Je me suis toujours sentie en si bonne santé, malgré tous ces petits jeux auxquels je me suis prêtée ces dernières années.

Et cela m'amène, j'imagine, à l'une des autres raisons pour lesquelles je n'ai pas eu le courage de vous voir, et vous ai laissé ce message à la place. Je vous aime, plus que la vie elle-même, j'espère que vous le savez. Mais je dois être honnête, et c'est l'endroit et le moment pour l'être, mes anges : vous m'avez brisé le cœur. Pulvérisé en tout petits morceaux, pour verser dans le dramatique, ce que, bien entendu, j'aime toujours faire.

Au fil des années, j'ai tout essayé pour vous réunir. J'ai organisé des fêtes auxquelles aucune de vous n'a assisté, de peur de voir l'autre. J'ai joué dans des petits théâtres de quartier miteux en espérant que vous viendriez toutes les deux à la première, mais aucune de vous ne s'est déplacée. J'ai raconté qu'on m'avait hospitalisée d'urgence avec une pneumonie, alors que je n'avais rien de plus qu'un vilain rhume. J'ai menti, monté des combines et vous ai fait un chantage émotionnel éhonté, tout cela en vain.

Quoi que je vous aie balancé, vous n'avez jamais bougé le petit doigt. Je sais que vous m'aimez, et peut-être qu'à présent, en regardant ça, vous commencez à vous apercevoir à quel point ; c'est normal, ne vous inquiétez pas. C'est un coup de poing dans les tripes avec lequel vous apprendrez à vivre, j'en suis sûre. Mais réaliser combien vous m'aimez maintenant que je suis partie ne change rien au fait que, dans la vie, vous n'avez pas su mettre vos différends de côté… ni pour votre bien, ni pour celui de Joe, et certainement pas pour le mien non plus.

Je suis incroyablement fière de chacune de vous. Vous êtes, et serez toujours, mes anges crasseux. Je suis fière de votre force, de votre résistance, de la façon dont vous avez tracé votre route. Mais vous avez laissé votre amertume vous définir. Vous avez été modelées par cette vieille colère à laquelle vous vous raccrochez, jusqu'à ce qu'elle soit presque devenue une part de vous, au même titre que tes cheveux bouclés, Rose, ou tes yeux marron, Poppy. Ce qui a commencé comme quelque chose de douloureux a fini par faire partie de vous, et c'est ce qui m'a brisé le cœur.

Vous avez toutes les deux construit votre vie, eu une carrière. Rose, Joe est un garçon absolument merveilleux, et tu as fait un travail épatant en l'élevant. Mais quoi que vous ayez accompli, ou poursuivi dans votre existence, vous y êtes parvenues l'une sans l'autre, ce qui signifie que rien n'a jamais vraiment été comme il fallait, si ?

Je sais que vous aimez vous leurrer en vous disant que vous êtes aussi bien l'une sans l'autre, mais vous ne pourriez pas plus vous tromper. Je vous ai éduquées pour que vous riiez ensemble, que vous vous battiez ensemble, et que vous vous protégiez mutuellement. Le monde peut être cruel et effrayant, et c'était toujours une grande consolation pour moi que vous soyez toutes les deux.

Vous élever seule n'a jamais été simple. Il y avait toutes sortes de fissures sous la surface que vous ne voyiez pas, car je n'ai jamais tenu à ce que vous les voyiez. J'ai dû faire des compromis pour ma carrière, j'ai parfois lutté financièrement. C'était éprouvant, mais je me disais : au moins, mes filles chéries n'affronteront jamais ce genre de solitude. Elles auront toujours une meilleure amie, une alliée, quelqu'un vers qui se tourner en cas de besoin. Elles ne se contenteront pas de boire du vin à minuit, les yeux rivés sur le feu de cheminée, à chercher des réponses, comme je l'ai souvent fait.

Mais au lieu de vous épauler, vous vous êtes dressées l'une contre l'autre, et cette bagarre a détruit notre famille.

Détruit notre chance d'être ensemble, comme j'avais toujours espéré que nous le serions, au final. Je n'ai jamais cessé de croire que les vieilles blessures se refermeraient, mais maintenant je dois accepter l'idée que si cela se produit, je ne serai plus là pour m'en réjouir.

Je ne dis pas ça dans le but de vous blesser ; Dieu sait que ce serait la dernière chose dont vous auriez besoin en ce moment, après la nouvelle que vous venez d'apprendre. Et je sais que vous avez toutes les deux fait de votre mieux. Rose, crois-moi, j'ai adoré mes visites à Liverpool, et tous les spectacles de Noël de Joe, et mon implication dans sa vie. Jouer à la grand-mère glamour a été l'un des meilleurs rôles de ma vie.

Et Poppy, je comprends bien tous tes efforts : toutes nos vacances, nos escapades, et les sommes folles que tu as toujours dépensées pour mes cadeaux. Je n'ai jamais eu autant de pulls en cachemire ni de sacs en cuir faits main dans ma garde-robe.

Le temps passé avec vous n'était jamais perdu, et chaque seconde en compagnie de mes adorables filles m'a été précieuse ; mais, pour moi, cela s'est toujours avéré doux-amer. Parce que je pouvais voir, plus clairement que vous-mêmes, l'étendue des dégâts causés. Ensemble, vous pouviez conquérir le monde. Séparées, vous êtes comme un chien à trois pattes, ou une tortue coincée sur le dos : il y aura toujours quelque chose qui vous manquera. Qui vous retiendra.

Cela, je pense, m'amène à des événements plus actuels. À l'ici et maintenant, et à l'avenir, même si c'est une terre inconnue que je ne visiterai jamais. À l'objectif de cette vidéo, et à la façon dont j'ai occupé mes dernières semaines. Si vous pensiez que je vous avais déjà fait du chantage affectif, alors cette fois je vise la médaille d'or aux Jeux olympiques des mères manipulatrices.

Cette fois, je ne vais pas être subtile. Je ne vais pas jouer aux devinettes, aucun intérêt. Je vais exposer les choses aussi clairement que possible : je suis votre mère. Je vous aime. Je suis en train de mourir. Et mon plus grand souhait est de vous voir toutes les deux réunies. Je n'y suis jamais parvenue de mon vivant, et j'espère désespérément y parvenir à ma mort.

Lewis – arrête de pleurnicher, Lewis ! – a été à mes côtés durant tout ceci, et il est votre homme de confiance, comme ils disent dans les films. Écoutez-le, et faites ce qu'il vous dit, et achetez-lui un bon cigare, parce qu'il le mérite sacrément. Lewis est, pour ainsi dire, mon représentant sur terre, et il vous guidera au fil de ce processus.

J'entends pratiquement la question : « Quel processus ? » Alors je vais répondre pour vous. Celui qui consiste à essayer de reconstruire votre relation. De rassembler les morceaux et d'avancer dans la vie aux côtés l'une de l'autre, comme je l'ai toujours voulu.

Même si, excusez mon langage fleuri, je crève de rage d'être arrachée à ce monde alors que je ne suis qu'à la soixantaine, j'ai eu une belle vie. Pleine, riche et jamais, jamais ennuyeuse. Vous en avez été les temps forts et les pires moments, et j'espère que ces pires moments seront bientôt des taches de poussière à l'horizon.

À cet instant précis, tandis que j'enregistre ce message, je n'ai pas peur. Je n'ai pas peur de mourir, ni de ce qui vient après, même si je finis accidentellement au paradis des poissons rouges ; je n'ai peur que pour vous, et pour ce qu'il adviendra de vous une fois que je serai partie.

Je sais que quand ma mère est morte, j'ai été submergée de questions auxquelles elle était la seule à pouvoir répondre. Au sujet de mon enfance, de sa vie, de la meilleure manière de préparer une tourte aux rognons, au sujet de tout.

Votre mère est la personne que vous estimez le plus comme acquise dans votre existence et, en ce moment même, vous seriez prêtes à donner votre main droite pour avoir une conversation de plus avec moi. Pour pouvoir décrocher le téléphone encore une fois. Pour pouvoir vous asseoir et bavarder de choses futiles, ou pas si futiles ; vous aurez des questions, et cela ne s'arrêtera pas.

Tandis que vous vieillissez, et que votre vie évolue, et que vous affrontez de nouveaux défis, une part de vous aura toujours envie d'appeler votre mère pour lui demander son avis. Ou de la voir et de recevoir une étreinte spéciale maman, l'une de celles qui vous donnent le sentiment que tout finira bien ; le genre que seules les mères peuvent fournir, quel que soit votre âge.

Je sais que c'est du moins comme ça que je me sentais. C'est toujours le cas, à cet instant, à cette minute. Je rêverais encore qu'elle soit là, toutes ces années plus tard. Perdre sa mère laisse un vide qui n'est simplement jamais comblé. La peine de ne pas pouvoir passer ce coup de fil ni d'avoir cette étreinte vous accompagnera toujours, jusqu'à ce que ce soit votre tour d'être à ma place. C'est le cycle de la vie, comme dans *Le Roi Lion*, mais sans l'adorable phacochère.

Je suis tellement triste, pour vous, de ne pas être là pour répondre à vos questions, ni vous donner de conseils, du moins en personne. Je ne serai pas en train de décrocher le téléphone, ni en train de rouler sur l'autoroute, ni même en train d'essayer d'utiliser Skype sans y parvenir, c'est fini. Croyez-moi, si je pouvais vivre éternellement et toujours être dans les parages pour vous, je le ferais.

Au lieu de ça, je vous fais un cadeau. Un cadeau étrange, offert sous de nombreuses formes. Il y a des vidéos, des journaux intimes, des lettres et des photos. Il y a des mots de sagesse, et d'autres qui en manquent indéniablement, et vous aurez des petites tâches à accomplir. Vous savez que j'ai toujours apprécié les bons projets, et ceci, mes chéries, est mon plus ambitieux.

Je l'ai intitulé *La Vie de A à Z* pendant que j'y travaillais, toujours convaincue que je trouverais mieux, mais il semble que le temps me fausse compagnie, alors je suppose que ça devra faire l'affaire. Et à dire vrai, au moins, il est exact.

Il y a des choses là-dedans qui vous surprendront. Vous choqueront, même. Des secrets à révéler, des mystères à partager, des histoires à raconter. Ne vous attendez pas à ce que ce soit facile ; ce qui vaut le coup ne l'est jamais, si ?

J'ai versé mon cœur, mon âme et la majeure partie du contenu de mon grenier dans cet abécédaire, les filles, alors je vous prie de le prendre au sérieux et de le traiter avec respect. Lewis a rassemblé tout ça pour vous, et je vous prie aussi d'accepter ce cadeau dans l'esprit avec lequel il vous est donné : le cœur gonflé d'amour et d'espoir. Les funérailles sont entièrement arrangées – désolée de te priver de la chance de les planifier, Poppy –, et vous avez très peu à faire, à part vous pointer, vous asseoir, écouter et apprendre.

C'est un projet que vous devrez mener à bien ensemble. Je me rends compte que cette seule idée vous fait probablement frémir d'appréhension, et que, même dans ce moment de choc et de deuil, vous pensez que c'est impossible. Qu'il vous faut trouver une issue de secours. Peut-être même pensez-vous que ce n'est pas grave, que je suis partie, alors quelle différence ça fait ?

Je ne peux pas contrôler ce que vous ferez ensuite. Tout ce que je peux faire, c'est formuler une requête, en tant que mère. Votre mère mourante, sans vouloir trop insister. Venez à l'enterrement. Allez voir Lewis. Accueillez cet abécédaire comme une ultime étreinte maternelle. Considérez ça comme une dernière volonté, et faites-moi plaisir.

J'aime penser que je ne vous demande pas tant que ça, puisque j'arrive au terminus, là. Pour emprunter un vers à Franck, il est temps d'affronter le baisser du rideau. Mais croyez-moi, si vous réussissez ça – si vous remplissez cette dernière mission –, je serai quelque part là-haut, à regarder ; à vous faire une *standing ovation* et à vous applaudir jusqu'à avoir les paumes à vif.

Mais avant, j'ai quelques messages à vous délivrer, et une tâche pour vous mettre en route. Tout d'abord, laissez-moi vous dire deux choses essentielles : je vous aime, et je sais que vous m'aimez. Ça paraît évident, mais le chagrin a une façon sournoise d'obscurcir ces vérités simples, en les dissimulant derrière des nuages de doute.

Quand cela se produira, quand les « je me demande... » commenceront à surgir, alors étouffez-les aussitôt. Je vous aime, et je sais que vous m'aimez. Répétez-le aussi souvent que possible, jusqu'à ce que ça devienne si réel que vous n'en douterez plus. Si vous ne devez garder qu'une seule chose, c'est celle-ci.

Et maintenant, ce tout petit service que j'ai évoqué. J'aimerais que vous dressiez chacune une liste. Poppy, je sais que tu vas adorer celle-ci, et que tu as probablement une espèce d'appli à activer sur ton portable incroyablement intelligent, mais s'il te plaît, abstiens-toi. Fais-le à l'ancienne. Rose, ça te prendra un bout de temps de trouver un papier et un crayon ; essaie donc ce petit tiroir de la table du téléphone que tu n'utilises jamais.

Une fois que vous serez prêtes, je veux que vous fassiez une liste des choses dont vous vous sentez coupables. La culpabilité est une émotion effroyable. Si elle sert un objectif – c'est la manière dont notre conscience nous dit que nous avons fait quelque chose de mal, dans l'espoir de nous en éviter la répétition –, elle peut également vous ronger comme une maladie. Elle rend chaque boisson amère, empoisonne chaque repas, porte une ombre sur chaque occasion joyeuse. Je ne suis pas, comme vous le déduisez peut-être, une grande fan de la culpabilité.

Mais nous en éprouvons tous. Tout le monde a des regrets, et cette sensation tenace de haine de soi qui vient vous turlupiner dans votre lit la nuit. Alors prenez-en le contrôle, mes chéries, et dressez cette liste. Soyez parfaitement honnêtes, parce que personne d'autre que vous ne la verra ; vous pouvez être certaines que je ne vous demanderai pas de poster ça sur Facebook, ou quoi que ce soit dont vous vous servez de nos jours, vous les jeunes. Une fois que vous l'aurez faite, gardez-la précieusement.

En plus de cela, je voudrais que vous pensiez à la façon dont les choses ont mal tourné entre vous. Et aussi, à la façon dont les choses se passaient bien entre vous auparavant. Quand la situation a-t-elle commencé à dégénérer ? Et pourquoi est-ce que le négatif a pris le dessus sur le positif ?

Je t'imagine assise chez toi à Liverpool, Rose, faisant une moue à cet instant précis en te disant : « Mais bon Dieu, c'est évident, non ? » Et dans une certaine mesure, oui, ça l'est.

Mais l'incident déclencheur n'est qu'une partie du tout. Rien ne pouvait être brisé aussi profondément que l'a été votre relation, sans qu'il y ait déjà des failles. Alors je vous le demande, s'il vous plaît, aussi douloureux que cela puisse s'avérer, réfléchissez-y.

Et maintenant, mes chéries, je vais rendre l'antenne. J'ai rendez-vous avec de stupéfiants cachets, et une infirmière devrait bientôt faire irruption pour voir si je veux de la gelée… Et puis ce pauvre vieux Lewis a l'air d'avoir besoin d'un câlin. Souvenez-vous, je vous aime si fort, si fort… et je sais que vous m'aimiez.

Chapitre 14

Rose est étalée sur le canapé, son visage baigné de larmes caché par un nuage de cheveux frisés. Elle souffre, de partout. Son cou est douloureux, son estomac hurle, et ses chevilles gonflées sont sensibles. Tout son corps lui fait mal, et elle ignore comment y mettre fin.

Elle aimerait beaucoup mettre fin à tout, surtout à cette pensée qui tourne en boucle dans son cerveau épuisé : elle a brisé le cœur de sa mère. Qu'importe combien d'amour il y avait dans cette vidéo, combien de fierté, d'espoir et d'humour, voilà ce qui lui était resté : elle a brisé le cœur de sa mère. Sa toujours éclatante, vivace, merveilleuse mère. Partie. Comment cela pouvait-il même être vrai ? Une part d'elle refuse encore de l'accepter. Ce serait cruel comme farce, mais elle choisirait la cruauté à l'autre solution, quel que soit le jour. Elle donnerait tout à cet instant pour que le téléphone sonne de nouveau, et entendre la voix d'Andrea lui dire sur un ton contrit : « Désolée d'avoir dû vous faire ça, Rosehip, mais c'était la seule manière d'attirer votre attention. En fait, je ne suis pas morte du tout, mais si c'était le cas, comment vous sentiriez-vous ? »

Elle se sentirait détruite. Purement et simplement détruite. Ravagée de douleur. Écorchée, exposée et vide. Exactement comme ce qu'elle éprouve à présent. Elle a regardé la vidéo trois fois, et sa panique s'est accentuée à chaque visionnage. Elle la ressent en ce moment, qui remonte pour l'étouffer, s'enrouler autour de ses organes internes, et l'étrangler en la privant d'oxygène.

Chaque instant est gravé de souffrance dans sa mémoire. La façon dont sa mère souriait. Dont elle agrippait la couverture sur ses genoux. Dont ses ongles étaient encore vernis. La façon dont elle parlait, si calme, déterminée et réelle. Comme si elle était assise dans la pièce avec elle, là, maintenant, pas déjà morte. Déjà froide.

L'image de sa mère dans quelque chambre funéraire des Midlands la saisit, et elle ne peut pas se la sortir de la tête. Allongée sur une table d'opération en inox, la peau pâle, la chair blafarde, les yeux fermés. Les ongles corail, les cheveux coiffés, le maquillage impeccable. La même apparence que sa mère, mais pas sa mère ; un mannequin en cire la représentant. Elle veut y débouler pour déposer sur elle une couverture laineuse, qu'elle ait bien chaud.

La douleur est si intense qu'elle ne sait pas vraiment quoi faire d'elle-même. Physiquement, c'est une épave : à bout de souffle, haletante, paralysée par le choc, en souffrance. Émotionnellement, c'est pire, et elle voudrait mourir. S'il n'y avait pas Joe, en toute innocence à l'étage, à présent silencieux, peut-être endormi, ses boucles brunes en bataille sur le front, c'est probablement ce qu'elle ferait.

Elle a envie de tendre la main vers quelqu'un, pour chercher du réconfort, mais ne sait pas vers qui se tourner. Gareth, le père de Joe, est à Londres, lancé dans son troisième mariage avec son quatrième enfant. Après tout ce qu'il lui a fait, il est mort à ses yeux. Les mails laconiques au sujet de Joe, les piques sournoises et autres commentaires désobligeants qui atteignent toujours leur cible et appuient là où ça fait mal.

Elle a des amis, mais pas de ceux que vous appelez à minuit pour sangloter de manière incontrôlable. Elle a Joe, mais ne peut pas se servir de lui comme d'une béquille affective. Le décès de sa grand-mère l'affectera bien assez, elle peut le laisser au moins dormir une dernière nuit sans avoir à encaisser ça.

Elle a une sœur, mais rien que de penser à Poppy intensifie la douleur. C'est trop énorme. Trop effrayant. Trop. Il n'y a personne pour l'aider. Personne pour la consoler. Et tout ce qu'elle veut, c'est sa maman. Sa maman, qui sentait toujours le Coco Chanel et avait la peau la plus douce, et prodiguait les meilleurs câlins. Sa maman, qui lui tenait la main quand elle a commencé l'école, et guettait depuis l'autre côté de la rue dans la voiture le soir de son premier rancard, au cas où ça déraperait. Sa maman, qui s'est levée à 5 h 30 ce fameux été où elle distribuait les journaux, et l'a fait avec elle pour lui tenir compagnie. Sa maman, qui avait essuyé tant de larmes, et avait toujours un mouchoir en papier sous la main. Qui lui a expliqué l'importance de bien faire faire son rot à un bébé, et a emmené Joe pour de longues promenades en poussette quand il avait des coliques et que Rose frisait la dépression nerveuse. Qui a descendu sa pile de repassage pendant qu'elle scotchait sous somnifères après le départ de Gareth.

Sa maman, qui lui a appris tout ce qu'elle savait sur l'amour. Et dire qu'elle lui avait brisé le cœur.

— Oh, mon Dieu ! gémit-elle, en étouffant ses paroles dans un coussin déjà couvert de morve, s'il vous plaît, dites-lui que je l'aime ! Dites-lui que je suis désolée !

Dieu ne répond pas, et même s'Il le faisait, Rose n'écouterait sans doute pas ; elle est perdue, et seule dans son chagrin et son angoisse. Elle roule littéralement au sol et atterrit sur le tapis dans un tas peu gracieux. Péniblement, elle se met d'abord à quatre pattes, puis debout, et traverse le couloir en titubant. Elle a les yeux rouges et irrités, et marche en rebondissant d'un mur à l'autre. Elle ouvre le tiroir de la table du téléphone, si brusquement qu'il lui reste dans la main, et elle le lâche par terre, en déversant son contenu : une petite lampe de poche, une pelote de ficelle, un tube de Super Glue, une gomme en forme de tête de Pikachu, un menu de plats thaïs à emporter, un podomètre. Elle s'agenouille, le souffle pesant d'effort, et cherche à tâtons jusqu'à ce qu'elle déniche un stylo bille, et l'un de ces blocs-notes pour prendre les messages téléphoniques. En les serrant contre elle comme un nouveau-né, elle retourne dans le salon. Il n'y a pas de bureau, et il lui faut de quoi s'appuyer. Elle trouve l'un des livres reliés de Joe – une encyclopédie *Star Wars* – et recouvre la tête de Yoda avec le papier. Elle a la main qui tremble, et n'arrive pas à tenir le stylo correctement. Il n'arrête pas de glisser, rendant son écriture illisible, et elle n'est bonne à rien. D'une parfaite et navrante inutilité. Elle ne réussit même pas à faire ça comme il faut. Contrariée, elle poignarde Yoda dans l'œil, et prend une inspiration lente, longue et saccadée.

Elle connaît ce qui lui arrive biologiquement. Elle sait qu'elle doit se calmer, réguler sa respiration, inspirer et expirer, et simplement cesser de paniquer. Elle prend trois longues et lentes inspirations par le nez, et essaie de les souffler tout aussi lentement par la bouche. Elle abandonne momentanément la liste et se dirige vers le frigo. Elle l'ouvre, constate que le quinoa et les bâtonnets de carottes sont toujours là, puis saisit une bouteille à demi pleine de Blossom Hill dans la porte. Elle regarde autour d'elle dans la cuisine et ne voit aucune tasse. Aucun verre. Elle est aussi nulle pour entretenir une maison que pour tout le reste. Elle ouvre un placard et n'aperçoit qu'un coquetier. Tout est soit dans le lave-vaisselle, soit en train de pourrir quelque part dans l'expérience scientifique que Joe appelle sa chambre, enterré sous des couches de pizza moisie et de chaussettes raides de crasse.

Elle sort le coquetier. Il y a un smiley style acid house dessus. Trop petit. Elle ouvre le placard suivant et en extirpe un verre doseur en plastique. Ça fera l'affaire. Le vin coule en glougloutant et gicle pour piquer ses yeux déjà brûlants. Elle regarde les graduations sur le côté du verre, avec la sensation d'un étrange flash-back vers des jours plus simples, une époque où un laboratoire, de curieux liquides et des fluides précautionneusement versés étaient le centre de son univers.

La bouteille de vin est vide. Elle a six cents millilitres d'anesthésiant avec lesquels jouer, et emporte son verre au coin détente. Elle prend le livre, le stylo, le papier. Elle tente d'effacer la trace d'encre sur Yoda, mais c'est allé trop profond, comme un tatouage bizarre du blanc de l'œil.

Rose boit, et respire, et essuie la morve de ses narines enflammées avec le coin de son gilet déjà trempé, celui dont elle se convainc qu'il est assez long pour cacher son cul. Et elle fait sa liste.

Chapitre 15

Rose s'y met avec les doigts tremblants, plus calme à présent, mais encore à peine capable de tenir le stylo, les yeux embués de larmes. À mesure que le vin descend, que les pleurs se tarissent, et que les mots commencent à couler, cela devient plus facile. Et pire. On dirait que cette liste n'a pas de fin. La culpabilité se déverse de son être, dans le crayon et sur les minuscules pages blanches. Elle souligne deux fois le titre, à main levée, alors le trait n'est qu'un gribouillis irrégulier, et elle éprouve même de la culpabilité à ne pas utiliser de règle.

Les choses dont je me sens coupable

- Ne pas avoir été là quand ma mère est morte
- Avoir brisé le cœur de ma mère
- Ne pas l'avoir assez vue, ne pas lui avoir assez dit que je l'aimais
- La dernière fois qu'elle était censée venir séjourner ici, pour me tenir compagnie quand Joe était chez son père, j'ai inventé une excuse pour annuler, alors qu'en réalité j'étais trop déprimée, et que j'avais envie de rester à la maison et de manger des kebabs toute seule
- Avoir assisté au naufrage de mon mariage et ne pas avoir fait assez d'efforts pour le sauver
- Que Joe ait grandi avec moi comme mère
- Être une mère naze
- Me servir parfois de Joe comme ami au lieu d'en avoir des vrais, et l'obliger à regarder *Grey's Anatomy* avec moi
- Trop manger, trop boire, ne pas faire de sport
- Ne pas être capable de m'arrêter, même pour Joe
- Avoir l'air d'une personne sympa à l'extérieur alors qu'à l'intérieur je suis horrible
- Avoir volé une boîte de Cadbury Roses au magasin du village quand j'avais onze ans et avoir dit à ma mère que je les avais gagnés

comme prix à l'école, et elle était tellement fière de moi qu'elle m'a préparé une génoise pour fêter ça

- Avoir largué Andy par texto quand j'étais bourrée et avoir accidentellement envoyé le message à son meilleur pote à la place
- Ne pas avoir eu assez de rapports sexuels avec Gareth, parce que j'étais toujours tellement fatiguée après la naissance du bébé, et peut-être que si j'avais été moins égoïste, Joe aurait toujours son père dans les parages
- Espérer parfois secrètement que Gareth se fasse percuter par un bus
- Ne pas mettre d'après-shampoing sur mes cheveux, ne pas me faire les ongles, ne pas prendre soin de moi en général, comme ma mère
- Avoir bousillé ma carrière et renoncé à tous mes rêves
- Dépenser plus d'argent chaque semaine dans de la junk food pour Joe
- Avoir pensé quand Joe est né que je ne pourrais jamais plus être heureuse de toute ma vie
- Avoir fini aide-enseignante alors que j'étais censée guérir le cancer ; cela a dû être une telle déception pour maman !
- Être rentrée en marche arrière avec sa voiture dans un arbre puis avoir attribué la bosse à un délit de fuite sur le parking du supermarché

- Détester mon métier et tous ceux avec qui je travaille, bien que ce ne soit pas leur faute si je l'exerce
- Avoir perdu contact avec tous mes amis de fac après ma rencontre avec Gareth, d'abord à cause de lui, puis après son départ, parce que j'avais du mal à admettre que j'avais commis une erreur
- Avoir dit un jour à ma mère que je la haïssais quand j'avais quinze ans parce qu'elle refusait de me laisser sortir après 22 heures, alors que Tasmin Hugues était autorisée à traîner aussi longtemps qu'elle le voulait
- N'avoir jamais rendu visite à Tasmin Hughes quand elle est tombée enceinte et qu'elle a accouché, alors qu'elle a dû se sentir très seule parce que c'est comme ça quand vous avez un bébé
- Avoir poignardé Yoda dans l'œil
- Acheter chaque année à Joe un bon œuf de Pâques de chez Thorntons avec son nom dessus, puis le manger et devoir en racheter d'autres dégueulasses au bureau de tabac
- M'être un jour allongée par terre et avoir fait semblant de ne pas être chez moi quand les Témoins de Jéhovah sont passés, au lieu de les remercier de tenter de sauver mon âme
- Avoir tiré la gueule dès que maman racontait une anecdote de doyenne du show-biz, alors que maintenant j'aimerais en entendre d'autres

- Manger des bonbons à la menthe extraforte avant de me coucher parce que ça me gave de me brosser les dents
- Avoir un jour laissé Joe tout seul endormi dans la maison quand il était petit et que Gareth était parti, pour aller au stand de *fish and chips*, et le retrouver en pleurs à mon retour
- Être vraiment une piètre maîtresse de maison et que tout soit toujours en bazar
- Être si grosse que j'arrive à peine à me couper les ongles de pied
- Que Joe ait un jour omis de m'informer d'un voyage scolaire en Islande, parce qu'il savait que je n'avais pas le budget et qu'il ne voulait pas que je me sente mal, même si tous ses amis y allaient
- Ne lui avoir jamais acheté de chiot
- N'avoir jamais rencontré ce Lewis, ce qui prouve combien je connais la vie de ma mère
- Nous avoir négligés, Joe, elle, moi, et tout le reste
- Que Joe prépare lui-même ses repas à emporter parce que je suis trop désorganisée et feignante
- Ne changer ma housse de couette qu'au bout de plusieurs mois parce que personne ne la voit jamais
- Avoir été contrariée quand le téléphone a sonné ce soir et que j'ai pensé qu'il s'agissait de ma

mère, parce que ça m'obligeait à bouger mon gros cul alors que je regardais *Poldark*

- Avoir parlé deux fois à ma mère au cours du mois dernier sans jamais m'apercevoir qu'elle était si malade, parce que je suis trop absorbée par ma petite personne ; elle est bonne actrice, mais j'aurais dû remarquer
- Ne pas avoir rappelé à Joe de lui téléphoner pour la remercier de ce bon d'achat qu'elle a envoyé

Après plus de quarante étapes sur le parcours de la culpabilité, Rose s'arrête et regarde ce qu'elle a fait. Sa mère imaginait probablement un journal, ou des pages A4 soigneusement écrites. Au lieu de cela, c'est un torchon taché de larmes ; un gribouillage presque illisible avec de l'encre qui a bavé, des plis et une ponctuation incohérente. Le bloc-notes est petit et carré, et elle en a rempli plus de vingt feuilles. Elle aura besoin d'y revenir pour les condenser.

Elle marque une pause et écluse son verre de vin ; six cents millilitres descendus, il y a encore une bouteille pleine. Elle sait qu'il lui reste un point à ajouter sur la liste des choses dont elle se sent coupable. Cependant, elle n'en a pas envie. Elle n'a pas envie d'admettre la vérité par laquelle elle se sent tiraillée, de se rappeler du passé, de murmurer son nom comme l'un de ces blondinets sataniques dans les vieux films d'horreur. Elle a regardé cette vidéo trois fois, et maman lui avait demandé d'être honnête. De dire la vérité. Alors c'est ce qu'elle doit faire.

Rose s'essuie les yeux et reprend le stylo. Elle grimace à cause de l'ampoule qui commence à palpiter sur son doigt, une douleur sourde comparée à toutes les autres. Elle saisit une feuille de papier vierge, recouvre le visage mutilé de Yoda et ajoute :

- N'avoir jamais accordé de seconde chance à Poppy, même si elle m'a suppliée de toutes ses forces

Chapitre 16

Poppy ne sait pas vraiment quoi faire ensuite. Elle a regardé cette vidéo et appelé le fameux Lewis, qui l'a transférée directement sur messagerie vocale. Elle a aussi contacté quelques hôpitaux alentour, afin de vérifier que tout cela est vrai. C'est malheureusement le cas. Il faut absolument qu'elle s'occupe, et elle décide de prendre une douche. Elle finit assise par terre, l'eau trop chaude se déversant sur sa tête et ses épaules, brûlant sa peau au point qu'elle vire au rouge vif, la vapeur l'enveloppant dans le cocon d'une boîte en verre couverte de buée. Elle reste là jusqu'à ce que le bout de ses doigts soit fripé et bourrelé comme ceux d'une sorcière, et que ses fesses soient engourdies sur la faïence.

Quand elle sort enfin, la salle de bains est remplie de vapeur, comme si elle se trouvait dans un hammam. Elle utilise une serviette propre pour essuyer le miroir et s'y examine. Son mascara a coulé, ses cheveux sont plaqués au crâne, et son corps est légèrement trop mince. Ses clavicules sont saillantes, et la peau de son cou est trop tendue pour rendre son décolleté affriolant. Des années de tabagisme lui ont creusé des rides autour de la bouche, et ses longues jambes musclées sont affreuses.

Elle déteste ce qu'elle voit, même si elle a travaillé dur pour obtenir ce résultat. Elle déteste ça, parce que ce visage, ce corps, sont ceux du genre de femme qu'elle ne voulait devenir à aucun prix. Le genre de femme qui vit seule, bosse dans le marketing, entretient des amitiés insignifiantes, et se comporte comme une véritable connasse envers tous ceux qui sont sous ses ordres.

Le genre de femme qui pourrait se noyer dans sa douche et ne pas être retrouvée avant des semaines, ou jusqu'à ce que l'appart du dessous soit inondé. Le genre de femme dont personne ne se soucie vraiment, parce que la seule qui s'en souciait encore l'a abandonnée en mourant égoïstement.

Le genre de femme capable de briser le cœur de sa mère, sans même s'en rendre compte.

Elle prend une bombe de mousse à raser et en retire le capuchon. Elle la tient devant le miroir et asperge la glace, jusqu'à ce que tout soit recouvert, et qu'elle ne puisse plus voir que la mousse glisser peu à peu en nuages blancs qui tombent mollement dans le lavabo en marbre. Satisfaite de son acte de vandalisme, elle enfile un kimono en satin noir et retourne dans le salon, où elle envisage brièvement de ressortir sa boîte à tabac.

Elle la revoit encore dans son habitat d'origine, sur l'étagère de l'armoire vitrée de maman. Elle était posée à côté d'autres bricoles accumulées et de curiosités quasi antiques : une conque géante qu'elle a achetée dans une boutique de souvenirs dans le Dorset, la montre de gousset de son père, un sous-bock signé par John Lennon quand elle l'avait rencontré dans un pub à Soho dans les années 1970, un minuscule dragon sculpté dans du jade.

Les images qu'elle conserve de cette vitrine sont très vives, et elle résume leur cottage : éclectique, imprévisible, plein de bazar ; chaque élément chargé de sens.

Tandis qu'elle s'installe à son bureau, elle se dit qu'il y aura beaucoup à faire. À trier. Des choses à emballer. À envoyer au magasin d'œuvres de charité ou à garder pour elles. Elles devront peut-être louer une benne pour ce qui est bon à jeter et faire venir un expert en antiquités pour estimer les objets de valeur, et cela pourrait se révéler parfois difficile de distinguer les deux.

Elle prend un stylo et commence à griffonner quelques points. Des trucs pratiques. Des choses qui, croit-elle, lui permettront de contenir ses émotions, jusqu'à ce qu'elle s'aperçoive qu'elle pleure si fort que son corps tout entier est secoué de violents spasmes, et que son écriture est illisible. Elle a les cheveux encore trempés, le kimono s'imbibe de l'eau qui goutte sur ses épaules et son dos, et elle a l'impression de se noyer dans la morve. Elle attrape un mouchoir en papier de la boîte posée sur son bureau, et s'essuie rageusement les yeux, le nez et le visage. Elle le chiffonne et le jette par terre, elle s'en occupera plus tard.

Elle a fait la mauvaise liste, elle le sait. Ce n'est pas ce que sa mère lui a demandé de faire dans cette horrible vidéo, avec son visage décharné et ses cheveux bien coiffés. Poppy reprend le stylo et entame une nouvelle page de son bloc-notes relié en cuir. Elle prend une profonde inspiration et se lance. Elle va faire preuve d'une honnêteté absolue, comme sa mère l'a exigé. Elle pose la bille sur le papier, et cela ne lui prend pas longtemps du tout.

Il ne figure qu'un élément sur la liste de Poppy :

TOUT

Le boulot terminé, elle referme son bloc en le claquant et essore ses cheveux. Une petite flaque d'eau se forme sur le parquet, et elle y plonge son orteil, sans raison apparente, à part le fait qu'elle soit là.

Elle a dressé sa liste, et elle a pris une douche, et elle a pleuré, et à présent, son cerveau lui semble aussi vide que son estomac gargouillant. Elle refuse de faire l'autre chose que sa mère lui a demandée. Elle refuse même d'y penser. Elle refuse d'autoriser Rose à entrer dans son esprit, encore moins dans sa vie. C'est trop dur, trop malsain, trop brutal. Elle pourrait ne pas y survivre.

Depuis des années, elle a condamné cette partie de son existence. Elle l'a murée vive, comme une femme folle dans un roman gothique ; elle l'a laissée mourir de faim dans l'espoir qu'elle pourrirait et s'effriterait comme un vieux squelette, et finirait réduite à un tas de poussière au sol.

Ça lui a permis d'avancer. D'avoir une vie. Une carrière. Des amis bidon. Mais elle sait que cette vieille mégère est toujours emmurée là-dedans : gémissante, démente, encore tellement, tellement affamée. Si elle la laisse sortir, elle se fera dévorer toute crue. Si elle s'autorise à y penser, comme sa mère le lui a demandé, elle ne pensera à rien d'autre, et toute sa vie s'écroulera, chiffonnée comme ce mouchoir détrempé par terre.

C'est trop, et elle en est incapable. Elle ne le fera pas, pas dans l'immédiat en tout cas.

Chapitre 17

—Ça roule, maman ? dit Joe, comme tous les matins en guise de bonjour.

Il est plus de 11 heures, et il vient juste de descendre l'escalier en chancelant, vêtu d'un bas de pyjama rayé, et arborant un cas extrême de coiffure post-réveil. Il est grand, son fils, et tient de son père, physiquement du moins. Il se dresse au-dessus d'elle, tandis qu'elle s'affaire dans la cuisine, à vider le lave-vaisselle. Elle a à peine fermé l'œil, et quand elle y est parvenue, ce n'était pas ce qu'on appellerait un sommeil réparateur. En se réveillant, elle s'est sentie normale, jusqu'à ce qu'elle se souvienne. Elle avait bénéficié d'environ vingt secondes de répit avant que le monde s'effondre autour d'elle, et qu'elle disparaisse de nouveau sous la couette, trop épuisée pour pleurer, trop anéantie pour bouger. Depuis, elle a nettoyé la maison, caché la fameuse liste des choses dont elle se sent coupable, et rangé le livre de *Star Wars* dans un placard, grâce à quoi elle espère que Joe oubliera son existence. Elle s'en veut toujours d'être passée du côté obscur avec Yoda.

Joe tend le bras vers la boîte de céréales en pilote automatique quand soudain il s'arrête, marque une pause, et regarde autour de lui la cuisine rangée et étincelante. Il se frotte les yeux, puis les plisse, comme s'il ne voyait pas correctement. Ses cheveux lui retombent sur le front, et malgré sa taille, il paraît encore remarquablement jeune. C'est toujours son petit garçon, mais dans le corps d'un géant.

— C'est vraiment propre ici. Est-ce que tu vas bien ? demande Joe en lui adressant un sourire nonchalant pour lui signifier qu'il plaisante. Est-ce que je devrais appeler les urgences ?

Rose ne répond rien, mais l'attire à elle dans une étreinte longue et intense. Il la laisse faire, mais recule après quelques instants, l'air gêné. Il est peut-être encore un enfant à ses yeux, mais il a quand même seize ans. Elle s'aperçoit qu'elle ne sait pas comment s'y prendre. Elle n'a pas la moindre idée de ce qu'elle doit dire ou faire. Elle ignore comment lui annoncer la nouvelle sans le traumatiser ni le faire flipper pour le restant de ses jours. C'est la première fois qu'il est confronté à la mort, et en vérité, elle aussi. À moins de compter les animaux domestiques, ce qu'elle ne fait pas. Maman orchestrait brillamment ces épisodes, mais là, c'est très, très différent. Sa tristesse est immense – une bête sauvage grondant en elle –, mais elle sait qu'elle doit la dominer et trouver les mots justes pour son fils. Le protéger du kaléidoscope d'émotions infernal qu'elle est en train de traverser et l'aider à le surmonter.

— Joe, viens t'asseoir avec moi, veux-tu ? propose-t-elle, en lui repoussant doucement une mèche de ses cheveux trop longs pour la caler derrière son oreille.

Il paraît confus, mais la suit pieds nus dans le salon et s'avachit sur le fauteuil en mode « je suis tellement occupé à grandir que je n'ai plus d'énergie ».

— OK, maman, dit-il, quand elle reste silencieuse. Je suis assis. Et j'ai vu trop d'émissions télé pour penser que c'est bon signe. Qu'est-ce qui ne va pas ?

— C'est grand-mère, répond Rose, les yeux dans le vide, rivés sur les particules de poussière qui flottent dans la lumière éclatante du soleil filtrant par les fenêtres. J'ai eu un coup de fil hier soir, et… eh bien, elle est partie, Joe. Ta grand-mère est morte hier.

Elle ne sait pas ce qu'elle attendait de sa part. Des larmes, peut-être ? De l'hystérie ? Le même genre de comportement ridicule auquel elle s'est adonnée la veille, pendant son Festival de la morve ? Au lieu de ça, elle voit juste sa lèvre inférieure trembler légèrement, et son sourcillement s'intensifier. Elle se rend compte que – même à son âge – il essaie de faire le macho.

— Tu as le droit de laisser libre cours à ton chagrin, d'être bouleversé, dit-elle rapidement. Je sais que moi je l'étais. Tu n'es pas obligé de te montrer courageux pour me préserver, chéri…

Il la dévisage, comme s'il l'examinait en quête de preuves de mensonge, et elle est submergée par la honte. Son beau bébé joufflu essaie de la protéger alors qu'en vérité ça devrait être l'inverse. Toutes ces fois où il est resté à la maison avec elle, alors qu'il aurait dû sortir avec ses potes ; cette façon qu'il avait eue de la demander en amie sur Facebook, alors que ce n'était cool pour personne d'avoir sa mère en amie Facebook ; toutes ces fois où il culpabilisait d'aller voir son père à Londres. Rien de tout cela n'était normal, et tout était entièrement sa faute. Elle avait compté sur lui, alors qu'elle n'aurait dû compter que sur elle-même. Il était temps que ça change.

— Qu'est-ce qui s'est passé, maman ? finit-il par demander. Elle avait l'air d'aller super bien la dernière fois qu'on l'a vue, et ça ne remonte pas à si loin, hein ?

Les larmes sont là, à présent ; elle les voit briller dans le bleu de ses yeux avant qu'il les essuie, comme s'il s'en voulait de pleurer.

— Je crois que c'était juste avant son anniversaire, non ? répond Rose, bien qu'elle n'ait absolument aucun doute sur la date.

Elle a suffisamment retourné ça dans tous les sens. C'était plus de quatre mois auparavant, aussi dur que cela puisse être à avaler ; on ne voit pas le temps passer quand on s'amuse. Elle était censée venir lui rendre visite après, pendant l'absence de Joe, mais c'était là que Rose lui avait fait faux bond. Avant qu'elle soit malade, selon le timing de Lewis, mais malgré tout. Un manquement impardonnable.

— Ouais, répond Joe en se mordant la lèvre. Exact. Quand on l'a emmenée déjeuner dans cet endroit du National Trust, avec le château et les scènes de joute. Elle a acheté des sachets de lavande à la boutique et a dit que le gâteau au chocolat était un tel vice qu'il lui en fallait au moins deux parts, parce qu'il n'y avait plus assez d'autres vices dans sa vie actuellement.

Rose se retrouve, contre toute attente, à sourire au souvenir de sa mère se délectant jusqu'à la dernière bouchée de ses deux tranches de gâteau. Elle ne semblait jamais grossir, alors que Rose avait l'impression qu'elle-même n'avait qu'à regarder ce genre d'aliment pour prendre cinq kilos. Ou peut-être était-ce de rentrer chez elle et de manger son poids en Hobnobs une fois qu'elle était seule, qui sait ?

— C'est ça, oui. Eh bien, apparemment, elle est tombée malade il y a un petit moment. Six semaines environ, d'après son ami qui m'a appelée hier soir.

— Qui a appelé ? C'était Lewis ? Et pourquoi est-ce qu'elle ne nous l'a pas dit ? On aurait pu aller la voir et… je ne sais pas, lui faire nos adieux ! Je ne l'ai jamais remerciée pour ce bon d'achat qu'elle m'a envoyé !

Son intonation bondit de quelques octaves avec les derniers mots, rappelant à Rose cette période, deux ans plus tôt, où sa voix a commencé à muer, et qu'on aurait dit un chœur de grenouilles. Elle ressent sa tristesse, son désespoir et sa culpabilité. Elle éprouve tout cela aussi, mais elle le mérite, pas lui.

— Oui, c'était Lewis, confirme-t-elle. Bien que je ne me rappelle pas grand-chose à son sujet, même si je sais qu'elle a déjà parlé de lui… Et Joe, ta grand-mère n'aurait pas souhaité que tu te sentes mal à propos de ça, OK ? Elle ne nous a rien dit, parce qu'elle voulait nous protéger. Parce que ça a été rapide, et qu'elle voulait qu'on se souvienne d'elle telle qu'elle était : joyeuse, et se gavant de gâteau au chocolat, pas en souffrance dans un lit d'hôpital. C'est ce qu'elle voulait, et c'est ce que nous devons essayer de faire pour elle. Est-ce que tu penses pouvoir y arriver ?

Il y réfléchit, essuie encore quelques larmes et finit par acquiescer.

— Eh bien, j'essaierai si tu essaies, dit-il, d'un ton las. Est-ce qu'on devra aller à son enterrement ?

— Bien sûr. C'est là que nous lui dirons au revoir, et que nous célébrerons sa vie, et que nous tenterons de nous remémorer tous les bons moments. Nous irons à son cottage, et tu verras où j'ai grandi, et nous prendrons notre temps, d'accord ? Je sais que c'est douloureux. Et je sais qu'elle nous manquera, Joe, mais on s'en sortira, vraiment. Tu peux m'en parler, n'importe quand, OK ?

Il hoche de nouveau la tête et commence à sourciller. Rose voit bien qu'il pense à quelque chose et attend avec impatience d'entendre de quoi il s'agit.

— Est-ce qu'elle sera là ? demande-t-il, la curiosité désormais mêlée à la tristesse. Est-ce que tante Poppy sera là ?

Rose agrippe les bras du fauteuil, et s'efforce de garder une expression calme et une voix posée, ce qui n'est pas facile quand son cœur martèle inlassablement sa poitrine comme un piston à vapeur.

— Oui, répond-elle simplement. Je suis sûre qu'elle sera là.

Chapitre 18

Rose sait qu'utiliser son fils comme bouclier humain ne figure probablement pas dans *Le Grand Livre des parents modèles*, mais elle ne peut pas s'en empêcher. Elle s'échine à garder son sang-froid, le derrière écrasé sur le banc en bois de l'église paroissiale, avec la sensation d'être un animal blessé et pris au piège. C'est un endroit minuscule, qui date du XVIe siècle, et aujourd'hui, il est bondé. Elle hasarde un rapide coup d'œil circulaire et voit que presque tout le village est là. Mrs Rubens du bureau de poste. Jack Slater, qui tient le *Farmer's Arms*, et son homologue du *Tennyson's*. Gloria Lubbock, qui était la directrice de l'école.

Fred, dont elle n'a jamais découvert le nom de famille, et qui n'a toujours été connu qu'en tant que Fred le laitier. Sergent Taylor, qui avait été le policier local durant son enfance, et l'avait chassée des arrêts de bus à plus d'une occasion. Les fermiers, en masse, dans leur costume en tweed, qui avaient une allure étrange sans leurs sempiternelles bottes en caoutchouc.

Tant de visages familiers, mais en même temps, pas si familiers. Elle n'est pas revenue depuis très longtemps, et ils ont vieilli. Pas de la façon ordinaire et graduelle dont les gens de votre entourage vieillissent, mais subitement, comme s'ils étaient passés en avance rapide dans une machine à voyager dans le temps.

Les cheveux sont devenus gris ; la peau s'est ridée ; les bedaines ont pris de l'ampleur. Les adultes qu'elle estimait vieux quand elle était ado – mais qui en réalité étaient dans la même tranche d'âge qu'elle à présent – paraissent soudain très vieux. De vrais vieillards.

Tandis qu'elle regarde autour d'elle, des gens qu'elle a du mal à reconnaître au premier abord lui adressent des hochements de tête compatissants. Elle finit par se rendre compte que certains d'entre eux étaient avec elle à l'école. Eux aussi ont l'air tellement plus vieux. C'est tellement bizarre qu'elle se croirait dans un film de science-fiction. Elle sait, bien sûr, qu'ils se disent probablement la même chose à son sujet. Ils pensent au poids qu'elle a pris. Que sa coiffure fait peine à voir. Qu'elle était jadis une si jolie fille, et qu'elle est maintenant ce truc mal fagoté de quarante ans et quelques, dans une affreuse robe noire achetée en catastrophe chez *Evans* et qu'à présent elle déteste. C'est une chaude journée, l'été s'étant enfin décidé à montrer le bout de son nez. Elle transpire à grosses gouttes, et ses cheveux ont tellement frisé qu'elle a l'impression d'avoir un troène sur la tête.

Ils se disent peut-être aussi : pas vue depuis des siècles. Sa pauvre mère, abandonnée en pleine sénilité. Non que *sénilité* soit un terme qui puisse jamais être vraiment employé à propos d'Andrea, Dieu merci.

Joe lui serre la main, la rassure, et elle se soustrait à sa séance d'auto-apitoiement qui approchait à grands pas. Elle lui adresse un sourire, qui exprime quelque chose comme : « C'est triste, mais je vais bien », et continue son tour d'observation.

Aucun visage du show-biz, ce qui la surprend. Elle s'était attendue à en voir quelques-uns, au moins sa co-vedette de sa période Penny Peabody.

Bien entendu, Andrea elle-même fournit une bonne dose de show-biz, certainement plus que cette église n'en a jamais vu. De grands chevalets sont disposés tout autour, chacun portant l'un de ses portraits favoris pris à différentes époques, agrandis afin que tout le monde puisse voir clairement son visage parfait. Jeune et glamour au début des années 1970, cheveux au vent, libres et sauvages. Ultra maquillée-coiffée-laquée dans les années 1980, dans un chemisier en soie rouge à épaulettes. Digne, mais toujours ravissante, à l'ère Penny Peabody, juste devant. Rose s'absorbe dans la contemplation de celui-ci, pour détourner son attention du cercueil. Chaque fois qu'elle permet à son cerveau ne serait-ce que de songer à ce qui se trouve à l'intérieur de cette boîte en acajou rutilante, elle commence à se dissoudre dans une flaque d'agonie mousseuse. Sa mère – tout ce qui se rapporte à sa mère – est forcément trop immense pour entrer dans cette caisse? Cela défie l'entendement. Rien de tout ça ne paraît réel. Même après plus d'une semaine, ça ne paraît toujours pas réel. Elle a l'impression de jouer un rôle dans un film ; la fille en deuil aux funérailles. Interprétation pathétique, soit dit en passant.

Être de retour ici – avec ces gens, à cet endroit – serait déjà une surcharge émotionnelle à n'importe quel moment, mais à l'enterrement de sa mère, c'est simplement trop. Elle va devoir supporter l'heure qui suit ; tenir bon jusqu'à ce qu'elle en ait terminé avec ce supplice, et alors affronter le suivant. Une affreuse étape après l'autre.

Elle continue de regarder autour d'elle et reçoit un petit salut d'une blonde décolorée encore plus grosse qu'elle. Elle sourit et lui renvoie son signe, toujours pas sûre de savoir qui c'est, jusqu'à ce qu'elle percute : Tasmin Hughes. C'est Tasmin Hughes, son amie dans une autre vie, tombée enceinte à quinze ans, et elle pourrait aussi bien être grand-mère à présent. Sa première pensée est que le temps ne leur a pas fait de cadeau, mais Tasmin a l'air heureuse, au moins.

Tandis qu'elle scrute l'assemblée, elle sait qu'elle ne cherche en vérité qu'une personne. Celle qui n'était pas là pour la traditionnelle et triste procession derrière le cercueil ; celle qui a laissé cette marche de la douleur à Joe, Lewis et elle-même. Rose se dit qu'elle se cache probablement dans sa voiture jusqu'à ce qu'elle puisse se faufiler à l'intérieur, ou peut-être qu'elle ne viendra pas du tout. Elle a honte d'espérer que, même à cet instant – aux funérailles – et après avoir visionné cette vidéo, Poppy ne se montrera pas et lui épargnera cette angoisse supplémentaire. Elle ignore si elle peut supporter quoi que ce soit d'autre. Surtout ça.

Alors que le pasteur commence à se diriger vers sa chaire, et que les bavardages s'estompent, elle entend des hauts talons cliqueter sur le sol dallé de la nef. Elle sait, sans l'ombre d'un doute, de qui il s'agit. Les pas se rapprochent, et elle regarde fixement ses mains. Elle est si tendue, si submergée par le chagrin, le stress et la panique qu'elle se met à arracher la peau qui borde ses ongles. Ça fait mal, une violente pointe de douleur tandis que s'écoule du sang rouge vif, et c'est une distraction suffisante pour l'empêcher de bondir sur ses pieds et de détaler de cet endroit en hurlant.

Elle sent, plutôt qu'elle ne voit, que Joe lève les yeux. Le sent se rapprocher d'elle alors qu'il se décale pour faire de la place. Elle est là, Rose en est consciente. Poppy est assise à côté de Joe, et sa mère gît dans cette boîte, et tous les gens qu'elle connaissait dans son enfance la dévisagent comme une bande de gargouilles qui auraient pris vie. Elle déglutit, essaie de respirer et tire encore plus de peau de son pouce.

Jamais trop tard pour s'automutiler, songe-t-elle en essuyant le sang sur sa robe.

Elle refuse de tourner la tête, reste aussi figée qu'une statue, repliée dans le silence. Comme si son immobilité pouvait la rendre invisible.

Le pasteur tapote son micro, et le son résonne autour des murs de l'église. Tandis que les murmures de l'assemblée s'évanouissent, elle perçoit une phrase chuchotée un peu plus loin sur le banc :

— Tu dois être Joe. Je suis Poppy. Je suis tellement contente de faire enfin ta connaissance.

Chapitre 19

Lewis est légèrement éméché. Il vient de se cogner à l'angle de son bureau, se meurtrissant la hanche, et gloussant de sa maladresse comme une adolescente. Des signes indéniables d'ébriété. C'est ce qui arrive, suppose-t-il, quand vous entamez la journée avec un verre de porto, et que vous enchaînez les flûtes de champagne à l'occasion d'une réception funéraire somme toute très joviale. Il a la ferme intention de continuer à boire jusqu'à la fin de la journée. S'il poursuit sur sa lancée, il terminera à poil, courant dans la verdure, ou escaladera la tour de l'église en criant aux moutons dans les champs environnants : « Je suis au sommet du monde, maman ! »

Il peut prendre le risque de se réveiller avec une gueule de bois, ou peut-être un casier judiciaire, ou un mouton apprivoisé. Parce que, d'ici le lendemain matin, son rôle principal dans toute cette histoire sera terminé. Il lui restera les détails juridiques, bien sûr : s'occuper de la succession, mettre les points sur les *i* et les barres sur les *t* dans l'homologation, finaliser toute la paperasse et les aspects financiers. Mais il peut accomplir ce genre de formalités les yeux fermés.

Les affaires délicates, par contre ? Les affaires de famille ? Ça, il espère que ce sera bel et bien transmis aux deux âmes perdues assises devant lui, de l'autre côté de son bureau antique. Elles auront peut-être encore besoin qu'il réponde à des questions – Poppy va très certainement insister là-dessus ; c'est son style –, mais dans l'ensemble, ce sera à elles de procéder comme bon leur semblera. Il pourra ensuite, espère-t-il, s'atteler à cette menue tâche de pleurer son amie tant adorée et disparue. Il prendra peut-être un petit congé, ou s'enfuira pour rejoindre une communauté installée sur les contreforts de l'Himalaya, ou s'enfermera simplement dans sa maisonnette et continuera de boire jusqu'à devenir débile.

Les funérailles se sont déroulées aussi bien que le peuvent ces événements-là, tout comme la petite célébration qui a suivi. Andrea avait tout chorégraphié jusqu'au dernier détail. Elle avait été très précise : pas d'acteurs, pas de show-biz, pas de vieux cabotins. À part elle, évidemment, la star du spectacle. Et pas de nécrologie publiée avant que l'enterrement ait eu lieu, car elle refusait que Helen Mirren ou l'une des autres dames se pointent pour lui voler la vedette. Il pensait qu'elle plaisantait sur ce point – elle n'avait jamais parlé d'avoir joué avec Helen Mirren auparavant –, mais qui sait ? Andrea a toujours été auréolée d'une sorte de mystère. Il était secrètement déçu de son insistance ; il aurait drôlement apprécié de rencontrer les célébrités d'hier et d'aujourd'hui, et d'associer des personnes réelles aux histoires incroyablement sulfureuses qu'Andrea lui avait souvent racontées. Mais elle avait été catégorique et, bien entendu, il avait exécuté ses ordres. Dans la mort, comme dans la vie, il était son dévoué serviteur.

À présent, il se sentait à côté de la plaque ; cet étrange mélange d'euphorie et de tristesse que peuvent susciter des funérailles réussies ; quand la fête se passe comme sur des roulettes, jusqu'à ce que vous vous rappeliez que l'invité d'honneur n'est même pas là. Cependant, peu importe combien il se sent bizarre, ce n'est clairement rien comparé à l'enfer que ces deux-là traversent. Rosehip et Popcorn – les légendaires filles perdues –, enfin là, en chair et en os. À elles deux, elles pèsent le poids de deux humaines moyennes. Mais Rose est trop ronde, et Poppy pas assez. Rose est perchée sur le bord de sa chaise, arrachant d'un air absent les cuticules autour de ses ongles, même si la peau est déjà sanglante et à vif. La pointe de ses chaussures martèle le parquet, et elle regarde autour d'elle comme si elle s'attendait à ce que des hommes munis de torches enflammées et de fourches débarquent pour l'emporter à chaque seconde.

Poppy est bien calée au fond de son siège, ses longues jambes fines élégamment croisées devant elle, ses cheveux bruns lisses et soyeux, parfaite dans un tailleur de créateur, et des talons stupidement hauts. Une femme aussi grande n'a pas besoin d'en porter, mais il sait que, pour certaines, ils procurent un degré de confiance qu'il n'a jamais vraiment compris. S'il était une femme, il pense qu'il ferait partie de la brigade Birkenstock. Elle essaie d'avoir l'air détendue, maîtresse de la situation. Comme si elle ne se trouvait pas, même de loin, hors de sa zone de confort. Le seul élément qui la trahisse, ce sont les doigts de sa main droite qui s'agitent constamment, comme si elle avait besoin de faire quelque chose, pianoter un texto, ou écrire, ou – si tout ce que disait sa mère sur elle était vrai – se rouler une cigarette. Rose observe autour d'elle dans de petits mouvements compulsifs, ses jolis yeux, ceux de sa mère, assimilant les murs vert intense, les toiles encadrées représentant des paysages locaux et, bien entendu, la photo d'Andrea et lui sur les étagères. Elle a été prise le jour où il l'a emmenée faire une balade en montgolfière au-dessus des collines, et elle paraît encore étourdie d'excitation. Le regard de Rose s'attarde davantage sur celle-ci que sur tout le reste, et il remarque qu'une autre minuscule bandelette de peau est arrachée le long de son pouce.

En fait, cette pauvre créature pose les yeux partout sauf sur la personne assise à côté d'elle. Elle en a légèrement éloigné sa chaise, comme si elle craignait d'attraper une maladie ; on dirait qu'elle a peur d'être près de sa sœur. Elle est encore plus nerveuse à présent, car elle a été dépouillée de son garde du corps ; on a laissé Joe (un adorable garçon) dans la salle d'attente, où il boit de la limonade et paraît abandonné.

Poppy est tout aussi observatrice, mais de manière plus posée. Du moins, en apparence. Elle, par contre, jette des coups d'œil obliques vers Rose, les yeux chaque fois plus écarquillés, comme incapable de croire qu'elle est réelle. Comme si elle pouvait être un simple mirage en forme de Rose.

Il se racle la gorge et les regarde par-dessus ses lunettes. En vérité, il n'en a besoin que pour lire, mais elles lui confèrent un air autoritaire, et il a besoin de se donner une contenance. Il joue un rôle ici – qu'Andrea a écrit pour lui – et il doit l'interpréter comme il faut.

— Alors, Rose, Poppy, dit-il en espérant que son ébriété ne transparaît pas trop dans sa voix, c'est merveilleux de vous rencontrer enfin toutes les deux. Je regrette juste que ce ne soit pas arrivé dans d'autres circonstances.

Peu importent les circonstances, en fait, espèces d'idiotes égoïstes, pense-t-il.

Il aimerait beaucoup leur dire ce qu'il a sur le cœur, mais ce n'est pas pour ça qu'il est là. Il est là pour leur révéler ce qu'Andrea avait dans le cœur, et c'est un sacré privilège qu'elles ont.

— Il y a des problèmes de succession à régler, mais rien de très compliqué. Le cottage est totalement remboursé, et vous en êtes les seules bénéficiaires. Andrea a également laissé une police d'assurance-vie payable à chacune de vous, à parts égales. À l'exception de quelques objets qu'elle a légués à des amis, le contenu du cottage vous revient aussi, et c'est à vous qu'il appartient de décider ce qu'il faut en faire. J'ai les clés ici, et je vous les donnerai quand nous en aurons terminé. Elle a aussi laissé environ trente mille livres d'économies.

Il remarque la surprise sur leurs visages et les étudie attentivement, à la recherche de tout signe révélateur de cupidité. Il les a vus à maintes reprises ; ces proches en deuil, assis là, exactement dans la même situation, dans les yeux desquels clignotent des dollars, comme dans les dessins animés, à la seconde où il évoque l'argent. Mais non, songe-t-il après une brève pause, pas cette fois. Elles sont toutes les deux décontenancées ; à l'évidence, elles ne s'attendaient pas à ce que leur mère ait épargné autant, ignorant manifestement combien Penny Peabody avait convenablement subvenu à ses besoins des années après. Mais c'est de la surprise plutôt que de l'excitation.

— Elle a demandé, poursuit-il, que vous en utilisiez une partie pour réaliser le projet dont elle vous a parlé – je serai en mesure de vous avancer tout ce qu'il vous faut jusqu'à ce que les formalités soient réglées –, et que le restant soit placé en fiducie pour aider à financer les études de Joe, s'il devait choisir cette voie. Dans le cas contraire, il disposera de cette somme à son vingt et unième anniversaire. Est-ce que cela vous paraît convenable ?

Rose, s'aperçoit-il, commence à perdre un peu le fil. La sueur perle à son front, et elle lutte pour retenir ses larmes. Une fois encore, il a déjà assisté à ça ; des gens qui se contiennent jusqu'à ce qu'un détail apparemment insignifiant les fasse s'effondrer. Elle semble incapable de prendre la parole, se tordant les mains et tremblant littéralement, mais par chance, Poppy – si calme, détendue, maîtresse d'elle-même – intervient.

— C'est parfaitement convenable, Mr Clarke-Smith. En ce qui me concerne, Joe peut avoir tout ce qui reste. Mais j'aimerais en savoir plus sur le projet de ma mère, si ça ne vous dérange pas ?

Elle agite toujours ses doigts, et sa paupière droite tressaute, mais elle a une voix très professionnelle. Très polie, sérieuse, extrêmement autoritaire. Elle a l'habitude d'être aux commandes, pense-t-il, et cette situation doit être compliquée pour elle. Elle n'en a peut-être pas l'air, mais elle est autant éplorée que Rose-aux-mains-déchiquetées.

— Bien sûr, dit-il en se calant au fond de son fauteuil, les bouts de ses doigts joints devant lui.

Le veston de son costume est un peu trop serré, et ça le démange de retirer son nœud papillon, mais il a encore son rôle à jouer.

— Je crois qu'elle appelait ça *La Vie de A à Z*, dans cette vidéo que nous avons faite, non ? Ça ne lui plaisait pas, mais je trouve que c'est un titre assez satisfaisant. Elle, enfin nous avons travaillé extrêmement dur pour coller tous les différents morceaux, et c'est assurément fait avec amour. Il y aura des voyages à effectuer, et d'intéressantes… activités. Soyez prêtes à faire face au sens de l'humour de votre mère : vous savez mieux que moi combien elle était malicieuse. Bref, j'ai là quelques documents à vous remettre, précise-t-il en leur glissant des feuilles sur le bureau, et le reste vous a été envoyé par e-mail. Une fois que vous serez au cottage, vous en trouverez beaucoup plus. Votre mission, si vous l'accomplissez de la manière dont votre mère le souhaitait, ne consistera pas à fouiller en vitesse dans quelques cartons ; alors je vous conseillerais, à moins que vous ayez prévu autre chose, de rentrer chez vous, de poser des congés et de prendre toutes les dispositions qui s'imposent. Deux semaines devraient suffire…

— Ce ne sera pas possible, interrompt rapidement Poppy. Enfin, pas tout de suite, j'en ai bien peur. Est-ce que cela peut être reporté à plus tard ?

Rose retient son souffle, et Lewis foudroie Poppy du regard. Il pourrait alors la pulvériser en miettes à coups de marteau.

— Je vois, dit-il lentement, en l'observant par-dessus ses lunettes. Auriez-vous une publicité de croquettes pour chiens à gérer en urgence ? Une campagne de colliers pour chats qui nécessiterait votre supervision ? Il ne faudrait surtout pas que votre mère ait osé mourir à un moment si inopportun. Vous auriez vraiment dû envoyer un mémo au cancer, il aurait peut-être pu frapper à une autre date.

Poppy tente de soutenir ce regard avec défi, Rose reste silencieuse, s'agite nerveusement, et durant quelques secondes, le seul son dans la pièce est le tic-tac de l'antique pendulette d'officier qui trône sur la cheminée. C'est un bras de fer qui s'engage, et Lewis sait qu'il va le gagner parce qu'il a raison.

— Je verrai ce que je peux faire, finit par répondre Poppy, soudain au bord des larmes.

Ce n'est qu'une enfant, pense-t-il, *une enfant meurtrie. Une enfant qu'Andrea aimait.*

— Formidable ! Je suggère que vous vous redonniez rendez-vous dans deux jours au cottage, disons vers midi, ce qui vous laisse le temps de venir ici depuis vos domiciles respectifs, et m'en laisse assez pour faire une ultime vérification des lieux. Il y a plusieurs paquets, et les informations dont vous disposerez incluent tout ce qui sera nécessaire à la réalisation de ce projet, les codes d'accès, ce genre de choses. J'espère que vous trouverez cela éclairant. Je sais que ça l'a été pour moi, du moins pour le peu que j'en ai vu.

— Que voulez-vous dire ? demande Poppy en sourcillant tandis qu'elle attire les papiers vers elle avec de longs ongles vernis. Je pensais que c'était vous qui l'aviez aidée à mettre tout ça en œuvre ? J'imagine qu'elle ne devait pas être assez en forme pour s'en charger toute seule ?

Il y a une pointe d'accusation dans sa voix, et il la balaie d'un revers de la main. Ce n'est pas contre lui qu'elle est en colère, mais contre elle. Très, très en colère.

— Je l'ai aidée en partie, mais certaines choses n'étaient destinées qu'à vos yeux, alors je respecte ça. Elle n'avait qu'une seule condition : que vous le fassiez ensemble, ou pas du tout. Aucune de vous ne peut prendre possession des objets sans la permission de l'autre, et les diverses tâches et scénarios qu'elle a élaborés pour vous devront être accomplis en compagnie l'une de l'autre. Je sais que ce ne sera pas une mince affaire, mais je vous prie de respecter ses dernières volontés. Si, après avoir vu les éléments qu'elle a laissés, vous estimez ne pas pouvoir aller au bout, contentez-vous de m'en informer, et je prendrai les dispositions nécessaires pour que tout soit récupéré. Et détruit.

Lewis constate que ce mot fait grimacer Rose, et éprouve un soupçon de culpabilité. Il ne l'a prononcé que pour l'effet. Il serait incapable de détruire les reliques d'Andrea ; il avait même gardé ses peignes, son rouge à lèvres et le dernier mouchoir en papier chiffonné qu'elle avait utilisé pour s'essuyer les yeux après avoir terminé la vidéo.

— Maintenant, à moins que je puisse vous être utile pour quoi que ce soit d'autre, je suggère que nous nous arrêtions là pour aujourd'hui. Déjà parce que, pour être honnête, je me sens affreusement mal, et je suis certain que vous avez beaucoup à méditer. N'hésitez pas à m'appeler si vous avez d'autres questions, et je vous contacterai au sujet de la succession en temps voulu.

Lewis se lève, déployant pleinement son mètre quatre-vingt-quinze, et attend que les deux filles d'Andrea en fassent autant. Il voit bien que Poppy voudrait déclencher une dispute, mais elle est incapable de trouver un motif valable. Elles finissent par se lever toutes les deux, et il remet un trousseau de clés dans les mains tremblantes de Rose. C'est puéril, il le sait pertinemment, et il l'a fait uniquement pour le plaisir de contrarier Poppy. Mais, comme dirait Andrea, *les petits plaisirs, chéri, s'additionnent vite.* Elles marmonnent leurs remerciements et commencent à partir, Rose s'attardant légèrement afin qu'il n'y ait aucun risque de contact physique accidentel avec sa sœur. Il secoue la tête tandis qu'elles se retirent. Même la chaleur de l'héritage d'Andrea ne suffira peut-être pas, songe-t-il, à faire fondre ce type de permafrost. Alors qu'elle atteint la porte, Rose hésite et se retourne vers lui.

— Est-ce que je peux vous poser une question, Lewis ? dit-elle d'une petite voix.

— Bien entendu.

— Ma mère et vous… Vous semblez avoir été si proches. À l'évidence, vous lui avez été d'une aide immense. Est-ce que je peux vous demander… Vous étiez plus que des amis ?

Son interrogation contient une note d'espoir, comme si elle voulait désespérément qu'il dise oui. Peut-être se sentirait-elle moins coupable de ne pas avoir été auprès de sa mère pendant les dernières semaines de sa vie si elle pensait qu'elle avait eu un amant à ses côtés, plutôt qu'un vieil avocat barbant.

— J'adorais votre mère, répond-il en s'efforçant de ne pas s'effondrer, mais non, nous n'étions rien de plus que des amis. Elle n'était pas mon genre, aussi ravissante qu'elle ait pu être. Je craquerais plutôt pour Jason Statham.

Il apprécie l'expression sidérée qu'elles affichent toutes les deux – il est très loin de choquer qui que ce soit ces temps-ci –, et un sourire flotte sur ses lèvres quand elles s'en vont.

Sourire, et se poser les bonnes questions. Qu'est-ce qui a mal tourné, il y a toutes ces années, pour creuser entre elles un fossé aussi infranchissable ? Un voyage dans l'alphabet parfois psychédélique d'Andrea suffira-t-il à les réconcilier ?

DEUXIÈME PARTIE

Le rideau s'ouvre
L'abécédaire commence

Chapitre 20

Poppy

Je suis assise dans ma voiture, devant la maison de mon enfance que je n'ai pas vue depuis plus de dix ans, à attendre qu'ils arrivent. À attendre ma sœur, à qui je n'ai pas décemment parlé depuis dix-sept ans, et mon neveu, que je n'avais même pas rencontré jusqu'au jour de l'enterrement. J'évite de penser, de ressentir et de pleurer depuis si longtemps que je ne suis plus certaine d'exister encore. Je ne suis qu'une masse transpirante d'être humain, en pleine fonte un cuisant jour d'été, affrontant un passé qui me fait grimacer, et un futur que je ne peux même pas imaginer. Jusque-là, j'ai tenu le coup en restant occupée. En étant la pire connasse possible au bureau, et en consacrant le moindre moment de libre de chaque journée à boire ou travailler, ou un peu les deux en même temps. Car c'est pour ça qu'on a inventé les flasques.

Tout est allé crescendo pour en arriver à ceci, cette folie d'abécédaire, et maintenant, j'ai l'impression d'être là depuis une éternité. La sueur sous mes aisselles colle mon chemisier à ma peau, et j'ignore totalement pourquoi j'ai encore ma veste en cuir sur les épaules. Juste pour le spectacle, j'imagine, comme ces stupides sandales à talons qui me mutilent les orteils. Que Dieu me préserve de paraître moins que parfaite. J'en ai peut-être l'air, mais vraiment pas le sentiment. Je suis ravagée de stress, et chaque fois que j'entends le bruit lointain du moteur d'une voiture, qui pourrait être la sienne, j'essaie de me ressaisir. Je me dis que j'ai planifié ça. Je me suis entraînée à afficher un visage neutre dans le miroir, et à m'exprimer d'une voix calme en parlant tout haut. Je suis déterminée à ne pas nous faire partir du mauvais pied, mais… bon. Elle est en retard. Et il n'y a rien de tel que poireauter devant la maison verrouillée de votre défunte mère pour vous rendre irritable. Par ailleurs, je suis évidemment arrivée en avance, alors ça fait presque une heure que j'attends. À arpenter les jardins, compter et recompter les nains, regarder par les fenêtres. Penser à des trucs auxquels je ne voulais pas penser. J'ai regardé à l'intérieur de la maison par les fenêtres, c'est ça qui m'a achevée. Scruter le salon, la main en visière pour me protéger du soleil éclatant, comme quand vous êtes à un distributeur de billets un jour de beau temps. Voir le canapé kitsch, le fauteuil assorti, et imaginer maman assise là, en train de regarder un film ou de lire un livre, ou au téléphone avec moi. La petite table à côté, où elle rangeait deux types de verres : les progressifs avec lesquels elle lisait, et ceux dans lesquels elle buvait son vin. Les livres sur les étagères ; le vase désormais vide qu'elle avait généralement rempli de fleurs des champs. La télé écran plat flambant neuve dont j'avais entendu parler de long en large : « Chérie, je te jure, Richard Burton a une plus grosse tête sur ma nouvelle télé que dans la vraie vie ! »

Tout a l'air pareil. À l'exception de l'écran plat. Exactement comme la dernière fois où j'étais là, ce qui remonte à bien trop longtemps. Je m'attends presque à la voir s'affairer à l'intérieur, vêtue d'un pantalon de yoga et d'un joli pashmina, arrivant nonchalamment de la cuisine avec un pichet contenant un cocktail de son invention. C'est de savoir qu'elle ne passera plus ici avec sa nonchalance habituelle qui m'anéantit. Et quand les larmes jaillissent, elles le font avec force, comme pour se venger de toutes les fois où je les ai retenues. Pleurer est un luxe que je ne peux pas m'autoriser, entre les réunions et le milliard de choses qu'il me reste à faire. Je me replie dans ma voiture, allume l'air conditionné et laisse mes larmes couler. Mieux vaut les évacuer de mon chemin avant de mettre mon masque d'impassibilité. Au moins l'un des deux anges crasseux doit essayer de rester assez fort pour surmonter cette épreuve. Je suis fatiguée et triste, et je veux retrouver ma vie d'avant, celle où botter les culs de l'équipe de graphisme était la tâche la plus éprouvante dans mon emploi du temps. Ou, encore mieux, la vie d'avant celle-là. Celle où j'étais une jeune femme enragée, fière et tapageuse, se préparant à conquérir le monde avec Rose d'un côté, et maman de l'autre, protégée par leur amour et persuadée qu'elles seraient toujours là pour moi.

À présent, je n'ai plus aucune des deux, et je suis finalement obligée d'y songer. De faire ce que notre mère a demandé, et regarder en arrière, là où tout a commencé à se déliter. Ce n'est pas ma conception d'un moment agréable, et cela n'aide pas à refermer les vannes. Quand j'entends sa voiture se traîner dans l'allée, je suis un peu plus calme, mais pas du tout présentable. J'ai mis une boîte de mouchoirs en papier sur le siège passager exactement pour ce genre d'occasion, et je me rafraîchis, inspectant mon visage dans le miroir quand j'ai terminé. Pas parfait, mais acceptable étant donné les circonstances. Je sors de la voiture et m'arrange soigneusement, avec l'intention de paraître cinquante nuances d'okay d'ici à ce qu'elle arrive. Une part de moi est terrifiée, l'autre est soulagée. Elle a quarante minutes de retard, et je commence à me demander si elle a décidé de ne pas venir. Si je n'en vaux pas la peine. Si elle m'a complètement oubliée. Parce que ça, même si elle ne s'en rend pas compte, c'est l'un des aspects sur lesquels elle est devenue experte. Et d'aussi loin que je me souvienne, c'est là que la pourriture s'est installée en premier.

Chapitre 21

Le cottage, 1999
vingt-deuxième anniversaire de Poppy

J'habite toujours à la maison, après avoir passé ma licence d'anglais. C'est bizarre d'être revenue, mais je suis un peu tiraillée par des choix de vie en ce moment. Flottant entre un stade et l'autre, comme un ballon d'hélium autrefois brillant, en train de se dégonfler. Après avoir obtenu mon diplôme, j'ai voyagé, mais je me suis tellement ennuyée que j'ai largué mes amis dans une cave à bières à Budapest, pour repartir au Royaume-Uni. Pas une égratignure, à part ce tatouage de Bouddha sur ma hanche qui m'avait paru une excellente idée sur le moment. Maintenant je suis à la maison, enlisée dans la routine. Une licence d'anglais ne semble pas être la chose la plus utile sur terre. Je ne peux pas partir construire des puits dans le tiers-monde, ni découvrir une nouvelle planète ou guérir le cancer. Je peux, bien entendu, citer de larges passages de *Beowulf* en ancien anglais, mais ce n'est pas d'une grande consolation. Beaucoup de mes amis se lancent dans le journalisme, et évidemment, il reste toujours l'enseignement. Cette phrase est si souvent répétée qu'elle devrait comporter des lettres capitales : Il Reste Toujours l'Enseignement. Je ne suis pas contre, mais ça ne me passionne pas non plus. Cela dit, ce serait carrément mieux que le marketing, vers lequel s'est orientée l'une de mes copines plus ambitieuse, pour une compagnie pharmaceutique, qui plus est. Je ne vois rien de pire que le marketing, totalement destructeur pour l'âme. Ce que j'aimerais faire, c'est écrire un livre ; pas de quoi me rendre vraiment unique. Tout le monde veut écrire un livre, y compris notre laitier, Fred. Mais il existe une grande différence entre vouloir en écrire un, et le faire. La vérité, c'est que je n'ai pas encore beaucoup de matière pour écrire. Petits copains : quelques-uns ; aucun assez sérieux pour me briser le cœur. Voyages : le tour de l'Europe sac au dos, où chaque auberge de jeunesse ressemblait à la précédente, et chaque nuit consistait essentiellement à boire la bière locale la moins chère possible. Traumatismes : par chance, je suppose, très peu. Famille : bizarrement bancale, mais géniale.

Jusque-là, mes livres ont été forts en émotion, et faibles en action. Plus ou moins comme moi en ce moment, me dis-je en me retournant sur mon lit, les yeux fixés sur un poster des Doors. La Patafix est morte sur un coin, et le papier s'enroule sur lui-même, donnant l'impression que Jim Morrison n'a qu'une jambe moulée de cuir. Je m'ennuie, mais je suis également saisie d'une espèce de paralysie qui m'empêche de réagir. Tout est juste trop… confortable ici.

Avec maman, ça devient très facile de traîner à la maison, d'aller s'occuper au village, de regarder de la merde à la télé et de lire. Elle apprécie d'avoir de la compagnie, étant elle-même entre deux jobs, car les rôles pour les dames d'âge moyen ne semblent pas venir frapper à la porte si souvent. Ces conneries patriarcales sont loin de s'essouffler dans le monde du show-biz, on dirait.

Un jour, peut-être, je déménagerai à Londres, je vivrai dans une mansarde de bohème et j'écrirai de la littérature vibrante avec une intrigue secondaire féministe. Mais pas tout de suite. Pour l'instant, je temporise et, au moins, je peux me réjouir du week-end qui se profile.

C'est mon anniversaire aujourd'hui. J'ai vingt-deux ans, ce qui sonne beaucoup plus mature que le sentiment que j'en ai. Jusqu'à vingt et un ans, vous vous en sortez en toute impunité. Le vingt et unième est un anniversaire où les billets tombent encore de vos cartes quand vous les ouvrez. Vous avez droit aussi aux gâteaux, aux fêtes, et les plus vieux ont l'air au bord des larmes en vous achetant de l'alcool. Personne n'attend quoi que ce soit de vous quand vous avez vingt et un ans, même pas vous. On a encore le sentiment que vous en êtes juste au démarrage. À vingt-deux, par contre… eh bien, c'est un peu le drame, non ? Vous avez vieilli, c'est tout.

Mais bon, l'avantage de le fêter, c'est que Rose va rentrer à la maison. Elle est toujours à Liverpool, et ne semble pas disposée à bouger. Elle a passé sa licence – mention très bien, évidemment – et sa maîtrise. À présent, elle prend une année pour travailler dans un labo où ils mènent des expériences d'une intelligence effrayante sur des cellules de plantes, et songe à attaquer un doctorat. Elle finira alors par devenir Dr Rose. Elle a déjà été claire sur le fait que si elle suit en effet ce parcours, elle tiendra fermement à ce que toute la famille l'appelle Dr Rose en toutes circonstances. J'aime bien l'idée, et les manières dont je pourrais m'amuser de ce titre : *Est-ce que tu veux du sel et du vinaigre sur tes frites, Dr Rose ? Une pinte de bière, s'il te plaît, Dr Rose. Est-ce toi qui as lâché cette caisse monumentale, Dr Rose ? Ça sent comme si une gerbille s'était glissée dans ton cul pour y crever, Dr Rose.*

Elle n'est pas encore complètement décidée, mais j'espère qu'elle le fera, juste pour la valeur comique. Et, vous savez, parce que ce serait une valeur ajoutée au monde. Contrairement à moi, Rose pourrait guérir le cancer, ou au moins faire le café de quelqu'un qui guérit le cancer. Rose est brillante : un énorme gâteau super doué, avec une sauce de génie et des vermicelles multicolores par-dessus. Elle me manque tellement, et je trépigne d'arriver à ce week-end. Elle est rentrée pour Noël, mais a de nouveau disparu dans le Nord pour le Nouvel An ; elle m'a proposé de l'accompagner, mais je ne voulais pas laisser maman toute seule. Maman m'avait accueillie, préparé mes dîners, elle avait feint de ne pas trouver mon tatouage affreux, et m'avait prêté sa voiture dès que j'avais eu besoin de m'enfuir. Maman avait été formidable. Le moins que je pouvais faire, c'était de passer le Nouvel An avec elle.

Cela s'était même avéré assez drôle ; nous avons descendu quelques gin-tonics frappés, concoctés dans une carafe avec du concombre, exactement comme elle les aime, et avons réveillonné avec le reste du village au *Farmer's Arms.* Du moins, le reste du village âgé de plus de trente ans. Les plus jeunes vont au *Tennyson's*, où le propriétaire accepte la carte de bibliothèque comme pièce d'identité valide. Les grands vont au *Farmer's*, avec le charme ancien de ses sols en pierre, ses murs en brique apparente et sa cheminée flambante, comme tout droit sorti de la série *Emmerdale*, mais avec plus d'adultères.

J'aurais pu aller au *Tennyson's.* Je connaissais encore quelques personnes là-bas, mais ça me gênait, d'une certaine façon. Penser que je reverrais des gens de l'école me rendait mélancolique. Soit ils auraient de fabuleuses carrières et des perspectives excitantes, ce qui susciterait ma jalousie, soit ils seraient chauffeurs de taxi ou employés à l'usine de transformation de volailles un peu plus loin sur la route, ce qui me déprimerait. Toute cette jeunesse dorée les bras à présent plongés jusqu'aux coudes dans les dindes, c'était plus que je ne pouvais supporter. Le Nouvel An n'était pas vraiment pareil sans Rose, qui se trouvait à une fête super top à Livercool, mais c'était marrant, surtout la partie où maman a lancé une chenille autour du bar sur *1999* de Prince.

Là, c'est la première semaine de février, que j'estime être une période carrément merdique pour avoir son anniversaire. Tout le monde est toujours fauché après

Noël, il fait un temps pourri, et il n'y a rien de tout le mois qui vaille de l'attendre avec hâte. Sauf si vous comptez la Saint-Valentin, ce que je ne fais pas, puisque je ne recevrai qu'une carte cette année. Elle sera signée de *ton admirateur secret*, et viendra de ma propre mère. Le retour de Rose pour le week-end sera la seule chose dont je puisse être impatiente depuis des siècles. Nous passons toujours les week-ends les plus proches de nos anniversaires ensemble, même quand nous vivons dans des régions complètement différentes. Rose venait au bar de mon lycée pour se soûler, ou vice versa. Ou parfois on se retrouvait simplement au cottage, qui était plus ou moins à mi-chemin, et maman nous préparait de la gelée et de la crème glacée, en nous répétant combien nous étions toutes les deux splendides.

Je roule sur le lit afin de pouvoir jouer à Snake sur mon nouveau Nokia, et sursaute quand le téléphone se met à sonner. Je vois que c'est Rose et réponds aussitôt. Les heures joyeuses débarquent.

— Salut, Dr Rose ! dis-je.

Je m'assois, les jambes croisées, en recollant distraitement le coin de ce poster des Doors pendant qu'elle parle. Le pauvre Jim a déjà assez de problèmes sans perdre une jambe.

— Ça roule ? demandé-je.

— Oui, merci, répond-elle, la ligne grésillant légèrement, car la réception est plutôt laborieuse ici, au beau milieu du trou du cul de nulle part. En fait, ça roule comme l'accent irlandais. Tu ne vas pas me croire, frangine, mais je suis à Dublin. Assise dans un pub à Temple Bar, une pinte de Guinness devant moi, avec un groupe qui joue *It's A Long Way To Tipperary* en fond. Tu les entends ?

Je les entends. Pour moi, c'est un atroce vacarme, mais c'est peut-être dû à la mauvaise réception. Ou au manque de Guinness.

— Ça m'a l'air d'une belle aventure, qu'est-ce que tu fabriques là-bas ?

Et pourquoi je ne suis pas avec toi, me dis-je intérieurement, *au lieu de végéter dans un village où regarder deux chiens de berger essayer de se grimper dessus dans un champ est considéré comme un divertissement de choix ?*

— Oh… Je suis avec Gareth. Tu te souviens, je t'ai parlé de lui ? Du Nouvel An ?

— Je me rappelle que tu m'as dit avoir rencontré quelqu'un, ce qui n'était pas très précis, je me doute bien que tu as rencontré des tas de gens pendant que tu étais à une fête dans le centre de Liverpool. La dernière fois que j'y étais, j'ai dû rencontrer sept mille individus, y compris quelques-uns qui voulaient ouvrir un bar à Ténériffe avec moi. C'est le genre d'endroit où ça se produit. Alors qui est Gareth ?

J'essaie tant bien que mal de dissimuler ma contrariété. Je m'ennuie, je suis seule et j'ai l'impression que toute ma vie n'est qu'un gros point d'interrogation. Et c'est mon anniversaire, ce que Rose semble avoir oublié.

— Il est… bon Dieu, Pops, je ne voudrais pas sortir un truc digne d'un film avec Meg Ryan, mais il est extraordinaire ! Je veux dire, rouler des pelles à quelqu'un pendant le réveillon du Nouvel An, ce n'est pas grand-chose, hein ? Tu as sûrement fricoté avec un tas de mecs ce soir-là, pas vrai ?

— Euh… non. J'étais au *Farmer's* avec maman, tu te souviens ? J'aurais galoché des papys bourrés qui avaient mis leur plus beau fute en velours côtelé.

— Oh ouais ! J'avais oublié que tu étais allée là-bas… Bref. C'est au Nouvel An qu'on s'est rencontrés, et on est ensemble depuis. Je suis certaine de te l'avoir dit. Enfin, j'imagine que je n'ai pas beaucoup appelé récemment, si ? Donc, tout se passe super bien, et puis hier, il m'a fait la surprise de ce voyage. Il a de la famille ici, et il connaît tous les meilleurs pubs et clubs, et il m'a emmenée dans ce café génial, et on a vu ce groupe génial jouer dans une salle à peu près de la même taille que la cuisine de maman, et on séjourne chez son ami qui a cet appart génial pas loin de St Stephen's Green.

— Waouh ! dis-je en me demandant si je parais aussi sarcastique que j'en ai l'intention, ça a l'air… génial ? Alors qu'est-ce qu'il fait dans la vie, ce Gareth ? À part t'emmener faire des virées en amoureux ?

— Il travaille dans une banque, dans un programme de formation postuniversitaire. C'est juste un tremplin, d'après lui, ce qu'il veut, c'est s'orienter dans l'investissement. Je sais que ça semble vraiment assommant, mais il faudrait que tu le rencontres ; il a l'art de rendre les finances intéressantes, je te promets !

Mon intérêt pour les finances se borne à fouiller dans les côtés du canapé pour voir si je peux rassembler assez de monnaie pour acheter un paquet de clopes, donc j'en doute sérieusement.

— Eh bien, dans ce cas, je meurs d'envie de le rencontrer, dis-je.

J'espère que tu le largueras avant que j'y sois obligée.

Toujours aucun signe que Rose va me souhaiter mon anniversaire ni aborder nos projets pour le week-end, et je prends conscience avec horreur qu'on est déjà jeudi.

— Combien de temps est-ce que tu restes à Dublin ?

— Jusqu'à lundi soir, répond Rose, manifestement distraite.

Il y a un bruit de bousculade, suivi d'un tintement de verres. On dirait que quelqu'un vient de payer une autre tournée. Probablement le petit caïd de la finance, qui s'avère sans aucun doute absolument *géniaaal* pour se faire servir dans un bar plein à craquer. Branleur…

— J'aimerais pouvoir rester plus longtemps, ajoute Rose, après un *slurp*, mais je dois être de retour au travail mardi. Bon, écoute, il vaut mieux que j'y aille. Gareth est revenu. Poppy, j'ai trop hâte que tu le rencontres, et il est très impatient aussi, pas vrai, Gareth ?

— Oui ! Salut, Poppy ! Tchin ! crie une voix d'homme au bout de la ligne.

Je déteste aussitôt ce mec et lui souhaite une bonne chiasse couleur Guinness. Il mérite la Malédiction de la merde noire pour avoir ruiné mon anniversaire, même s'il n'en savait rien. Je veux dire, ce n'est pas que je ne désire pas le bonheur de Rose. Bien sûr que si. Mais… enfin, elle ne pouvait pas attendre après le week-end pour afficher sa joie de vivre ? Et même si elle ne rentrait pas à la maison, est-ce qu'elle n'aurait pas pu au moins se rappeler mon anniversaire ?

— Bon, faut que je te laisse, frangine, à bientôt. Dis à maman que je l'aime !

La communication est coupée, et je jette mon téléphone en travers de la chambre. Le boîtier de la batterie se détache, et le reste vole en éclats.

— Ça, dis-je à Jim Morrison, c'est le plus pourri des anniversaires.

Chapitre 22

Rose : aujourd'hui

Le trajet a été infernal, et l'air conditionné dans ma voiture est pratiquement inexistant. C'est ce qui arrive quand vous conduisez une Ford Fiesta de 1988 qui tient d'une seule pièce avec du chatterton et des prières. Joe rend la situation tolérable, et nous chantons ensemble sur des morceaux d'Adele, dégoulinants de sueur, jusqu'à ce qu'il parvienne à me convaincre que nous devons baisser les vitres.

— On va mourir de déshydratation si on ne le fait pas, maman, dit-il, tandis qu'une bouffée de vent frais s'engouffre dans la voiture.

— Je sais. Mais je déteste rouler les vitres ouvertes…

— Ne t'inquiète pas, répond-il en brandissant l'exemplaire d'un atlas routier qui indique tous les *Little Chef* du pays en cas d'urgence de pancakes, je gère la patrouille anti-guêpes.

Je hoche la tête, et nous entonnons de plus belle les tubes d'Adele. Nous chantons même quelques notes justes.

— C'est comme si elle était dans la voiture avec nous, non ? dit-il en avançant jusqu'à son titre préféré.

— Oui. Peut-être qu'elle viendrait avec nous dans un *Little Chef*, qu'est-ce que tu en penses ?

— Ouais. Elle serait OK pour ça. Je crois qu'elle serait peut-être contente que j'aie baissé les vitres, aussi. On en est où ?

Je jette un coup d'œil par le pare-brise, plissant les yeux dans l'éclat du soleil, entre les traces de ventouses de GPS ; le lave-glace n'a pas l'air très en forme non plus.

— Pas loin, réponds-je calmement.

Le paysage est à présent douloureusement familier, et ma mémoire me guide dans ces chemins tortueux et ces allées étroites. Je vois tous les repères du passé : la souche d'arbre tordue au carrefour juste avant d'arriver à Goldfinch Lane ; la grille métallique de Hawthorne Farm, qui a été écrasée par le tracteur du fermier un soir d'ivresse ; la boîte aux lettres ancienne rouge vif au coin, qui est presque entièrement recouverte de lierre.

Un territoire familier, mais aussi un pays étranger. Étranger, parce que je l'ai rendu ainsi. Toutes ces années, j'en suis restée éloignée ; d'abord, parce que Poppy habitait encore là, ensuite à cause de mes conditions de vie avec Gareth et un bébé, et puis, plus tard, simplement pour éviter d'être en contact avec tout ce qui me rappelait ma sœur.

Joe observe l'extérieur par sa vitre, embrasse l'ensemble, assimile le paysage, les charmants cottages, les épouvantails abandonnés après le festival annuel un peu plus tôt dans l'été.

— Ils sont bizarres, dit-il, tandis que nous en dépassons un qui est assis sur une balançoire d'enfants, ses jambes couvertes de lambeaux de jean voletant dans la brise. Bizarres et effrayants. Ça commence à ressembler au début d'un film d'horreur. Est-ce qu'on se dirige vers un endroit entièrement habité par des gamins démoniaques, ou des fermiers qui vénèrent le diable et sacrifient des touristes de passage pour d'anciens dieux de la fertilité ?

— Est-ce que tu as encore regardé *Buffy contre les vampires* ?

— Non. J'ai regardé *Supernatural.* Ça parle de deux frères tueurs de démons qui parcourent les petites villes d'Amérique en combattant le mal. Et je pense qu'ils s'inquiéteraient sérieusement à notre place.

Je ris, tout en guettant le virage serré qui, je le sais, va bientôt se présenter sur la droite. Je le prendrai probablement par instinct, mais je ne me sens pas très en forme ce matin. En fait, sur une échelle de 1 à 10, 1 étant « comme sur des roulettes », et 10 étant « absolument merdique », je vise un bon 27. C'étaient deux jours plutôt bien remplis, à préparer Joe pour son séjour chez son père, ranger la maison et faire une dépression. Cette dernière tâche, en particulier, s'est révélée assez chronophage, et n'a cessé de gêner le bon déroulement des autres.

J'essayais de me distraire en repassant les caleçons de Joe – pour la première fois depuis qu'il en porte – et je me retrouvais le regard dans le vide, à pleurer dans un nuage de vapeur. Ou je fouillais dans le fond de mes tiroirs, pour les purger de vieilles culottes, bien trop petites désormais pour m'être de la moindre utilité, et je m'apercevais soudain que j'étais assise par terre, à m'en servir pour me moucher.

J'avais eu le besoin urgent d'appeler ma mère toutes les nuits, et je l'ai vraiment fait à quelques reprises. Elle est toujours là, dans ma liste de contacts, sous le nom original de « maman ». Cinq petites lettres, en apparence si innocentes, mais si lourdes de sens. Les cinq petites lettres les plus considérées comme acquises de tout l'univers. Je sais à présent combien je comptais sur elle. Combien je me servais d'elle, je suppose. Je veux dire, c'est normal, et je suis mère, donc je comprends ça. Ce n'est pas que vous vouliez que vos enfants se baladent en permanence avec leur reconnaissance en bandoulière. Mais maintenant, il ne me reste que des regrets. Comme le fait de lui avoir téléphoné seulement quand j'avais besoin d'elle, ou le sentiment qu'il s'était passé tellement de temps que c'était mon devoir de la contacter. D'avoir parfois filtré les appels, de ne pas avoir toujours pris la peine de la rappeler. D'avoir eu d'autres fois le moral dans les chaussettes, quand j'entendais sa voix enjouée au bout du fil, parce que je savais que je serais piégée au téléphone pendant des siècles. D'avoir trouvé des excuses, inventé des coups bidon à la porte ou prétendu que j'avais quelque chose sur le feu, alors qu'en réalité j'avais sûrement un programme télé urgent à regarder, ou le magazine *Hello!* à lire ; que Dieu me garde de devoir parler à ma propre mère plutôt que de me tenir au courant des derniers rebondissements de la vie de la famille royale suédoise. Ou de savoir que notre toute dernière conversation pour l'éternité concernait Nigel Farage. Je veux dire, pour l'amour du ciel, on s'est quittées sur une sacrée crasse.

J'avais essayé de ne pas sombrer dans une détresse alcoolique pour le bien de Joe, mais j'avais légèrement craqué la nuit précédente, quand mon voisin Simon était passé avec un pack de six Carlsberg et deux Pot Noodle. C'est son côté ringard. Joe lui avait annoncé pour ma mère, et il venait voir comment j'allais. Il avait perdu ses parents quelques années plus tôt, et ça faisait du bien de lui parler. D'entendre qu'un jour ça commencerait à faire moins mal. Qu'à la fin, je pourrais me réveiller sans être paralysée par la culpabilité ou le chagrin. Je n'étais pas certaine de le croire, mais au moins, il a essayé. Et je ne suis pas du genre à faire la fine bouche devant un homme qui vient avec des Pot Noodle et des bières. En toute franchise, j'ai un petit faible navrant pour Simon. Il est maçon, et il a les cheveux si courts qu'il a des allures de marine, et il se balade souvent torse nu, en treillis, avec ces grosses ceintures qui portent des outils, ainsi que des bottes à bouts métalliques. Peut-être y a-t-il quelque chose d'ancré dans les gènes des femmes pour être toujours un peu gaga de ce genre de choses, je ne sais pas, une espèce de réaction biologique primaire au fait de se trouver à proximité d'un chasseur-cueilleur chevronné. Ou peut-être que je réfléchis trop.

Bref, c'est un mec sympa, et il serait sûrement horrifié de savoir que je conçois de telles pensées. Non pas que je les aie eues hier soir. Hier, j'étais simplement en panique. Que Joe s'en aille. De venir ici. De revoir Poppy. De ne pas pouvoir appeler ma mère pour lui dire que tout ça m'angoissait au plus haut point. Ce n'était pas un beau spectacle, et la bière et la compagnie m'ont aidée, surtout que Joe était sorti pour un dernier tour de piste avec ses copains.

Je lui avais même un peu parlé de Poppy, ou du moins expliqué que je ne l'avais pas vue depuis des années.

— Pourquoi ? a-t-il demandé de façon prévisible, en sourcillant par-dessus la bière que nous buvions directement à la canette.

— Longue histoire, il vaut mieux ne pas la raconter, ai-je juste répondu.

— Pas de problème. La famille, hein ? Qui en redemande ?

Sur ce, nous avions trinqué et mis le sujet aux oubliettes. Ça valait mieux. Malheureusement, nous n'en avions pas fait autant avec les bières, et l'alcool pesait lourdement sur mon humeur ce matin. Tout comme sur mon crâne, qui cogne et palpite, et j'apprécierais qu'il arrête.

Le virage arrive, et je le prends un tout petit peu trop tard ; les pneus crissent tandis que nous nous engageons, pour finir complètement sur le mauvais côté de la route étroite. Par chance, celle-ci est peu fréquentée, puisque le seul endroit où elle mène est la maison de ma mère : Greenfinch Cottage, là où j'ai grandi. C'est assez près du village pour aller au pub à pied, et on entend parfois la circulation de la route principale, mais à part ça, c'est totalement isolé. Le voisinage le plus proche est une ferme située deux miles plus loin, et tout ce que vous percevez de là, c'est le bruit des vaches et des tondeuses à siège de taille industrielle. Le cottage n'a pas vraiment le charme d'une boîte de chocolats, les pierres blanchies à la chaux et le toit de chaume sont défigurés par une affreuse extension latérale qui a été construite avant que nous emménagions, et dont maman a toujours juré de se débarrasser « parce que c'est une insulte faite à mon sens esthétique ». Cependant, elle ne l'a jamais fait, et au fil des années, nous avons fini par nous y habituer, l'utilisant pour ranger nos vélos, nos bottes d'hiver et des cartons de livres que nous ne lisions plus, mais dont nous n'étions pas prêtes à nous séparer.

Le cottage est entouré de jardins de toute beauté, et je prends une vive inspiration tandis que nous approchons, cahotant dans l'allée qui ressemble de moins en moins à une route à mesure que vous avancez. En hiver, elle se gorge d'eau boueuse, et des étés comme celui-ci, elle est tellement criblée d'ornières que vous avez l'impression de rouler sur des ralentisseurs. Je n'avais aucune idée de la façon dont j'allais réagir en revenant enfin ici, dans cet endroit où j'ai passé tant d'années. Des années joyeuses, dans l'ensemble, si l'on exclut les inévitables heures noires de l'adolescence. Des années remplies de ma petite vie douillette ; avec ma mère délicieusement excentrique, ma petite sœur, ma minuscule école communale et mes amis du village. J'avais même amené Gareth ici, il y a très longtemps, dans une autre vie.

À présent que je suis là, j'ai le sentiment de vivre une expérience de sortie hors du corps, de tout revoir avec les yeux d'une étrangère. Je m'étais attendue à des larmes, ou à cette sensation d'angoisse brute qui ne me quitte plus depuis des jours, comme de l'acide me consumant les entrailles, mais ce n'est pas ce que je ressens. J'ai l'impression d'être rentrée à la maison.

Je gare la voiture et regarde autour de moi. Certaines choses n'ont pas changé. Les pierres tombales pour Patch, et le poisson rouge, et tous les autres animaux domestiques qui sont morts avant eux, au bout du jardin. Le jasmin, qui pousse sauvagement sur son treillis, et le chèvrefeuille, qui déploie de glorieuses nuances de rose, de blanc et de jaune. La collection de nains de jardin s'est encore agrandie, ce qui me fait sourire. Oui, elle a toujours aimé ses nains, ma mère, disant avec insistance qu'elle en avait été un dans une vie antérieure : « Le plus glamour des nains, chérie, paré de boucles d'oreilles en diamants et d'un manteau de vison. »

Certaines choses, toutefois, sont différentes. Je vois les tonneaux dont elle m'avait parlé, sauvés d'une ferme des environs, et plantés de lobélie rampante bleu vif. Je vois une nouvelle mangeoire, avec des noisettes et un petit abreuvoir, désormais complètement asséché sous le soleil de midi. Je vois un banc en pin sculpté vraiment très joli et une petite table assortie, où je peux parfaitement imaginer ma mère – peut-être avec Lewis – en train de savourer un verre de vin, les yeux plongés par-delà les collines un jour exactement comme celui-ci.

Et, rangée sur le côté du cottage, je vois une petite Audi A1 noire. Je n'ai pas besoin de faire mille suppositions pour deviner à qui elle appartient.

— Merde ! dis-je en claquant le volant si fort de la main que je klaxonne accidentellement et fais fuir une petite nuée d'étourneaux. Elle est déjà là. J'aurais dû me douter qu'elle se pointerait en avance.

— Pour être tout à fait juste, maman, dit Joe en me souriant, elle n'est pas en avance. C'est nous qui sommes en retard.

— S'il te plaît, Joe, évite ce genre de remarque. Si la vie était juste, crois-tu que quelqu'un d'aussi adorable qu'Adele aurait eu le cœur brisé ?

— Je crois, réplique-t-il en remontant les vitres pour que les guêpes n'entrent pas, qu'Adele se console probablement en comptant ses millions, en astiquant ses Grammy Awards et en embrassant son bébé et son Oscar pour leur souhaiter bonne nuit, pas toi ?

Foutu gamin et sa logique. Il marque un point.

— Alors, ajoute-t-il avec un regard impatient. Est-ce qu'on sort de la voiture ? Je veux dire, on a fait un long trajet, on ne va pas faire durer le plaisir.

J'acquiesce sans conviction. Tant que je suis dans la voiture, je reste à l'abri, sur mon territoire. Tant que je suis dans la voiture, je peux pleurnicher lamentablement, et personne ne le verra. Tant que je suis dans la voiture, je ne suis pas obligée d'entrer dans ce cottage, ce qui risque de me détruire. Et tant que je suis dans la voiture, je n'aurai pas affaire à Poppy, qui se dirige à présent vers nous à grandes enjambées, visiblement contrariée. Elle est habillée avec goût, dans un élégant jean moulant et un chemisier cintré, des chaussures à semelles compensées à talons avec lesquelles je serais incapable de conduire, et une veste en cuir noir jetée sur l'épaule. Elle a son téléphone à la main, et fait de son mieux pour conserver une expression meurtrière. La seule chose qui gâche sa prestation, ce sont ses yeux. Ils sont rouges, irrités, et le mascara forme des paquets irréguliers sur ses cils.

Ma petite sœur a pleuré, et une partie de mon cœur que je croyais disparue depuis longtemps commence à saigner pour elle.

Chapitre 23

Poppy

Quand elle finit par se garer, Rose ne semble pas vouloir sortir de la voiture. Joe est à côté d'elle, si grand que sa tête touche presque le toit de la vieille Fiesta déglinguée, et il m'observe par la vitre avec beaucoup de curiosité. C'est tout naturel, je le sais ; je n'ai pas la moindre idée de ce qu'elle lui a raconté sur nous. Elle a sûrement esquivé le sujet avec un de ces commentaires bidon du genre : « C'est compliqué », auxquels les adultes ont recours avec les ados quand ils sont trop gênés de discuter de quelque chose. Le même moyen dont maman se servait toujours avec nous quand on était petites et qu'on lui posait des questions sur notre père. Plus tard, on a fini par comprendre que le sujet la mettait dans un tel état de stress qu'on l'a définitivement abandonné. Notre mère cédait rarement à l'anxiété – du moins en surface –, et c'était trop douloureux de la voir troublée.

Elle a éteint le moteur, et Adele s'est tue, je décide donc de m'approcher d'eux. Outre tout le reste, j'ai désespérément envie de faire pipi, et c'est elle qui a les clés du cottage ; je n'arrive toujours pas à comprendre pourquoi Lewis les lui a données plutôt qu'à moi. Je le soupçonne d'avoir juste voulu être vache ; je reconnais les signes. Je les ai pratiquement inventés.

Les portières finissent par s'ouvrir, et Joe sort, en étirant aussitôt ses jambes et ses bras, et en sautillant sur place. Bon sang, il est si grand. Je veux dire, je sais qu'il a seize ans – et maman m'a montré des photos de lui au fil des années –, mais le savoir et le constater sont deux choses différentes. Quoi qu'il se soit passé entre Rose et moi, j'espère que j'aurai au moins une chance de faire plus ample connaissance avec mon neveu. Ne serait-ce qu'un peu. Dès qu'il est né, j'ai commencé à économiser pour lui, mettant de côté une petite portion chaque mois, sur un compte intitulé de manière très originale « Joe le Neveu ». J'ignorais totalement si je le rencontrerais un jour, et c'était le seul moyen d'essayer de montrer que j'avais toujours pensé à lui. C'est l'un des plus grands regrets de ma vie, de ne pas avoir été impliquée dans la sienne.

À présent, il est là. En chair et en os, pas tout à fait homme, plus tout à fait enfant, dégingandé, et j'éprouve une joie profonde tandis que je le regarde plisser les yeux à travers sa frange. Je ne sais pas vraiment quoi faire de toutes mes émotions à cet instant ; elles me tombent dessus comme une cascade : le deuil et la peine de perdre maman, le soulagement et la peur d'avoir de nouveau Rose dans ma vie, de la pure affection pour Joe. L'affection n'a quasiment pas de place dans mon répertoire émotionnel, et je ne suis pas certaine de la façon dont je vais l'y intégrer, ni même si j'y suis autorisée. Comme toujours, cela dépendra de ma sœur, qui a sûrement été assez claire au cours des années sur le fait que je n'étais pas la bienvenue dans sa vie.

Rose sort de la voiture pour le suivre, et elle est dans un état effroyable. J'étais choquée par son apparence à l'enterrement, et c'est encore pire aujourd'hui. La Rose dont je me souviens était jolie et pulpeuse, avec ses beaux cheveux bouclés et indomptables. Elle avait de l'assurance, riait beaucoup, et avait ce truc qui la rendait sympathique aux yeux de tous. Cette Rose-ci… eh bien, celle-ci est presque méconnaissable. Maman avait cessé de me montrer des photos de Rose depuis un moment, après cette fois où nous prenions le thé un après-midi chez *Claridge's*, et que j'ai éclaté en sanglots. J'ignore qui était le plus mal à l'aise, moi ou le pauvre serveur qui guettait dans le fond, sans savoir si nous voulions ou pas de nos sandwichs au concombre.

Elle a pris du poids, beaucoup, et ses cheveux forment une masse frisottante striée de gris, avec des bouclettes qui se collent sur son front et son cou en sueur. Elle est toujours extrêmement jolie, dans le genre Dawn French avant régime, et ses yeux ont gardé leur splendeur légendaire, mais à présent, elle a le visage bouffi, et le fait qu'il soit rouge écarlate sous l'effet de la chaleur n'arrange rien. Elle essaie de se composer une expression à peu près convenable, mais je la connais trop bien, même après toutes ces années, pour ne pas voir la peine et l'angoisse qui percent. Elle paraît vieille, fatiguée, et comme si elle n'avait pas ri depuis des siècles. C'est douloureux quand s'offrent à ma vue les preuves concrètes et précises de l'épave qu'elle semble être devenue. Je sais que c'est au moins en partie à cause de moi. Je l'ai toujours su, et j'ai longtemps essayé de faire en sorte qu'elle me pardonne ; cela a consumé des années de ma vie, jusqu'à ce que je ne puisse simplement plus être les deux personnes à la fois. Je ne pouvais pas être moi et avancer dans ma propre vie, tout en étant la sœur rampante qui ferait absolument tout et n'importe quoi pour que sa sainte aînée l'absolve.

Je déglutis, en espérant qu'elle ne m'entende pas. Si je craque, elle craquera, et ce pauvre Joe se retrouvera avec deux flaques de quadras hystériques à nettoyer sur le gravier.

— C'est gentil de te joindre à nous, dis-je d'un ton plus incisif que je ne le voulais.

Je grimace intérieurement en la voyant broncher. Joe me fusille du regard, et je prends conscience que je ne fais pas une brillante première impression sur mon neveu perdu depuis toujours.

— Il y avait beaucoup de circulation, réplique Rose avec un regard mauvais. Dommage.

Ça me fait presque rire, la façon dont elle le prononce. « Dommaaage », comme elle le disait quand on était gamines, et qu'on se disputait pour quelque chose. Je lève les yeux au ciel – tout comme moi j'en avais l'habitude – et glisse un petit sourire à Joe. Je ne suis pas diabolique, ni insensible, ni cruelle – je suis juste bien entraînée à le feindre –, et je sais que j'ai entamé tout ça exactement de la façon que je ne souhaitais pas.

— Je meurs d'envie d'aller aux toilettes, dis-je en sautillant sur mes talons compensés comme pour le démontrer. On pourrait entrer, tu penses ?

Elle acquiesce et part à la pêche aux clés dans son sac. Ça prend mille ans, et je m'efforce de ne pas paraître aussi contrariée que je le suis. Ce n'est pas sa faute si j'ai besoin de pisser. Ce n'est pas sa faute si notre mère est morte. C'est, toutefois, sa faute si son sac fait la taille d'un petit pays d'Afrique et s'avère aussi peuplé.

— Comment vas-tu, Joe ? demandé-je en suivant Rose jusqu'à la porte d'entrée.

Il est plus grand que moi, même avec mes talons, et se trouve à ce stade péniblement longiligne, où il ne pousse que dans une seule direction.

— Bien, merci ! répond-il poliment en me jetant un regard par-dessus son épaule. Et elle a raison. Il y avait vraiment beaucoup de circulation.

Je me fais réprimander, si je comprends bien. En douceur, mais quand même. Bon point pour lui.

— Je n'en doute pas. Il y a toujours un embouteillage près de Ludlow. Nous nous sentirons un peu mieux quand nous serons à l'abri de la chaleur.

Il hoche la tête, et nous restons plantés là l'air embarrassé pendant que Rose se débat avec les clés. La vieille porte en bois finit par s'ouvrir brusquement, et nous pénétrons à l'intérieur. Je vois Rose marquer une pause dans le couloir, et je saisis tout de suite pourquoi. C'est l'odeur. L'odeur de lavande et de fleurs fanées, le fantôme des puddings du passé. L'odeur de notre mère, de la vie qu'elle a construite pour nous, et de celle qu'elle a été obligée de mener sans nous. L'odeur de l'enfance et du foyer. C'est la première chose qui me frappe, et je devine d'après son expression que c'est pareil pour Rose. C'est réconfortant et douloureux à la fois ; nous revenons chez nous, et elle n'est pas là. La personne qui en a fait un chez-nous, celle qui a rempli les tiroirs de lavande, cueilli les fleurs et préparé les gâteaux est partie, en laissant derrière elle cette empreinte olfactive. Je n'ai jamais cru aux fantômes, mais l'émotion que cette odeur suscite en moi, c'est exactement comme si maman avait flotté depuis ce plafond, en costume de spectre. J'ai soudain la tête qui tourne et m'appuie contre le mur.

— Je vais aux toilettes, je reviens dans une minute, dis-je en filant dans l'escalier, le montant pratiquement comme un animal à quatre pattes pour m'échapper à tout prix.

Bien entendu, la salle de bains est encore pire. Je ferme la porte derrière moi, en la verrouillant, je m'adosse contre elle et j'essaie de réguler ma respiration. Je regarde autour de moi et je vois tous ces menus éléments qui constituent une pièce comme celle-ci : son shampoing, son gel douche, sa trousse de maquillage. Je la renifle, humant les effluves familiers de Chanel, Lancôme et Max Factor, mes narines se dilatant tandis que je suis transportée à une autre époque ; nous, enfants, qui observons notre mère pendant qu'elle se maquille, se préparant pour une soirée à l'extérieur ou une audition. La dextérité avec laquelle elle mélangeait et colorait, la transformation presque magique, le commentaire en continu expliquant ce qu'elle faisait. La façon dont elle nous donnait chaque fois une touche sur le bout de nos nez avec sa houppette quand elle avait fini.

Je vois son savon Pears dans la coupelle, désormais sec et craquelé, et j'ai mal pour lui. Comme s'il s'agissait d'une personne, et qu'il se sentait abandonné, délaissé par la main de ma mère. Je vois les nouvelles serviettes en coton égyptien que je lui ai achetées, impeccablement empilées sur les étagères, avec une dizaine d'onéreux sets de toilette que je lui ai offerts au fil des années, tous scellés, encore immaculés dans leurs boîtes. J'aurais dû m'en douter ; malgré ses exclamations de joie à chaque cadeau, elle est restée loyale à certaines marques durant toute sa vie. Le même savon. Le même maquillage. Le même parfum. C'est peut-être pourquoi l'odeur de cet endroit est si puissante, si évocatrice ; c'est comme une capsule temporelle olfactive.

Je me sers des toilettes et m'asperge le visage d'eau froide. Il faut que je me ressaisisse. Je veux rester assise ici pour l'éternité, renifler la serviette suspendue au dos de la porte, toucher ses affaires, tenir les objets qui lui ont appartenu, faire comme si tout cela n'avait pas lieu. Mais je ne peux pas. Je dois redescendre, affronter Rose, et quoi que notre mère ait prévu pour nous. Je le leur dois à toutes les deux.

J'ouvre la porte de la salle de bains et je vois Joe dans l'ancienne chambre d'enfance de sa mère. Je n'y entre pas

–je ne suis pas encore tout à fait prête pour ça–, mais je m'arrête sur le palier et lui adresse un petit signe de la main. Il me le renvoie et esquisse un gentil sourire.

—Maman m'a envoyé ici pour me « reposer », dit-il avec un rictus. Mais je pense qu'en fait elle voulait juste se débarrasser de moi au cas où vous vous crêperiez le chignon.

—On ne le fera pas, je te le promets, réponds-je en sentant la tension derrière le sourire et la plaisanterie. Nous ne sommes pas là pour ça. Bref, tu vas t'amuser à fureter là-dedans. Tu peux essayer d'imaginer comment était ta mère à ton âge.

—Peut-être, dit-il avec un sourcillement confus, bien que je ne sois pas persuadé de pouvoir la reprendre un jour au sérieux maintenant que j'ai vu ce poster de Boyzone sur son mur.

—C'était une blague, précisé-je en tendant le cou pour contourner l'angle et constater que oui, pour une raison qui m'échappe, il est toujours là. Elle détestait littéralement ce groupe, alors pendant qu'elle était partie à la fac, j'ai recouvert sa chambre d'images d'eux, juste pour la rendre dingue. Les murs, le plafond entier, la porte : tout. C'était à cent pour cent Boyzoné, ça m'a pris des siècles. Elle a arraché la plupart des posters, évidemment, mais a laissé celui-là pour rire. Ne t'inquiète pas, ta mère n'est pas une groupie de Ronan Keating.

—Oh, répond-il, d'un air peut-être encore plus confus.

Je suppose qu'il a encore un peu de mal à imaginer qu'il y a longtemps sa mère et moi, on était de vraies sœurs, qu'on se tapait sur les nerfs, qu'on se jouait des tours et qu'on passait beaucoup de temps à rire. C'est d'autant plus difficile à imaginer qu'il m'a rencontrée pour la première fois il y a seulement quelques jours.

— Ça va ? demandé-je, en me rappelant que c'est juste un gamin – quoique gigantesque – et qu'il vient de perdre sa grand-mère. Est-ce que tout ça te fait un peu flipper ? D'être ici, dans la maison d'Andrea ?

— Ouais, avoue-t-il en toute honnêteté. Un peu. Je veux dire, il se trouve que je ne suis jamais venu ici, et aucune d'elles ne m'a jamais expliqué pourquoi, ni ce qui s'était passé. Et je sais que tu ne le feras pas non plus, t'inquiète, mais c'est bizarre. Et triste. Ça sent grand-mère, non ? Son parfum, enfin, ça sent comme elle.

J'acquiesce et cligne furtivement des yeux pour retenir la larme qui essaie de se faire la malle.

— En effet. Et oui, c'est triste. Écoute, je ferais mieux de descendre pour le moment, ça te va ? Avec un peu de chance, on aura l'occasion de discuter plus tard.

— J'aimerais bien, et je pense que je vais probablement faire une petite sieste de toute façon.

Il retombe sur le lit, ses pieds chaussés de Converse pendant au bout, et ferme les yeux. Il a l'air plus jeune comme ça, et si adorable que c'en est presque insoutenable.

Je jette un dernier regard à cette chambre. La chambre de Rose, dans laquelle j'avais l'habitude de traîner quand elle était absente, de toucher ses affaires et de m'allonger sur ses oreillers en rêvant qu'elle soit là. En rêvant qu'elle n'ait jamais rencontré ce maudit Gareth, et en me demandant s'il y avait moyen que je m'arrange en secret pour qu'il meure dans une tragique explosion de calculette et que je m'en sorte en toute impunité. En rêvant que les choses reviennent à la normale. En rêvant que tout soit différent. Je regarde Ronan Keating en face et lui tire la langue.

Je t'emmerde, Ronan.

J'emmerde tout ça, surtout le passé.

Chapitre 24

Poppy : septembre 1999, Lime Street Station, Liverpool

Rose a oublié que je venais ce week-end. C'est l'unique raison que je trouve pour expliquer le fait que je suis assise toute seule sur mon sac à dos à la gare, où je poireaute depuis une heure. Il est un peu plus de 19 heures, et l'endroit est bondé. Quelques poivrots solitaires déambulent en titubant et demandent de la monnaie, et un homme donne une vibrante interprétation de *Let It Be* sur une guitare en carton avec des cordes tracées dessus.

Elle était censée me rejoindre ici juste après 18 heures, mais elle ne s'est jamais pointée. Depuis, je bois du café hors de prix, j'observe les gens, et j'écoute les annonces étouffées concernant les changements de quais et le retard du 18 h 43 pour London Euston. J'ai envoyé tellement de textos à Rose qu'il ne me reste presque plus de peau sur les pouces, et jusque-là, trois types de Liverpool d'un enthousiasme écœurant m'ont dit : « Souriez, jeune fille, il y a plus grave. »

Je renonce et me dirige vers le pub le plus proche. J'ai attendu ce week-end pendant des siècles. Depuis ce séjour à Dublin, c'est à peine si une phrase est sortie de la bouche de Rose sans contenir le mot *Gareth*, et j'avais prévu que ma visite coïncide avec son absence. Ça n'a pas été facile, puisqu'ils vivent maintenant ensemble. Il est descendu au cottage pour rencontrer maman, et ils ont même adopté un chat du refuge local. Ils sont partis en escapades, ils sont allés à Ikea, et dîner chez ses parents. Beurk. J'en ai marre d'entendre parler de lui. Ce week-end, il est en déplacement, à une espèce d'événement prétentieux de consolidation des équipes, dans le Lake District. Je n'ai aucune idée de ce que cela signifie, sans doute apprendre à faire de meilleurs choix financiers pour l'argent des autres en sautant à l'élastique du haut de l'Helvellyn, ou un truc du genre. Je m'en fous un peu. Tout ce qui m'importe, c'est qu'il soit parti, et que je vais peut-être pouvoir récupérer ma sœur pour quelques jours. Maman a fait preuve de philosophie par rapport à ça, évidemment. Quand je lui ai demandé ce qu'elle pensait de lui, elle a simplement haussé les épaules et répondu : « Ce que je pense n'a pas d'importance, ce n'est pas mon petit ami, si ? Ni le tien. Il semble rendre Rosehip heureuse, et c'est tout ce qui compte. » Elle a probablement raison, mais je n'arrive pas à évacuer cette impression qu'il y a quelque chose… d'anormal chez Gareth. Ce qui, je le sais, couvre une multitude de péchés, mais je le soupçonne de les avoir tous commis.

Je traverse la route, en évitant les taxis noirs et les musiciens de rue, puis ouvre la porte du pub en la claquant si fort qu'elle cogne contre le plâtre. C'est un vieil endroit, près d'un théâtre, faiblement éclairé et décoré avec d'anciens programmes et les portraits des stars qui ont joué là. C'est aussi assez vide pour que je puisse m'asseoir, mais assez plein pour qu'on me laisse tranquille.

Je me tiens au bar, en attendant qu'on me serve, et réfléchis à la situation. Ce n'est pas que Rose soit amoureuse qui me dérange. Ni même le fait que je n'apprécie pas spécialement Gareth. C'est la façon dont, d'une certaine manière, elle devient de moins en moins Rose à mesure que les mois passent. Elle ne semble même plus évoquer ses anciens amis, les potes d'université qui lui rendaient visite pour des soirées tapageuses en ville. Et on dirait qu'elle a cessé de fréquenter les gens du labo où elle travaille, alors qu'elle les adorait dans tout leur génie de geeks. Elle a abandonné les travaux dirigés dont elle était chargée, paraît réservée sur l'idée d'un doctorat, et ne va même plus au refuge pour sans-abri où elle était bénévole. Gérer une soupe populaire pour des gens qui vivent dans des cartons n'a jamais été ma conception d'un moment agréable, mais Rose adorait ça. Et maintenant, elle « n'a plus le temps », depuis qu'elle a Gareth, et le chat, et qu'elle est occupée à être la moitié d'un couple. Je n'ai jamais eu de relation sérieuse – juste un paquet de relations idiotes –, mais ça ne paraît pas normal qu'être une moitié de couple vous oblige explicitement à vous amputer d'une moitié de vous-même.

J'emporte ma Foster's à une table et sors un exemplaire de *Harry Potter et le prisonnier d'Azkaban* pour décourager quiconque essaierait de me parler. J'ai probablement l'air aussi accueillante que Severus Rogue, et j'entreprends d'y aller lourdement sur l'alcool. J'en suis à ma troisième pinte quand mon téléphone bipe en recevant un SMS de Rose :

T où ?

Un peu en colère, mais avec un vif soulagement, je lui réponds, et elle me dit qu'elle sera là dans deux minutes. Je corne une page et me concentre sur le soulagement. Et alors, elle est en retard ; ce n'est pas un drame. Après tout, on n'est pas à quelques heures près, entre sœurs... Il y avait peut-être un embouteillage ou une urgence de cellules végétales à régler, ou il se peut qu'elle se soit endormie sur le canapé et réveillée en panique. Elle arrive. C'est tout ce qui compte. Chaque fois que la porte s'ouvre, je relève la tête avec impatience, prête à dégainer mon sourire, jusqu'à ce que ce soit enfin elle, un tourbillon de boucles folles et d'excuses confuses. C'est elle, puis c'est Gareth, juste derrière elle. Je le dévisage, bouche bée, sans tout à fait croire ce que je vois. Il est assez beau, je comprends donc pourquoi il plaît à Rose. Grand, carré, cheveux bruns, yeux bleus, tenue parfaite. Mais peu importe combien il est canon, il pourrait aussi avoir des sabots fendus et des cornes.

— Je te croyais en déplacement ? dis-je.

— Je m'en suis dégagé, me répond-il avec un clin d'œil en s'asseyant sur le tabouret d'en face. Je me suis fait porter pâle, en fait ; je ne voulais pas rater l'occasion de passer du bon temps avec la fameuse Poppy.

— Tu n'aurais vraiment pas dû, répliqué-je en agrippant ma pinte si fort que mes jointures en blanchissent.

Il rit, comme si je plaisantais, mais je pense chaque mot.

— Ce n'est pas génial, Pops ? dit Rose, toujours debout. Gareth dit qu'il peut nous faire entrer dans ce nouveau club qui vient d'ouvrir, et tu vas rencontrer le chat, et vous pourrez apprendre à mieux vous connaître tous les deux. Mes deux personnes préférées au monde. Tu veux boire autre chose ?

Je remarque, tandis que Rose parle, que ses cheveux sont encore plus rebelles que d'habitude. Qu'elle rougit. Que son chemisier est boutonné de travers. J'en déduis que la raison pour laquelle ma sœur était en retard – la raison pour laquelle on m'a laissée repousser des ivrognes avec l'impression d'être une telle bouse à Lime Street Station –, c'est qu'elle était trop occupée à baiser. Bordel de merde !

— Ouais, réponds-je en ravalant les mots acides qui me viennent à la bouche. En fait, prends-m'en deux. Je crois que je suis sur ma lancée ce soir.

Chapitre 25

Poppy : aujourd'hui

Je laisse Joe à sa sieste et descends l'escalier – toujours branlant, toujours fait de lattes qui semblent râler sous vos pieds – pour aller dans le salon. Le plafond est bas et quadrillé de poutres en bois foncé, et Joe devra sans doute passer tout son temps ici à se baisser, ou à frotter les bosses sur sa tête.

L'un des murs, autrefois couvert de photos de famille, est à présent étrangement nu, les contours de vieux cadres et les taches vives de couleur où ils étaient accrochés tels des rappels fantomatiques. Je trouve Rose en train de fixer la télé à écran plat, alors qu'elle est éteinte. Elle tire deux boîtes de la table pour les poser par terre, et a noué ses cheveux en queue-de-cheval. Je reconnais cette expression sur son visage ; celle qui signifie qu'on n'est pas là pour s'amuser.

— Il y a beaucoup à faire, dit-elle sans même me regarder. Il vaudrait mieux qu'on s'y mette.

Sa voix est autoritaire, un peu sèche, et bien que je comprenne combien c'est dur pour elle, ça me hérisse quand même. C'est le ton qu'elle employait parfois quand nous étions enfants, et qu'elle essayait de me faire réviser alors que je voulais sortir ; ou quand maman nous chargeait de certaines tâches pendant qu'elle travaillait, et que je trouvais des excuses pour ne pas les accomplir. J'acquiesce et prends tout mon temps pour extraire de mon sac les papiers que Lewis m'a donnés. Je prends encore plus de temps à les déplier, consciente que je suis ridicule ; mais, curieusement, je ne peux pas m'en empêcher. Les boîtes sont à ses pieds, et les regarder me fait sourire, malgré ma tristesse. Ce sont de grosses caisses en bois ringardes, l'une décorée avec des coquelicots[1] joliment peints, l'autre avec des roses. Les fleurs sont toutes rouges et blanches sur fond noir, des feuilles vertes tressées, des pétales largement ouverts et des tiges enroulées se fondant les uns avec les autres pour créer de savants entrelacs.

— Je me souviens de ça…, dis-je en tendant le bras pour toucher les côtés en bois. Nos vieilles boîtes à souvenirs.

Maman nous en avait donné une chacune quand nous étions petites, après avoir passé des heures à les peindre. Elle nous avait précisé qu'elles nous serviraient à y ranger des objets précieux, des souvenirs pour le futur. Je suppose qu'elle avait en tête des récompenses scolaires, des œuvres d'art chéries et des habits de bébé, mais nous étions trop immatures pour comprendre ça, et nous les utilisions comme de vulgaires boîtes à jouets. Elles avaient été remisées

1. *Poppy* signifie « coquelicot ». *(NdT)*

dans l'Affreuse Extension, bourrées de vieilles poupées Barbie, de pâte à modeler desséchée et du Monopoly dont il manquait tous les hôtels. Perdues pour nous, tandis que nous avons avancé dans nos vies respectives, mais clairement pas oubliées. C'est seulement maintenant, en les observant toutes les deux, que je réalise combien de temps et d'efforts elle avait consacrés à les peindre. Combien elles sont belles. Combien d'amour elle y avait mis. Et combien nous avions considéré tout cela comme acquis.

— Ouais, acquiesce Rose avec froideur. Moi aussi. On commence ?

— OK, réponds-je en consultant l'index. Ça dit ici qu'on démarre avec A – logique –, et que A est une lettre que nous trouverons dans la boîte de Rose. Au boulot, d'accord ?

Chapitre 26

Andrea : A pour Andrea en cendres

Mes chéries,

J'espère que vous allez aussi bien que possible vu les circonstances. J'espère aussi que les funérailles se sont déroulées à merveille, et que tout le monde a apprécié de se soûler en mon honneur. Je sais que, pour vous, les gens du village peuvent ressembler à des personnages de dessins animés aujourd'hui, mais j'ai vécu parmi eux depuis si longtemps, ils sont devenus de bons amis. Le moins que je leur devais était une beuverie digne de ce nom.

Si vous lisez ça, alors je dois en conclure que vous êtes ensemble, au cottage. C'est un bon début, mes amours : merci, ne serait-ce que d'être venues jusqu'ici. J'espère que ce n'est pas trop traumatisant pour vous ; cet endroit regorge de souvenirs, et je sais que cela peut s'avérer bouleversant.

Tout ce que je peux conseiller, c'est de la respiration de yoga, et peut-être un bon gin. Vous le trouverez à sa place habituelle, si je ne me suis pas envoyé toute la bouteille avant de tirer ma révérence. Cela dit, je n'exclus pas totalement de le faire ; vous savez que j'ai toujours été limite alcoolo !

Ceci n'est que le commencement de notre projet, et je pensais l'inaugurer avec une lettre. Je fais ça parce que, pour l'instant, la douleur est encore gérable, et je suis toujours à la maison. J'écris ceci dans mon fauteuil, appuyée sur ce vieil *Atlas du monde* que vous connaissez bien. Je compte terminer cette lettre, puis me reposer en regardant la BBC. On va diffuser une nouvelle adaptation de Dickens qui a l'air merveilleuse.

Alors, commençons par le commencement : A, c'est pour Andrea en cendres. Je crois qu'en général il faut un petit moment à un être humain entier pour être réduit à l'état de crumble, mais Lewis a promis qu'il ferait en sorte que ce soit expédié. Il emploie vraiment des termes comme ça – *expédié* –, c'est un amour ! Il va s'arranger pour que mes cendres vous soient livrées dans du papier cadeau dès que possible, un peu comme Amazon Prime, mes chéries, mais sans ce livreur polonais effroyablement sexy qui passe me voir de temps en temps.

Vérifiez auprès de Lewis, mais il estime que ça prendra une semaine, alors n'hésitez pas à séjourner au cottage ou, si ça vous semble au-dessus de vos forces, rentrez chez vous jusqu'à ce que je sois prête pour le dernier acte.

Pour votre gouverne, voici les raisons pour lesquelles j'ai opté pour l'incinération. Mes propres parents ont été tous les deux enterrés, et je me sens toujours coupable de ne pas me rendre sur leur tombe. C'est loin d'ici, et je n'ai jamais eu d'attrait pour les cimetières. Il y a quelque chose de pathétique dans le fait de se recueillir devant une tombe, non? D'imaginer la chair pourrissante et les os grouillant d'asticots de vos proches? Ou peut-être suis-je la seule à éprouver ce malaise... Je n'ai jamais plus été la même après cette période où j'ai travaillé pour la Hammer[1].

Bref, je ne voulais pas vous infliger ça. Je préfère que cet aspect désagréable de notre affaire soit bouclé, et que vous soyez en mesure de me faire vos adieux une bonne fois pour toutes. C'est juste de la cendre, ce n'est pas vraiment moi ; je vivrai éternellement, d'une certaine façon, parce que vous me conserverez toujours dans votre mémoire. Et, le temps que j'aie fini tout ça, je serai aussi sauvegardée sur clé USB.

Maintenant, à propos de la poussière qui retourne à la poussière, j'ai évidemment un plan. J'aimerais que vous m'emmeniez à Stapeley Hill ; vous

1. Société de production connue pour ses films d'horreur dans les années 1960. (*NdT*)

vous rappelez, près du cercle de monolithes de Mitchell's Fold ? On y allait souvent quand on avait encore Patch. C'était celui où la grosse pierre était censée être une sorcière pétrifiée pour avoir bu tout le lait d'une vache magique. Soit dit en passant, bien fait pour elle, nous devrions tous nous montrer plus charitables envers les vaches magiques ; ça peut toujours servir !

J'espère que, vous aussi, vous gardez un bon souvenir de cet endroit. La dernière fois que je suis montée là-haut avec vous, vous deviez avoir douze et quatorze ans. La vie paraissait compliquée, mais comparé à ce qui a suivi, elle était relativement simple, en fait. Une grande bouteille d'eau, des sandwichs au jambon, quelques pommes, et en avant la musique. Je me rappelle avoir emporté une flasque une fois, pour me mettre du baume au cœur.

Bref, c'est là que j'aimerais que mes cendres soient dispersées, en haut de cette colline. C'est un panorama merveilleux qui s'étend jusqu'à l'horizon, dénué de toute empreinte du monde moderne. Emmenez-moi là – par un beau jour d'été, si possible – et jetez-moi aux quatre vents.

J'aimerais que vous emportiez un pique-nique ; vous pouvez utiliser le panier en osier, il doit traîner quelque part dans l'Affreuse Extension. Prenez votre temps. Parlez-vous. Remémorez-vous les bons moments, mes anges, car ils n'ont pas manqué. Je ressens une profonde tristesse à l'idée que certains événements ont jeté une ombre sur le passé, et j'aimerais que vous essayiez de repenser à ces bons moments passés ensemble, toutes les trois, il y a si longtemps.

Je m'en veux de laisser Lewis à l'écart de cette étape ; il a été mon compagnon de route à Stapeley Hill ces dernières années, après tout, ainsi que son vieil épagneul Betty (qui, je préfère vous prévenir au cas où vous la rencontreriez, souffre de graves flatulences). Alors, si ça ne vous dégoûte pas trop, pourriez-vous lui mettre de côté quelques cuillerées de ma poussière de fée magique ? Vous pouvez stocker ça dans une vieille bouteille de champagne, par exemple. Mais ne le faites que si vous vous en sentez capables. Dans le cas contraire, Lewis comprendra. C'est un homme bon.

Et juste pour info, je serais vraiment contente si vous pouviez jeter un coup d'œil au B le même jour ; tout deviendra clair (ne regardez pas en avance, ce serait de la triche… c'est à toi et ton impatience légendaire que je m'adresse, Poppy !). Quand l'étape A sera accomplie, vous devrez passer une nuit au cottage, alors ne filez pas en douce à l'hôtel ou une entourloupe du genre.

Bien, mieux vaut que je m'arrête là pour l'instant. J'ai les doigts un peu fatigués, et je vais avoir besoin de toute mon énergie si je veux savourer

convenablement cette nouvelle série. Je vais me régaler de cracher en silence sur la médiocrité du jeu d'acteurs, même s'il est phénoménal : il n'y a pas de petit plaisir !
Je vous embrasse de tout mon cœur. Et n'oubliez pas, les filles, je n'ai jamais cessé de vous aimer et je sais que vous m'aimiez aussi. Tout ira bien. Vous devez juste faire confiance à votre vieille mère une dernière fois.

Maman

Chapitre 27

Rose

Il fait une chaleur torride, et j'ai les cuisses en feu. J'ai eu l'imprudence d'opter pour une robe d'été aujourd'hui, ce qui implique que j'aurai sans aucun doute les épaules rouge écrevisse d'ici la fin de notre promenade. Mais ce n'est pas grave : au moins, elles seront coordonnées à mon visage.

Je n'ai pas le moral. Je me sens mal parce que maman voulait qu'on se rappelle les bons moments. En regardant autour de moi tandis que nous montons tranquillement, je m'en souviens, mais ces souvenirs sont distants, intangibles, comme de lointaines scènes de la vie d'une autre.

Nous sommes venues dans la voiture de Poppy, un choix sensé puisque la mienne est en bout de course et garée dans l'allée, après un trajet passé dans un silence glacial. Jusque-là, j'ai l'impression que nous exécutons à la lettre les dernières volontés de maman, mais aucune de nous ne semble déterminée à y mettre du sien pour se réconcilier. Les deux jours au cours desquels Lewis a réglé la question de l'incinération ne nous ont servi qu'à nous replier un peu plus sur nous-mêmes.

Mais bon. Nous y sommes, et nous suivons le plan de maman, et peut-être que, pour l'instant, c'est tout ce qui compte. Poppy porte le panier à pique-nique, qu'elle a rempli, et j'ai la boîte en carton, qui pend sur mon épaule dans l'un de ces sacs « pour la vie », ce qui est assez ironique, si vous songez à son contenu. Joe a été expédié à Londres pour voir son père et, comme toujours, je me suis transformée en gros grumeau morose à la seconde où son train est parti, lui faisant signe de la main avec un sourire factice plaqué sur la figure. J'essaie de ne pas lui montrer combien il va me manquer, mais il n'est pas idiot, et m'envoie systématiquement un texto dans la minute qui suit son départ.

Il sera absent pendant trois semaines, comme chaque été, et j'espère qu'il va en profiter. C'est probablement pour le mieux, tout bien considéré ; cela nous laissera à Poppy et moi le temps de traverser tout ça, sans lui infliger nos casseroles émotionnelles. Il s'amusera bien chez son père, et je sais qu'il a hâte de passer du temps avec ses demi-frères et sœurs. C'est une partie de sa vie dans laquelle je ne serai jamais impliquée, et ces moments à l'extérieur lui font le plus grand bien. Loin de moi, de notre maison, de tout le drame qui se déroule autour de lui.

À présent, nous sommes là, et Poppy gambade loin devant sur ses jambes stupidement longues, révélant ses aptitudes cardiovasculaires. Je vois sa silhouette longiligne bondir vers le cercle de monolithes. Je la trouve un peu trop mince – un peu trop tonique –, mais ce n'est peut-être que de la jalousie.

Elle s'arrête au milieu et m'attend. Je presse le pas, m'efforçant de dissimuler mon essoufflement, et nous nous tenons là, à observer les environs. Certaines pierres sont petites et irrégulières, surgissant de la terre comme de vieilles dents grises. D'autres ont été polies par les milliers de culs qui se sont assis dessus, pour profiter de la vue environnante. La plus grosse – la pierre de la sorcière – est haute et rugueuse, et je me dirige vers elle pour y poser les mains.

Pour le moment, nous sommes les seules personnes ici, bien qu'il s'agisse d'un itinéraire prisé par les promeneurs de chiens. Nous sommes entourées par une magnifique campagne, des collines et des vallées dans d'éblouissantes nuances de vert, se heurtant au bleu vif du ciel. J'entends le chant des alouettes, le bourdonnement de petits insectes, et des vaches qui meuglent au loin. C'est d'une sérénité pure et simple, et je comprends pourquoi les types des anciens temps ont choisi cet endroit pour construire leur cercle de monolithes.

Je ne suis pas du genre *peace and love* et toutes ces conneries, mais ce lieu dégage vraiment une atmosphère unique ; même le contact granitique sous mes doigts me procure une sorte d'apaisement. Je regrette que Joe ne soit pas là et fais le serment de l'amener ici un jour, dans de meilleures circonstances.

Poppy me rejoint et place ses paumes sur la pierre de la sorcière. Ses longs cheveux sont noués en queue-de-cheval, et ça lui donne l'air plus jeune. Nos doigts s'effleurent brièvement, et nous nous écartons toutes les deux dans un petit sursaut, comme sous l'effet d'une décharge électrique. Il suffit de ce contact ténu pour déchaîner au moins quelques-uns des souvenirs que j'ai inconsciemment tenté d'éviter. Ils se déroulent dans mon esprit, toujours irréels, toujours arrimés dans un univers parallèle qui n'existe que dans le passé.

— Est-ce que tu te souviens d'être venue ici ? demandé-je en posant mon visage sur la surface fraîche de la roche. Et de la façon dont maman nous faisait toujours danser autour des pierres, en inventant des chants ? Une histoire de déesse du pique-nique ?

Elle sourit, et je m'aperçois que je ne l'ai pas vue sourire depuis des années. Je crois que ça m'avait manqué.

— Je m'en souviens, en effet. Elle chantait ça comme une comptine, en se dandinant comme une barjot. « Bonne déesse, belle déesse, ne laisse pas notre panier sans richesses… »

Tandis qu'elle chante, j'entends presque la voix de ma mère, essayant de paraître solennelle, avec nous deux gloussant sur ses talons, la queue-de-cheval virevoltant, les pieds enveloppés dans des sandales en caoutchouc, qui étaient à la pointe de la mode enfantine à l'époque.

— « Apporte-nous une pomme, poursuis-je en souriant à cette pensée, apporte-nous une poire, apporte-nous un Mars pour voir… »

— Ensuite, est-ce qu'il n'y avait pas une histoire de bouse de vache ? demande Poppy.

— Plus ou moins. Même si elle était bien trop distinguée pour employer des mots comme ça. Qu'est-ce que c'était ? Un truc comme : « Bonne déesse, déesse pure et claire, abrite-nous du fumier des laitières… »

Poppy éclate de rire, et je ne peux m'empêcher de l'imiter. Je ne le souhaite pas vraiment – il serait bien plus simple de me réfugier sous ma carapace de silence –, mais je le fais. Le son retentit autour des pierres, se mêle au chant des oiseaux et aux bourdonnements, comme s'il avait sa place ici, planant dans l'air voilé de soleil.

— Elle était un peu timbrée en vrai, non ? demande Poppy en s'écartant du mégalithe avant de ramasser le panier.

— Ouais, réponds-je en ôtant à contrecœur mes mains de la pierre de la sorcière. Oui, complètement timbrée. Viens. Il nous reste encore une autre colline à grimper.

Nous reprenons notre ascension, interrompues par d'occasionnels promeneurs et un beagle importun, qui prête un intérêt déplacé à l'entrejambe de Poppy. Nous retombons toutes les deux dans le silence, comme si ce minuscule pas vers l'autre nous avait éreintées. Effrayées, peut-être. En voyant l'expression fermée de Poppy, la manière dont elle se concentre sur le parcours, je devine qu'elle est tendue, emmaillotée dans la même angoisse que moi, la portant comme une armure.

Nous nous frayons un chemin parmi les sentiers, en serpentant entre les buissons et les zones fleuries qui parsèment la bruyère, escaladant des échaliers, traversant des ponts et franchissant des portes, passant d'autres pierres, jusqu'à ce que nous finissions par atteindre le sommet de la colline. La vue, tandis que je marche pour rejoindre Poppy, est spectaculaire, elle s'étend et se déverse autour de nous, un paysage ancien qui semble fossilisé. Je ne vois pas l'ombre d'un pylône électrique.

Je m'en veux de ne pas apprécier davantage le panorama, mais même avec une montée relativement douce comme celle-ci, mon corps se plaint, mes poumons gémissent, et mes jambes sont mises à rude épreuve. Je n'ai pas fait d'exercice physique depuis des lustres, et cela s'ajoute à la liste sans fin des choses qui me contrarient.

J'en ai marre de ne pas être en forme, et je ne parle pas de la forme olympique requise pour courir un marathon ou faire un triathlon, non, juste ce qu'il faut pour une simple promenade. Il y a très peu de relief à Liverpool, et ça ne me coûterait pas grand-chose de faire quelques pas sur la plage près de chez nous, mais je n'en prends même pas la peine ces temps-ci. Je me contente de garer la Ford Fiesta et de regarder les couchers de soleil depuis le siège conducteur.

Quand j'étais enfant, nous arpentions ces collines de haut en bas comme des cabris en jeans rapiécés, en courant juste pour le plaisir, criant dans le vent, gonflées d'énergie. Et quand Joe était petit, je n'étais pas encore trop mauvaise ; si vous ne partez pas en vadrouille avec vos gamins, vous finissez par avoir envie de les tuer. Mais maintenant que Joe se déplace lui-même d'un point A à un point B, et que je prends systématiquement la voiture pour me déplacer, je suis au comble de l'inactivité. Je n'aime pas ça ; ça me donne l'impression d'être faible, vulnérable. En cas d'attaque zombie, je serai la première à mourir.

Je suppose que j'ai peut-être besoin de changer ça. Je ne serai jamais comme Poppy – je n'ai jamais été aussi souple ni agile, même quand nous étions petites –, mais je pourrais carrément devenir une nouvelle version améliorée de moi-même. Peut-être qu'au moment où j'amènerai Joe ici je serai en mesure d'en profiter réellement, plutôt que de respirer en sifflant comme une machine à vapeur vandalisée.

Poppy se tient immobile au sommet, à quelques pas de là, et quand je lève les yeux vers elle, j'aperçois une curieuse expression sur son visage. Je me serais attendue à du mépris, éventuellement du dégoût, mais au lieu de ça, je devine de la compassion. Pour une raison qui m'échappe, ça me met encore plus mal à l'aise, et je pique un sprint pour la rattraper.

Quand je suis arrivée, elle est en train d'ouvrir le panier, probablement pour me laisser reprendre mon souffle. M'accorder un peu de dignité tandis que j'aspire de l'air. Une petite attention dont je ne veux pas être la cible.

Elle sort la couverture en tartan rouge et noir douloureusement familière, la rassemble dans ses poings et la renifle si fort qu'on dirait qu'elle va l'inhaler en entier.

Je ferme les yeux et j'essaie de ne pas pleurer. Je sais ce qu'elle fait ; elle cherche des traces de notre mère, et c'est comme un uppercut en plein cœur. Je lutte contre l'envie de courir vers elle, de lui arracher la couverture boulochée des mains et de faire exactement la même chose.

Elle la jette, l'étend sur l'herbe folle et commence à déballer le pique-nique. Tant pis pour la pomme, la poire et le Mars pour voir ; il y a là quasiment tout le contenu d'une épicerie fine des beaux quartiers. Des tranches de jambon de Parme, du saumon fumé, un morceau de brie, des cerises, des nectarines. Des pains aux céréales, des pâtisseries, un petit bocal de mousse de canard. Juste au moment où je pense qu'elle a fini, elle sort une boîte de Ritz et une barquette de saucisses cocktail. Celles que je préférais quand j'étais enfant.

— Je ne savais pas si tu aimais encore ça…, dit-elle, l'air vaguement embarrassée.

Comme si s'en souvenir l'avait rendue d'une certaine façon moins impressionnante.

— Bien sûr ! réponds-je, en me baissant au niveau du sol. Tu ne te retrouves pas avec cette silhouette sans nourriture réconfortante, Poppy. Et il semblerait que j'ai eu besoin de beaucoup de réconfort ces dernières années.

Elle relève la tête vers moi et se mord la lèvre si fort qu'elle saigne. Comme si elle ravalait en vitesse des mots durs. Comme si mes paroles étaient blessantes, ce qui est peut-être le cas de son point de vue. Pourtant, ce n'était pas une pique. Pas envers elle, du moins. N'ayant pas la force de lui expliquer à quel point je déteste la femme que je suis devenue, je fais diversion en ouvrant la boîte.

Nous nous asseyons et mangeons – l'une plus que l'autre – en sirotant les bouteilles glacées de Buck's Fizz qu'elle a apportées.

Ensuite, rassasiée et très légèrement éméchée, je m'allonge au soleil en le laissant me réchauffer la figure et ferme les yeux en les plissant pour contrer l'éclat aveuglant. Je tente de faire comme si j'étais seule, ou au moins en compagnie de quelqu'un avec qui j'ai envie d'être, comme Joe ou ma mère, et laisse mon esprit vagabonder. Poppy reste assise, les genoux fermement remontés sur la poitrine, enserrée dans l'étreinte de ses propres bras. Elle est tellement tendue qu'elle pourrait exploser à tout moment.

— On est venues ici avec Patch, non, le jour où il est mort ? demande-t-elle, en regardant au loin.

— Ouais, il me semble, réponds-je en repoussant une mouche et espérant qu'aucune guêpe ne viendra se joindre à la fête. Elle a dit que ce serait son dernier tour de piste, et nous l'avons porté sur la fin. Cette pauvre créature était rincée.

— Et puis on a procédé à l'un des fameux enterrements de jardin de maman, n'est-ce pas ?

J'acquiesce, en me demandant pourquoi elle revient sur ce souvenir en particulier. La requête de maman était de nous rappeler les bons moments, et nous sommes là à parler d'un chien mort. C'est peut-être tout ce qu'elle arrive à trouver, et je suppose que, d'une certaine manière, cela fait partie des bons moments. Les enterrements de jardin de maman étaient toujours de véritables événements, et celui de Patch n'a pas fait exception.

— Elle a lu ce poème qu'elle avait écrit, une *Ode aux terriers*, ou quelque chose comme ça, dis-je. Et elle a passé *Jumpin' Jack Flash* des Rolling Stones si fort que toutes les pies ont déguerpi en braillant.

— Mais au lieu de chanter « Jumpin' Jack Flash » dans le refrain, on a toutes chanté « Jumpin' Jack Russell »... Ouais. Bon. Elle était un peu barjot, c'est de notoriété publique... On le fait, alors ?

— Quoi ? demandé-je.

Je me sens si essorée physiquement qu'en vérité je commence à me détendre un peu : la marche, le soleil, la nourriture et le manque d'oxygène ont eu raison d'une partie de ma nervosité. L'espace d'une seconde, je m'étais simplement sentie au chaud et satisfaite, allongée au soleil, me perdant dans l'instant.

— Cette histoire de cendres, répond Poppy en se tournant pour m'adresser un regard qui me donne l'impression d'être aussi utile que de la noix en saumure.

Comme si j'avais oublié pourquoi nous sommes ici. En me rappelant à l'ordre, elle me donne l'impression d'être la dernière des attardées. C'est d'ailleurs pour cette raison qu'elle a préparé le pique-nique, conduit la voiture et géré toute l'affaire. Son expression me prive aussitôt de toute satisfaction, de toute détente, et remet mes terminaisons nerveuses en haute alerte. J'aimerais bien lui coller mon poing dans la figure, mais ça ne serait pas conforme à l'esprit de *La Vie de A à Z*. Je ne peux pas me vautrer sur le A, c'est simplement impossible. Il faut que je tienne bon au moins jusqu'à M pour Meurtre si j'ai envie de la tuer.

Je me relève, ce qui prend un bon moment, et hoche la tête. Je sors précautionneusement la boîte et essaie de dissimuler mon dégoût. Ceci, comme ma mère le dit dans cette lettre, ce n'est pas elle ; c'est juste ce qui reste de son corps. Ce n'est pas le plus important la concernant, et je ne dois pas m'autoriser à m'effondrer à ce stade. Je ne peux toutefois empêcher mes yeux de s'embuer quand j'ouvre cette horreur. Je regarde ma sœur et vois qu'elle pleure aussi. Elle hoche une fois la tête, assimilant ce qui est en train de se produire, sans même essayer de cacher ses larmes, et prend la boîte de mes mains qui tremblent à présent.

C'est ce que nous sommes venues faire ici, en partie du moins, et pourtant je ne m'y sens toujours pas prête. Je ne suis pas prête à l'abandonner, la jeter, m'en débarrasser. À admettre qu'elle est partie.

—Allons, dit fermement Poppy. On peut le faire. C'est ce qu'elle voulait. Nous ne pouvons pas la ramener à la maison et la conserver dans une urne sur la cheminée, ce n'est pas ce qu'elle a demandé. Nous sommes ici, c'est une belle journée, et il n'y aura jamais de bon moment pour faire ça, alors autant en finir. On va le faire, et on en gardera pour Lewis, et ensuite on passera au B.

— C'est quoi, B ? demandé-je, sans vraiment m'en soucier à cet instant, mais cherchant à reporter l'inévitable. Est-ce que tu as regardé ?

— C'est une recette, bizarrement. Et une carte. On la lira convenablement ce soir. Prête ?

Elle se précipite vers moi, et je panique brièvement – peut-être qu'elle a aussi envie de me donner un coup de poing –, avant de me rendre compte qu'elle chassait juste une guêpe. Elle a toujours été bonne à ça ; une guerrière intrépide dans ma bataille contre les dards.

— Non, réponds-je honnêtement. Mais je ne pense pas l'être un jour. Alors faisons-le, c'est tout.

Poppy acquiesce, ouvre la boîte et commence à tournoyer, jetant avec énergie les cendres dans toutes les directions, les dispersant dans des gestes vifs vers le ciel en tourbillonnant. Je suis soulagée qu'il y ait seulement une douce brise, la poussière part en petits nuages virevoltants, durant ce qui me semble une éternité. Je n'en reviens pas qu'il y ait une telle quantité de cendres, pour une femme si minuscule.

— Bonne déesse, belle déesse, chante Poppy sans cesser de tournoyer, nous confions notre mère à ta gentillesse… Bonne déesse, déesse sans tache, préserve-la de cette bouse de vache…

Ah, Poppy ! Elle a toujours eu le sens de la formule. Une façon de s'exprimer bien à elle.

Ce qui est l'une des choses qui m'ont toujours troublée quand je repense à la suite des événements. La communication, c'était son truc. Elle était brillante dans ce domaine. Et pourtant, il se trouve qu'à l'approche du Nouvel An qui a mis un terme à notre relation elle a cessé de parler. Au lieu de ça, ses actions ont entièrement parlé pour elle, et personne n'a aimé ce qu'elles avaient à dire.

Chapitre 28

Rose : Disco 2000, Lake District

Je suis un peu soûle, et le mot est faible. Mais au moins, je ne suis pas la seule, la maison entière est pleine de reines de la piste, de divas du disco et de couples qui s'emballent. C'est une fête fantastique, absolument fantastique. Gareth a loué cette grande demeure ancienne dans les collines au-dessus du lac Windermere, totalement isolée, afin que nous passions tous ce réveillon avec style. La musique a été incroyable toute la soirée, et nous avons célébré le nouveau millénaire avec la chanson idéale : *Disco 2000* de Pulp. C'était tellement chouette de retrouver mes vieux amis ; à mesure qu'ils arrivaient, je me suis aperçue que je n'avais pas vu certains d'entre eux depuis bien trop longtemps. Plus Poppy, évidemment. C'était un tel soulagement qu'elle ait accepté de venir. Je ne l'ai pas beaucoup vue cette année, et une part infime de mon cerveau culpabilise à ce sujet. Je commençais à me demander si j'étais devenue ce genre de fille ; vous savez, la nana qui largue tout le monde une fois qu'elle a rencontré un mec cool. Dès que cette zone de mon cerveau se met à m'embêter, je la sermonne. Je lui dis que j'ai fait tous les efforts pour rapprocher Gareth et ma sœur, pour fusionner les deux moitiés de ma vie. OK, bon, il y a eu cette fois où j'ai oublié son anniversaire… C'était nul, impossible d'y échapper. Mais ça fait presque un an maintenant, et il s'est passé tant de choses depuis. Un nouvel appartement. Un nouveau chat. Un nouveau tout, en vérité. Principalement, un nouveau moi parce que je n'ai jamais, jamais ressenti cela avant. Je suis amoureuse, éperdument, et c'est parfois difficile de voir plus loin que ça. C'est comme ce lac en bas, au-delà de la terrasse où je suis assise pour me rafraîchir, inspirant l'air glacial de la nuit en embrassant le panorama. Il domine chaque part du paysage environnant; il est partout où vous regardez. C'est un peu pareil avec Gareth. Il est mon lac Windermere. Il domine tout, mais de manière moins flippante que ça laisserait penser. De manière harmonieuse, comme le lac. Surtout maintenant que Poppy est là, et que tout me semble mieux.

Le lac – le vrai, pas Gareth – est beau, et j'apprécie de le contempler depuis mon perchoir sur la terrasse où sont parsemées des tables. Il est sombre, mystérieux et luisant au clair de lune, entouré de collines enneigées et de forêts silencieuses. Enfin, silencieuses à l'exception de la musique retentissante qui se déverse de la maison. Le DJ est passé à des airs house qui cognent, ceux avec les parties chantées au milieu. Personnellement, j'ai préféré le quart d'heure pop anglaise, à danser avec Poppy sur les Stone Roses, faire des mouvements sur *I Am The Resurrection* et pogoter sur ce morceau de Blur à propos des filles qui sont des garçons qui aiment les garçons qui sont des filles. À dire vrai, c'est la seule fois de la soirée où Poppy s'est levée pour danser. Parce que si elle est au moins venue, elle semble légèrement distraite. Pas comme d'habitude. Comme si elle était là de corps, mais pas d'esprit. C'est probablement juste Poppy qui reste Poppy : un peu artiste et torturée, et ne s'intégrant pas vraiment dans une fête remplie de banquiers et de scientifiques. Mais je soupçonne que c'est en partie parce qu'elle voulait plutôt que je rentre à la maison pour le Nouvel An. Elle avait essayé de me persuader qu'une soirée au *Farmer's* serait réellement plus marrante que ça. Tu parles !

De toute façon, même si j'avais été tentée, Gareth avait déjà réservé cet endroit. Il avait trouvé le DJ, géré le service traiteur, commandé les boissons. Je n'avais pas eu à lever le petit doigt ; il avait pris le contrôle et tout organisé. Il avait même essayé de se charger de la liste des invités, mais je suis intervenue à ce stade, car même moi, j'étais incapable d'affronter une soirée avec uniquement des banquiers. Il n'avait pas inclus mes amis sur la liste initiale, mais, bon, c'était assez logique, il n'en connaissait quasiment pas. Et il n'avait émis absolument aucune objection quand j'en ai ajouté quelques-uns. Il était allé jusqu'à suggérer que nous invitions maman, mais elle avait eu la sagesse de décliner. « Merci infiniment, chérie, avait-elle dit au téléphone, mais vous devez m'excuser pour cette fois-ci. J'ai un rendez-vous torride avec une carafe de gin et un Jilly Cooper. Quel dommage que Rupert Campbell-Black ne boive pas au *Farmer's*, tu ne trouves pas ? »

Il est presque 3 heures du matin à présent, et la fête bat encore son plein, sous cette forme brute et épurée qu'ont les meilleures soirées. Il y a moins de monde sur la piste, mais ceux qui restent donnent tout ce qu'ils ont, et la cuisine est bourrée de personnes qui discutent, flirtent et éteignent leurs mégots dans des verres de vin à moitié pleins. C'est le moment de la fête où les gens vont commencer à se mettre en couple, ou vomir, ou faire leur montée sous l'effet des drogues qu'ils ont peut-être consommées. Ça ne m'inclut pas ; ça m'arrive de tirer sur un joint à l'occasion, mais le reste n'est simplement pas mon truc. Je me cantonne à l'alcool, parce que je sais exactement où j'en suis avec ça. Mais les autres ? Eh bien, il faudrait que je sois aveugle pour ne pas m'apercevoir qu'au moins quelques médicaments récréatifs traînent par là. Les scientifiques et les banquiers nouent des liens autour de cachets blancs et de petits emballages en alu. Je soupçonne même, bien que je n'en sois pas certaine, que Gareth en a fourni une partie, considérant cela comme l'un de ses devoirs en tant qu'hôte de la soirée. Cependant, il n'y a aucun mal à ça, je suppose. Les invités sont tous des adultes consentants ; ce n'est pas comme si l'on corrompait qui que ce soit. Même ma petite sœur n'est plus une enfant désormais, bien qu'elle se comporte parfois comme telle.

Je commence à me demander où est Poppy. Après avoir dansé, elle a disparu pour aller chercher plus d'alcool, et la dernière fois que je l'ai vue, elle sortait de la cuisine avec une pinte de Baileys et une tranche de pizza, le regard vide, légèrement chancelante sur ses longues jambes. Comme Bambi après avoir fait la tournée des bars avec Panpan. Je décide d'aller la chercher. J'ai déjà bu assez de champagne, et je commence à avoir froid, et maintenant que j'y songe, je m'inquiète un peu pour Pops. Même si cette adulte présumée vient juste d'obtenir un stage en marketing dans une grande maison d'édition, elle paraît un peu vulnérable en ce moment. Elle a peut-être des sorties brillamment féroces, et semble être une dure à cuire, elle n'en reste pas moins ma petite sœur. Je devrais la rejoindre et lui dire que je l'aime. C'est le Nouvel An après tout, on a bien le droit d'être sentimental.

Je retourne à l'intérieur et ris en voyant un groupe de gens qui dansent le limbo sur un remix de *I Will Survive*. Je jette un regard dans la cuisine et le second salon. Je tombe sur un bon nombre de scènes amusantes – et certaines un peu troublantes, car les gens s'orientent clairement vers un état d'esprit amoureux –, mais pas de Poppy. Je bavarde avec des invités sur mon chemin, m'entendant dire à plusieurs reprises combien cette fête est géniale, et me dirige vers l'escalier de bois en colimaçon. La maison est vieille, et magnifique, mais légèrement passée : les tapis un peu effilochés, les peintures à l'huile un peu crasseuses, les chandeliers un peu poussiéreux. Ces lieux ont connu de meilleurs jours, et nécessitent des soins attentionnés, c'est sans doute pour cette raison que Gareth a pu persuader la société de location de la louer à une bande de fêtards de vingt ans et quelques pour la nouvelle année.

Je monte les marches précautionneusement, en me cramponnant à la rampe dont le bois n'est pas ciré. Cette fois, c'est officiel : j'ai trop bu. Il y a un paquet de chambres là-haut ; cette construction date d'une époque où les gens avaient des familles nombreuses et beaucoup de domestiques à leur service, et je commence à les inspecter une par une, en frappant poliment avant de regarder à l'intérieur. Dieu me garde de me brûler les rétines avec la moindre nudité frontale.

Certaines chambres sont occupées, d'autres ne contiennent que des sacs à dos ou à costumes, et des trousses de maquillage abandonnées, portant encore les signes de gens qui se sont préparés à faire la fête. La suite parentale que je partage avec Gareth est remplie de nos vêtements et affaires éparpillés par terre, le lit n'est toujours pas fait. Je souris en voyant le vase garni de roses sur la commode, il me les a offertes plus tôt dans la journée, une cascade de rouge et de blanc parfumée. Ravissant.

Je flâne dans le couloir jusqu'à la chambre de Poppy. Elle y est probablement, toute seule, en train de lire un roman d'Ernest Hemingway et de souligner des passages au stylo rouge. Les vieilles habitudes ont la vie dure. Je frappe, tout doucement, ne souhaitant pas la réveiller si elle a réussi à s'endormir, malgré le tapage qui règne au rez-de-chaussée. Je pousse la porte, et la lumière du couloir se répand dans la pièce obscurcie.

Elle se répand tout droit sur deux corps. L'un est féminin, adossé contre un mur, la jupe retroussée jusqu'à la taille, les jambes enroulées autour d'un homme, les doigts entortillés dans ses cheveux. Celui-ci ondule du bassin, en grognant et gémissant, la tête plaquée entre les seins de sa partenaire par des mains avides. Mon premier réflexe est de m'excuser et de partir en courant, mais je plisse les yeux pour y voir plus clair. C'est alors que le monde entier s'effondre. Les bruits de la fête se dissipent, les clameurs des invités s'évanouissent complètement, et l'alcool qui pétille dans mes veines se transforme en glace.

Tout change à cet instant précis. Mon univers bascule. Parce que l'homme, c'est Gareth, et la femme, c'est Poppy.

Chapitre 29

Andrea : B pour Bœuf Wellington… et aussi pour Bâtards

Mes chéries,

Comment ça s'est passé aujourd'hui ? J'espère qu'il n'y avait pas trop de vent, et que vous n'avez pas ramassé la moitié de mes cendres dans la figure, même si la scène est assez amusante à imaginer.
Au fait, est-ce que vous aimez la carte ? Elle vient de ce nécessaire que Joe m'a acheté pour Noël, avec de belles images de mammifères britanniques. J'aime particulièrement ce hérisson. Il est plutôt élégant, vous ne trouvez pas ? Je vais l'appeler Henry.
Bref, pas beaucoup de place là-dessus, et je suis sur le point d'aller me coucher pour la nuit, je vais donc faire court. Ce soir, mes anges, j'aimerais que vous mangiez un repas ensemble. Je vous ai laissé une merveilleuse recette de bœuf Wellington, et ma fée Clochette, Lewis, aura mis tout ce dont vous avez

besoin dans le frigo. J'ai opté pour de la pâte toute prête ; je me doute qu'aucune de vous n'est d'humeur à pétrir à cet instant.

Aucune idée de ce que ça va donner – Rose, tu ne sembles plus beaucoup cuisiner, et Poppy, tu sembles à peine te nourrir –, mais ça ne coûte rien d'essayer. Concoctez un somptueux repas, et dégustez-le dans le salon, arrosé de bulles, et profitez-en pour parler. Il y a un sujet que vous devez à tout prix évoquer, ce sont les bâtards. Nous en avons toutes connu, mes chéries, même moi. J'ai eu une aventure torride avec mon ancien agent alors que j'étais à peine sortie de l'adolescence, et j'ai fini par découvrir que non seulement il était marié, mais aussi qu'il baisait la moitié de ses clientes ! Un authentique bâtard, mais il m'a obtenu quelques-uns de mes meilleurs rôles, alors je lui ai pardonné.

Cependant, certains bâtards ne sont pas faciles à oublier. Certains laissent leur marque sur ceux qui les côtoient. Certains détruisent simplement tout ce qu'ils croisent de bon sur leur route… et ce sont souvent ceux qui ont la plus belle gueule, la conversation la plus spirituelle, le plus de charme. Ils paraissent débordants de force et d'énergie, mais s'avèrent secrètement vides et tentent de se remplir en pompant la vie des gens autour d'eux. Et en particulier des femmes qui sont tombées sous leur charme.

Je pense que nous savons toutes de qui je parle, et il est temps de crever l'abcès. Alors mangez, buvez, et pas de langue de bois. Et souvenez-vous, les filles, les bâtards n'ont d'emprise sur nous que si nous le leur permettons.

Et pendant que j'y suis, sautez jusqu'à la lettre C dès maintenant ; ça tient sur une ligne dans l'index ultra-efficace que Lewis aura élaboré, et je pense que ça convient magnifiquement à votre dîner.

Bon appétit![1]
Maman

1. En français dans le texte

Chapitre 30

Poppy

— On dirait qu'elle a piqué ça dans un magazine, fait remarquer Rose en agitant en l'air la fiche de recette plastifiée comme un carton jaune d'arbitre. C'est Gordon Ramsay.

— Est-ce que ça signifie que je peux jurer dans la cuisine ? dis-je tandis que je me débats avec cette maudite pâte en tentant de l'enrouler autour du bœuf.

C'est la pâte feuilletée qui a le dessus. Je déteste cuisiner. J'ai toujours détesté ça. Je n'ai jamais aidé à la maison quand j'étais jeune, et je faisais partie de ces étudiantes qui ont survécu avec des crumpets, du café et des clopes pendant trois ans. Aujourd'hui, mes courses se résument à ce que me propose le comptoir du traiteur. En général, je sors simplement de *Sainsbury's* avec une bouteille de gin et un paquet de crevettes.

J'abandonne l'idée de rendre cette pâte un rien présentable et la flanque au frigo. C'est censé refroidir une demi-heure, selon Gordon, mais je crois que ça va me soûler d'attendre aussi longtemps. Rose a préparé des pommes de terre nouvelles et des haricots d'Espagne en accompagnement, et nous avons pris soin de nous éviter dans la cuisine pas particulièrement spacieuse du cottage, en nous appliquant à ne pas entrer en collision ni établir le moindre contact physique. La journée a été éprouvante, et j'ai le sentiment que nous avons toutes les deux besoin d'un câlin, mais nous sommes très loin du stade où nous pouvons nous permettre ce genre d'effusions. Pour l'instant, la seule chose que nous sommes capables de partager, c'est un silence civilisé.

Nous sommes rentrées au cottage tard dans l'après-midi. Rose avait eu beaucoup de mal à encaisser la cérémonie des cendres, et je voyais qu'elle s'échinait à ne pas craquer sur le trajet du retour. Elle était plongée dans ses pensées, et revenait peut-être sur des événements dont j'ai eu profondément honte. Je l'ai laissée à ses réflexions ; il n'y avait rien que je puisse dire qui la réconforterait, d'autant que je croulais sous ma propre tristesse. J'ai mis l'air conditionné en route, allumé la radio, et nous ai simplement ramenées à la maison.

Il était évident que Lewis était passé par là. Le frigo était rempli d'ingrédients frais, impeccablement alignés. Filet de bœuf, champignons, herbes aromatiques, beurre, huile, rouleaux de pâte feuilletée, trois bouteilles de très bon Bollinger. Il avait drôlement bien fait son boulot. Un bref passage pendant que nous étions à Stapeley Hill, tel un ninja charpenté comme un gros ours. Le frigo n'est pas le seul indice de sa visite ; il a également tondu la pelouse et ravitaillé la mangeoire pour oiseaux. Je vois qu'il y a deux minuscules mésanges bleues à présent, l'une se baignant dans l'eau et l'autre picorant le fil à graines.

Nous avons chacune pris une douche, en la minutant soigneusement afin que nous soyons à l'étage une seule à la fois, puis nous avons lu la carte de maman et commencé à cuisiner. Aucune de nous n'a émis de commentaire sur le contenu de la carte, excepté le constat que Henry le Hérisson est effectivement très élégant, parce que aucune de nous ne veut avoir cette conversation. À dire vrai, nous n'en avons tellement pas envie que nous avons traîné des siècles dans la cuisine. En partie parce que nous sommes toutes les deux des cuisinières incompétentes, semble-t-il, mais aussi parce que, tant que nous cuisinons, nous ne sommes pas dans le beau salon. Et si nous n'y sommes pas, alors nous ne devons pas évoquer les bâtards. Et si nous ne devons pas les évoquer, nous pouvons ignorer le fait que feu notre mère chérie, dans sa grande sagesse, souhaite que nous discutions de Gareth.

Personnellement, je préférerais me crever les yeux avec un hérisson très élégant plutôt que de parler de Gareth, et je suis sûre que Rose ressent la même chose. Après avoir lu la carte, c'était comme si nous avions juste décidé de l'oublier pour le moment. En parfait accord, pour une fois.

C'est aussi très étrange d'être simplement de retour au cottage ensemble. Maman a réorganisé les placards de la cuisine, les casseroles et les poêles sont donc à des endroits inattendus, et elle a remplacé toute sa vaisselle en porcelaine. Je ne sais pas pourquoi ça me surprend ; il me semblait à tort que tout s'était figé dans le temps. Certaines pièces – ma chambre, celle de Rose, et le salon – sont à peu près comme nous les avons laissées. Pas laissées à l'abandon dans le genre Miss Havisham – elles ont été nettoyées –, mais l'agencement et le contenu n'ont pas changé. Dans d'autres lieux, il y a eu de subtiles modifications. L'évolution naturelle d'un espace où l'on a bien vécu ; de nouveaux luminaires ici et là ; une nuance de peinture différente dans le couloir ; la télé à écran plat.

Tout cela est très perturbant, et j'ai besoin de solitude. Je vis seule, et côtoyer d'autres gens trop longtemps m'expose à une poussée d'urticaire. Je laisse Rose achever de préparer le repas et me retire un moment dans ma chambre, avec un bon verre de C :

> *C pour Champagne ; buvez-en aussi souvent que vous le pouvez, faites pétiller la vie un peu plus.*

Quand je redescends, en ayant passé une demi-heure agitée à envoyer des mails professionnels et à fouiller dans mes vieux livres, Rose a mis la table dans le beau salon, et le dîner est prêt.

Le beau salon est probablement appelé une salle à manger en langage d'agent immobilier. Pour nous, cependant, il a juste toujours été le beau salon ; l'endroit où maman exposait certains de ses objets les plus précieux, parmi lesquels la boîte à tabac que j'ai dérobée. C'est une vaste pièce, avec des murs peints dans un rouge profond, un plafond bas aux poutres apparentes, dominée par une ancienne table massive en chêne ornée d'un candélabre en argent.

Je m'assois et regarde la nourriture dans mon assiette. Il y en a une telle quantité, je sais que je n'irai pas au bout, même si ça sent délicieusement bon. Rose ne se montre pas aussi hésitante et dévore avec enthousiasme. Je sais qu'elle complexe en ce moment, à cause de son poids, mais en vérité j'envie son appétit. C'est peut-être pourquoi je décide, alors même qu'elle harponne une petite patate nappée de beurre, d'entamer enfin la conversation que notre mère nous a demandé d'avoir.

— Bon, dis-je après une gorgée fortifiante de champagne, est-ce qu'on lance la discussion « Y a-t-il un bâtard dans la salle ? » ?

Rose s'étouffe sur sa bouchée, et je me demande après quelques instants, tandis qu'elle crache et tousse, si je vais devoir bondir de l'autre côté de la table pour pratiquer la manœuvre de Heimlich. Non pas que je sache vraiment comment procéder, à part ce que j'ai retenu en regardant *Casualty*.

— Hum… Est-ce qu'on est obligées ? demande-t-elle quand elle s'est enfin remise.

— Eh bien, non. Mais c'est pour ça que nous sommes là. Tout ça était destiné à créer une ambiance, non ? Pas juste pour que nous puissions nous empiffrer.

Je sens un flot de culpabilité me submerger en la voyant rougir et reposer ses couverts. Elle a pris ça pour elle, et je comprends pourquoi. La distance qui nous sépare est comme un champ de mines, et je viens d'en déclencher une sacrée par accident. Toutefois, il est trop tard pour retirer mes paroles, et me répandre en explications ne fera qu'empirer la situation.

— Exact, dit-elle en avalant d'un coup la moitié de son verre de champagne. Bien. Qu'est-ce que tu veux savoir ?

— Tout, à vrai dire. Vous vous êtes mariés quelques mois après ce fameux réveillon de l'an 2000, et peu de temps après, tu étais enceinte. Ce qui m'a toujours paru curieux, c'est que ce que j'ai fait m'a valu d'être jetée aux oubliettes pour le restant de mes jours, alors que ce qu'il a fait lui a valu d'obtenir ta main. Je n'ai jamais très bien saisi pourquoi il a eu droit à une seconde chance, et pas moi.

Je n'avais pas prévu de prononcer ces mots, mais ça s'est juste mis à couler en quelque sorte, d'une voix très calme, alors qu'une tempête se déchaîne en moi. J'ai tellement souffert. J'ai compris qu'elle ne veuille plus jamais me voir ; si j'avais pu me bannir moi-même, je l'aurais fait ; je le méritais. Mais elle a poursuivi sa vie avec lui, et la blessure s'est aggravée, elle est devenue irréversible. Elle l'a choisi, lui, plutôt que moi ; une façon un peu puérile de voir les choses, je sais, mais dont je n'ai jamais pu vraiment me détacher. Depuis le jour où elle a rencontré Gareth, en vérité, j'ai eu cette impression qu'elle le préférait à moi. Cela explique en partie pourquoi ce qui devait arriver arriva.

Rose regarde dans le vide, la lumière des bougies vacillant sur son visage et faisant briller ses jolis yeux, tandis qu'elle essaie de trouver une réponse. Elle risque de se montrer d'une honnêteté brutale, et je ne suis pas certaine d'être prête pour ça.

— Je suppose, finit-elle par dire en tapotant la nappe de ses ongles rongés, que j'étais, comme dit maman, sous son emprise. Je suis beaucoup plus lucide à présent, mais à l'époque, j'étais aveugle. Tout ce que je voyais, c'était lui : cet homme beau, charmant, qui avait réussi, et me donnait le sentiment d'être unique. Je n'en revenais pas d'être l'heureuse élue, alors qu'il avait toutes les femmes à ses pieds. Tout chez lui était… magnétique. Son énergie, son style, sa façon de s'exprimer ; comme si le monde lui appartenait, et qu'il m'avait choisie, moi, pour le partager avec lui. C'était la première fois que j'étais amoureuse, et ça me faisait l'effet d'une drogue. Je n'étais jamais rassasiée de lui. Chaque minute passée loin de lui me semblait gâchée.

— Est-ce que c'est pour ça que tu as largué tous tes amis, et moi, parce que tu estimais que nous étions une perte de temps ?

La question est cruelle, et là j'ai un peu l'impression de donner un coup de pied dans la tête d'un chiot, mais elle n'est pas hors de propos. J'ai besoin de la poser, et surtout j'ai besoin que Rose y réponde.

— Je n'avais pas la sensation de vous larguer sur le moment, réplique-t-elle doucement. Pas du tout. Il y avait quelque chose dans la manière dont il m'influençait qui m'autorisait à rejeter la faute sur tous les autres... Je pensais que j'essayais de te faire une place dans ma nouvelle vie, et que tu ne l'acceptais pas. Et je pense que c'est en partie vrai ; tu étais jalouse, Poppy, tu le sais. Tu étais tellement désœuvrée, et le timing n'aurait pas pu être pire, vraiment. Mais... oui. Il brossait un tableau si parfait de notre avenir, et il ne semblait y avoir de place que pour lui et moi. Il feignait de vouloir vous inclure, toi, maman, et mes amis, mais ce n'était pas le cas, pas réellement. C'est une des autres choses que j'ai seulement réalisées depuis : que ça a commencé tôt, cette façon qu'il avait d'essayer de tout contrôler. Il m'achetait des vêtements que je n'aimais pas vraiment, qui n'étaient pas moi, mais il me disait combien j'étais belle dedans, et ça réglait le problème. Il organisait des sorties le soir avec ses amis, mais jamais les miens. Il me répétait que mon travail au labo était un peu une perte de temps ; que c'était indigne de moi... que je pouvais faire mieux. Je suppose qu'il me disait ce que j'avais envie d'entendre, alors j'allais dans son sens.

Elle marque une pause, nous buvons toutes les deux, et je mange lentement un haricot d'Espagne. À dire vrai, j'ai envie de lui hurler à la figure parce que ça lui a peut-être pris des années pour comprendre, mais j'ai pu déceler tout ça chez Gareth dès le début. Je l'ai haï avec passion, et oui, elle a raison, j'étais jalouse. Mais je m'inquiétais aussi qu'il finisse par la dévorer, bouchée après bouchée. Je m'y suis prise comme un manche, mais j'avais voulu la protéger.

— OK, dis-je, quand sa pause semble avoir des chances de s'étirer dans un silence larmoyant. Je comprends tout ça. Et il y a des choses que j'aimerais dire, là, et dont je vais m'abstenir, parce que ça risque de nous faire exploser toutes les deux. Mais après ? Après… le truc qui s'est produit. Pourquoi est-ce que tu ne t'es pas rendu compte qu'il était le pire bâtard du monde ?

— Le truc qui s'est produit ? me renvoie-t-elle, amèrement, en pointant sa fourchette vers moi comme si elle visait en plein cœur. Tu parles du moment où tu as eu des rapports sexuels avec mon petit ami, Poppy ?

Si elle essaie de me blesser avec ça, elle va rater son coup. Je me suis sentie tellement mal, durant tant d'années, qu'elle ne peut plus rien me faire. Cet unique acte – cet acte navrant, moite, dégoûtant et sous l'effet de la drogue – a consumé ma vie entière. Je n'ai jamais rien regretté plus que ça, et j'y inclus le fait d'avoir brisé le cœur de ma mère. J'ai répété des millions de fois que j'étais désolée ; passé des mois à lui écrire des lettres et à essayer de lui parler, à la supplier de me pardonner, mais je me suis toujours heurtée à un silence glacial. C'était comme si j'avais simplement cessé d'exister, pendant qu'ils continuaient à jouer aux familles heureuses.

— Oui. Ça… Au cas où on aurait oublié, réponds-je. Je ne l'ai pas fait toute seule, tu sais.

Elle repose brusquement sa fourchette, et de la sauce gicle sur la nappe. Malgré sa colère, elle est au bord des larmes, et je suis sûre que c'est l'idée de maman rôdant sous forme d'esprit qui l'empêche de se lever et de sortir. Je la vois quasiment compter jusqu'à dix et respirer profondément tandis qu'elle tente de se calmer. Je suis assise en face, et je sirote du champagne, l'air sans aucun doute aussi calme qu'un concombre, même si ce n'est pas comme ça que je me sens. Je ne peux pas lui en vouloir de me détester.

— J'ai été blessée, finit-elle par dire, sans croiser mon regard. Dévastée à un point que tu n'imagines pas. Mais quand la poussière est retombée, quand tu t'es réfugiée en courant chez maman la queue entre les jambes, il était toujours là. Nous avions toujours un appartement ensemble. Un putain de chat, pour l'amour du ciel ! Tu l'ignorais, mais il m'avait aussi persuadée de donner ma démission au labo juste avant le Nouvel An, alors je n'avais même pas de boulot. Ma vie entière dépendait de la sienne… et il a rampé. Seigneur, qu'est-ce qu'il a rampé ! Il semblait aussi dévasté que moi, même plus, en fait, parce qu'il était seul responsable. Il m'a dit qu'il était désolé, combien il m'aimait, et qu'il avait commis la pire erreur de sa vie. Qu'il était défoncé, que tu avais fait le premier pas, qu'il ne s'était même pas rendu compte de ce qui se passait avant qu'il ne soit trop tard. Qu'il ferait tout pour me reconquérir et se racheter vis-à-vis de moi. Et alors, après des semaines de supplications, il est revenu chez nous avec une bague de fiançailles et m'a demandée en mariage. Je ne mérite peut-être pas la médaille de la féministe de l'année, mais j'ai voulu le croire. J'avais besoin qu'on m'aime, qu'on m'adore, qu'on veille sur moi. J'ai eu envie de lui pardonner et de vivre la vie qui, selon lui, nous attendait ; donc je l'ai fait. Nous nous sommes mariés, nous avons eu Joe. Ça semblait être ce qu'il voulait, à l'époque, mais maintenant, je sais que ce n'était pas le cas. C'était comme… eh bien, comme un jeu pour lui. Il fallait qu'il gagne, à n'importe quel prix, mais une fois qu'il m'avait eue, il n'était pas si certain de vouloir le trophée.

Une partie de moi a arrêté d'écouter dès qu'elle a prononcé cette seule phrase : « Tu avais fait le premier pas. » C'était si loin de la vérité que mon sang bouillonnait, et j'étais furieuse : contre lui pour l'avoir dit, et contre elle pour n'avoir absolument jamais écouté ma version de ce qui était, je l'avoue, une histoire assez sordide. Je me rends compte que je suis en train de poignarder à mort une pomme de terre et m'efforce de me calmer.

— Continue, dis-je. Qu'est-ce qui s'est passé après la naissance de Joe ?

— Eh bien, un tas de choses se sont passées après la naissance de Joe. J'ai fait une mini-dépression ; je ne savais pas du tout comment m'occuper d'un bébé, et j'avais l'impression d'être une ratée. Je ne parvenais pas à l'apaiser quand il pleurait, je n'allaitais pas correctement, j'étais épuisée et déprimée. C'était comme si le monde entier s'attendait à ce que je sois euphorique – j'étais heureuse en mariage, et j'avais cet adorable petit garçon en pleine forme –, mais en vérité, je ne l'étais pas. Je partais en miettes. Et Gareth… eh bien, Gareth est soudain devenu très occupé. Sa carrière a commencé à vraiment décoller, et il était absent tout le temps. Pour assister à des réunions, diriger des empires, baiser des secrétaires… qui sait ? Tout ce que je savais, c'était que ma réalité avait changé au point d'en être méconnaissable ; il rentrait souvent autour de minuit, et j'étais devenue une épave recroquevillée, sanglotante et bredouillante. Ça a duré des mois, et c'était affreux. Il semblait aimer Joe et m'apporter son soutien… mais ce n'était pas réel. Il faisait des choses comme me payer un abonnement à la salle de sport, parce que je n'arrivais pas à déplacer le poids du bébé, mais sans jamais être là pour surveiller Joe et me permettre de profiter de la salle. Il faisait ensuite des remarques désobligeantes sur le fait que les seules livres ayant fondu étaient celles de son compte bancaire. Il avait envie de sexe, mais c'était toujours quand il avait bu après une soirée dehors, ou quand j'étais crevée, c'est-à-dire tout le temps. Et une fois que c'était terminé, il s'écroulait à côté de moi sans un mot, comme s'il avait procédé à une vidange. Maman est venue à quelques occasions, et quand elle se trouvait là, il était parfait ; il jouait au grand prince qui se chargeait de la vaisselle, commandait des plats à emporter pour que je n'aie pas à cuisiner et déclarait qu'il envisageait de me « prendre une aide ménagère », comme si j'étais tellement incompétente que je ne pouvais plus rien gérer de tout ça, et qu'il était l'homme fort qui volait à mon secours durant ma mauvaise passe. C'en est arrivé à un stade où j'avais l'impression de vivre avec un inconnu, et pour être honnête, il éprouvait sûrement la même chose. Tout n'était pas sa faute. J'ai perdu tout intérêt au-delà de la survie ; surmonter les nuits sans sommeil, supporter l'incroyable monotonie de s'occuper d'un bébé exigeant, carburer aux biscuits et au brandy dont je gardais une bouteille en cachette dans la chambre d'enfant. Sincèrement ? J'étais une loque, et plus ma situation empirait, plus la sienne semblait s'améliorer. C'était comme si tout le bonheur du monde lui était exclusivement réservé : des promotions en permanence, des voyages à l'étranger, des récompenses, de nouvelles voitures. C'en est également arrivé au stade où j'étais trop gênée de l'accompagner à des soirées professionnelles, parce que j'avais carrément honte de moi, et il trouvait des moyens de me faire comprendre que lui aussi. Ça a commencé avec de petites piques ; il plaisantait, tout le temps, sur mon poids, ou mes fringues de mère au foyer, ou les journées que je passais en leggings, il me rappelait que mes talents en conversation se réduisaient désormais à « areuh, areuh ! ». Il s'y prenait de façon à donner l'impression que c'était amusant, je ne pouvais donc jamais amorcer une discussion sérieuse là-dessus. En fait, je pensais que je devenais folle, que j'inventais tout ça. Parce que quand nous étions avec d'autres gens, il était le père idéal, le mari idéal ; j'en ai donc conclu que mon imagination me jouait des tours. Même quand je l'ai surpris en train de me regarder avec dégoût pendant que je glandais devant la télé, je me suis dit que j'étais juste parano. Quand il a commencé à m'appeler Boulette de graisse – en prétendant que c'était un surnom affectueux –, je me suis dit que je me montrais trop susceptible. Et quand les rapports sexuels ont empiré, jusqu'à ce que ce soit un truc douloureux, horrible et froid, je me suis dit que c'était ma faute ; que j'étais devenue si peu attirante qu'aucun homme ne désirerait vraiment coucher avec moi, et que j'avais de la chance que Gareth me manifeste encore de l'intérêt. À ce moment-là, je n'avais personne autour de moi pour me dire le contraire. Je n'avais aucun ami ni collègue. Je ne t'avais pas. J'ai raconté à maman que tout allait bien, même si je ne serai jamais certaine qu'elle m'ait crue. Tout mon univers tournait autour de Joe, de Gareth, et de ce que Gareth pensait de moi. Je me voyais uniquement à travers ses yeux, et ses yeux n'aimaient vraiment pas ce qu'ils voyaient, quels que soient mes efforts. Je me rappelle cette soirée, où Joe avait peut-être dix mois, et que j'ai décidé de me bouger. J'ai préparé le dîner et tenté ce truc stupide du déguisement ; je l'ai accueilli à la porte d'entrée habillée comme une bonne française, tu sais, avec un de ces bonnets à froufrous et un tablier ? C'était censé être marrant, pour essayer de remettre un peu de piment dans notre couple. Il s'est contenté de me regarder, comme si j'étais devenue complètement dingue, et m'a dit quelque chose du genre : « Je crois que tu aurais dû commander ça deux ou trois tailles au-dessus, non ? » Rien de ce que je faisais n'était assez bien, et c'était presque un soulagement quand il est parti, pour être honnête. Bien entendu, il a juré qu'il n'y avait personne d'autre, mais j'ai découvert depuis qu'il en était autrement, il y a eu un bon paquet d'autres personnes. Au moment où il a fait ses valises et passé la porte, j'étais une épave. Je l'ai supplié de rester, pratiquement agrippée à ses chevilles tandis qu'il allait chercher ses clés de voiture, avec Joe qui n'arrêtait pas de pleurer en arrière-plan, mais c'était bizarre. Une fois qu'il a disparu –que j'ai cessé de pleurer, de gémir et de me plaindre–, j'ai pris conscience que j'étais soulagée. Que je pouvais être grosse sans que personne me prenne la tête pour ça. Que je pouvais porter de vieux leggings râpés sans que personne le voie. Que je pouvais m'effondrer en paix. Ça a été dur. C'était horrible de me retrouver seule avec un enfant en bas âge, et je me détestais tellement à ce stade que j'étais incapable de faire tout ce que j'étais censée faire, comme me le rappelait maman. M'inscrire dans un groupe mères-bébés, aller aux matinées café dans les salles paroissiales, ou me faire de nouvelles amies aux événements pour mères célibataires. Elle me répétait sans cesse que je n'étais pas la seule à traverser ça, que je devais aller de l'avant, mais je n'y parvenais pas. Et tu sais, on a surmonté ça ; j'ai survécu, Joe a survécu. Malheureusement, Gareth aussi a survécu, bien que ces temps-ci, il m'envoie juste des mails et des textos narquois insinuant que je suis une mauvaise mère, et j'essaie de ne pas me laisser atteindre. Mais bon… maman avait raison. Je suppose qu'elle a toujours raison : cet homme a aspiré toute la vie que j'avais en moi.

Nous avons oublié notre dîner à ce stade, les flammes des bougies sont basses, et je remarque que nous sommes toutes les deux en larmes. Elle, de façon compréhensible, pour avoir dû revivre tout ça. Moi, pour avoir dû l'entendre. Je veux dire, j'en savais une partie, je n'avais pas vécu dans une bulle. Maman m'avait annoncé leur séparation. Mais le reste – l'emprise, la domination, le dénigrement, la violence psychologique, en somme – je n'en savais rien, et je suppose que maman non plus. Sinon, elle aurait payé un tueur à gages pour faire éliminer Gareth. D'ailleurs, c'est toujours une option, il n'est jamais trop tard pour se venger. J'aime ma sœur. En fait, par moments, je l'ai probablement trop aimée ; j'ai probablement eu besoin de trop l'aimer. Je l'aime si profondément, si férocement, que je n'ai plus jamais été bien depuis qu'elle m'a jetée de sa vie. J'ai toujours su cela – que maman avait raison quand elle nous comparait à des chiens à trois pattes ou des tortues coincées sur le dos –, mais je ne l'ai jamais aussi vivement ressenti que maintenant. Je suis bouleversée d'apprendre le calvaire que Rose a enduré. Je suis furieuse que Gareth lui ait infligé ça, et je m'en veux de l'avoir mise dans une position où elle a dû supporter cette épreuve sans moi, et je regrette qu'il ait fallu attendre la mort de notre mère pour avoir une occasion d'entendre sa version de l'histoire. Tout ce que j'ai appris sur Gareth, toutes mes suspicions de l'époque confirment ma conviction que, tôt ou tard, tout cela se serait produit, avec ou sans moi. J'avais toujours su que c'était un monstre. Je ne suis pas à l'origine de son calvaire, mais je n'ai pas arrangé les choses, et tout s'est accéléré parce que ma sœur s'est retrouvée isolée, et que ces années lui sont passées dessus comme un rouleau compresseur, en la laissant comme un personnage de dessin animé, aplatie par terre. Et elle a affronté ça toute seule ; si j'avais encore été dans sa vie, j'aurais été là, à ses côtés, pour prendre sa défense. M'occuper de Joe, donner des coups de pied dans les couilles à Gareth quand il déconnait, la protéger. Au lieu de ça, je l'ai blessée et rendue encore plus vulnérable.

Maintenant, après avoir entendu ses confessions, je n'ai aucune idée de ce que je dois dire. Comment la consoler sans risquer d'être repoussée. Comment présenter une fois de plus mes excuses. Comment lui exprimer mes regrets et lui montrer ce que j'éprouve. Je suis pétrifiée, assise là à la vieille table en chêne dans le beau salon, un verre de Bolly vide et un bœuf Wellington froid qui se fige dans mon assiette.

— Alors, reprend Rose en essuyant rageusement les larmes de sa figure. Est-ce que c'est le moment où tu me balances « je te l'avais bien dit » avec un petit air satisfait ?

— Non, réponds-je rapidement, horrifiée sans être surprise qu'elle s'attende à cette réaction de ma part. C'est le moment où je dis que je suis désolée, une fois de plus, parce que soyons honnêtes, je ne suis pas fière de ce que j'ai fait, j'ai été une vraie bâtarde.

Chapitre 31

Rose

Je me réveille avec les yeux irrités, une migraine terrible, et un verre à champagne à côté de moi sur l'oreiller, posé là comme une rose ivre.

Ma première pensée est : où se trouve le paracétamol ? Et la deuxième : est-ce que nous avons mis le feu au jardin hier soir ? Après ma longue session de confessions alcoolisées avec Poppy, nous avons estimé, dans l'ensemble, que maman avait (encore) raison, et que nos vies avaient besoin de davantage de bulles. Nous avons donc sifflé les trois bouteilles de Bollinger et évité d'aborder des sujets trop sérieux pour le restant de la soirée.

Elle a posé des questions sur Joe, d'abord avec hésitation, comme si j'allais peut-être refuser d'y répondre, mais elle avait trouvé mon point faible. Comme toutes les mères, je ne résiste pas à une occasion de me vanter de mon brillant garçon et de tous ses fabuleux exploits. De temps à autre, pendant que je racontais une histoire sur son interprétation dans la pièce des élèves en fin de CM2, ou sur la manière dont il a sauvé un certain but, ou sur ses talents de guitariste, je me rappelais à qui je parlais et me fermais comme une huître. Ma conversation empreinte de fierté maternelle et regorgeant d'anecdotes d'enfance était ponctuée par des silences guindés et des moments de malaise.

C'est durant l'un d'eux que Poppy a suggéré que nous fabriquions une effigie de Gareth et la brûlions dans le jardin. Maintenant que je suis allongée au lit, les yeux rivés sur ce maudit poster des Boyzone, je me demande pourquoi diable nous avons pensé que ce serait une bonne idée. Mais alors je me souviens d'avoir passé la soirée à fricoter avec un verre de champagne, et tout ça commence à avoir un sens. Nous avions trouvé l'une de mes vieilles poupées dans l'Affreuse Extension et coupé ses belles boucles blondes avec des ciseaux à ongles. Puis nous avons échangé sa robe avec le pantalon d'un vieux Rupert Bear, pour lui donner l'allure d'un homme, même si Poppy a décrété que ça ne faisait pas assez viril, et s'est servie d'un marqueur pour lui dessiner également un pénis géant sur le front. Nous avons ensuite tenu une petite cérémonie dans le jardin, en trempant la poupée dans l'essence que nous avons trouvée dans l'abri à tondeuse avant d'y mettre le feu dans le barbecue. Il y a peut-être eu des chants, de la danse… et indéniablement trop d'alcool tandis que nous regardions son visage en plastique déjà flippant fondre dans les flammes. Tout cela était un peu païen, et j'avais à moitié peur que nous ayons invoqué une espèce de vaudou de femme méprisée ; que j'allais consulter mon téléphone et apprendre que Gareth était mort la nuit précédente dans un curieux incendie de friteuse.

Je roule hors du lit et attrape mon portable dans le tiroir. Non, rien du tout, ce qui me soulage, car si j'ai souvent rêvé que Gareth se fasse liquider, ou qu'au moins il déménage en Australie, en vérité je n'aimerais pas causer sa mort avec mes étranges pouvoirs surnaturels.

Je porte encore mes habits de la veille et me dirige vers le rez-de-chaussée en gémissant. Je suis un peu dans le cirage, et je dois me tenir aux murs en marchant. L'escalier grinçant fait tellement de bruit que j'ai l'impression qu'il est diffusé directement dans ma tête. Je m'attends à voir un carnage en arrivant en bas, mais je suis agréablement surprise de constater que Poppy est déjà debout, qu'elle a rangé le beau salon et fait la vaisselle. Une odeur de toast flotte dans l'air, et j'y réagis comme un chien renifleur expert, en suivant la piste jusqu'à la porte de l'arrière-cuisine. Je me rends compte en sentant la chaleur du soleil sur mon visage qu'il n'est pas aussi tôt que je le pensais. En fait, il est un peu plus de 11 heures. J'ai fait une grasse matinée involontaire.

Je vois Poppy assise sur le banc en bois, une tranche de pain complet et une cafetière pleine à côté d'elle sur la table. Elle a juste grignoté les bords de la tranche, comme si elle risquait d'être empoisonnée. Elle a l'air beaucoup plus fraîche que moi, et lit un livre. Je le reconnais aussitôt : *Harry Potter et le prisonnier d'Azkaban*. Je marque une pause à la porte, pas certaine de la façon dont je dois me comporter. Pas certaine même de ce que je ressens. La soirée d'hier a été éprouvante. Parler de Gareth me vide toujours, raison pour laquelle j'évite de le faire depuis des années. Ça m'épuise parce que c'est traumatisant, et parce que, même après tout ce temps, il a encore le pouvoir de me faire douter de moi ; sauf que, ces jours-ci, ce n'est pas pareil. Ces jours-ci, je me sens mal à cause de ce que je l'ai laissé m'infliger. De ne pas avoir repéré les signes plus tôt. De ne pas avoir regardé en face ce qu'il était avant que tant de dégâts soient commis. Parler de lui est déjà assez difficile, mais parler de lui à Poppy ? La sœur que j'ai éjectée de ma vie il y a si longtemps ? C'est la double peine, dans des proportions massives.

Elle n'a pas réagi de la manière que j'imaginais. Je voyais qu'elle tressautait, je voyais ses larmes couler, je voyais qu'elle mourait d'envie de me tendre la main. De me toucher et de me consoler. Je suis contente qu'elle s'en soit abstenue – ça aurait été trop, trop tôt –, mais peut-être… eh bien, peut-être qu'un jour les choses seront différentes. Pour l'instant, j'opte pour une politesse prudente tandis que je marche pieds nus sur la pelouse pour la rejoindre. Pour l'instant, je vais essayer de continuer d'accomplir ce que notre mère souhaitait, et voir où ça mène. Tout serait tellement plus simple si elle était vraiment là pour jouer le rôle de zone tampon, nous faire rire, nous harceler ; si elle était là en ce glorieux jour ensoleillé, à bavarder, manger des tartines et faire des projets. Elle me manque tant.

Poppy lève les yeux quand j'approche, et je distingue l'ébauche d'un sourire hésitant sur ses lèvres. Comme si elle aussi ignorait comment se comporter ce matin. Elle replie sa page et me propose une tranche de pain.

— Merci, dis-je, prenant une bouchée en m'asseyant à côté d'elle.

Nous restons silencieuses quelques secondes, observant les mésanges bleues sur la mangeoire et admirant la profusion de couleurs d'un jardin anglais en pleine floraison estivale.

— Bon, finis-je par dire, je ne me sens pas super en forme ce matin.

— Mais mieux que cette poupée Tiny Tears, répond-elle du tac au tac en désignant du doigt un amas de plastique fondu et de cendres dans le barbecue.

— Oui. Nous l'avons purement et simplement tuée, non ? Bref, qu'est-ce que maman a prévu pour nous aujourd'hui ? J'espère que ça n'implique pas de grimper en haut des collines ni d'aller en boîte de nuit. J'ai passé l'âge de faire ça.

Poppy acquiesce – peau de vache – avant de répondre :

— C'est D, et tout ce que je sais, c'est qu'il s'agit de photos et d'une vidéo, que nous pouvons télécharger depuis son compte et regarder sur sa télé incroyablement intelligente. Cela dit, elle a un titre accrocheur.

— Ah oui ? demandé-je, sans être sûre de ce à quoi m'attendre. Comment ça s'appelle ?

— « Doutes paternels ». Un classique, semble-t-il.

Chapitre 32

Andrea : D pour Doutes paternels

« Mes chéries, comment se passent vos gueules de bois ce matin ? Je caresse l'idée que vous m'avez prise au mot sur le champagne, au moins. Vous ne seriez pas mes filles si vous laissiez se perdre une seule goutte, et j'espère que vous avez vaillamment relevé le défi. Comme vous pouvez le constater, je suis dans le jardin. Lewis est là, il tient la caméra, et nous venons de prendre un fabuleux petit déjeuner. C'est l'une des premières journées vraiment chaudes de cette année, et je pense que vous serez d'accord sur le fait qu'elle est magnifique. Lewis, fais un panoramique, veux-tu ? Ça veut dire bouge la caméra, grosse nouille ! Voilà – tourne sur toi-même, comme une ballerine qui virevolte au ralenti –, oui, continue, un beau mouvement régulier, afin que nous capturions une vue complète de l'endroit. Bien joué, Lewis, nous ferons de toi un cameraman ! Je crois que les hortensias vont être particulièrement ravissants cette année, les filles. Je ne sais pas quel sort vous réservez au cottage, c'est vraiment à vous de voir. Vos vies sont ailleurs, alors je comprendrais si vous préférez le vendre. Mais si vous le faites, s'il vous plaît, assurez-vous qu'il aille à une personne qui en sera digne. Pas seulement quelqu'un qui a l'argent, mais quelqu'un qui l'aimera autant que je l'ai aimé et prendra soin du jardin pour moi. Quelqu'un qui gardera l'abreuvoir à oiseaux toujours rempli, astiquera les nains et laissera les pierres tombales des animaux en place. Nous avons passé beaucoup de bons moments dans ce jardin quand vous étiez enfants, et j'en ai passé bien d'autres ici depuis. Après *Penny Peabody*, quand les rôles étaient plus qu'espacés, j'ai commencé à apprécier bien davantage le jardinage. J'ai fini par découvrir sur le tard que j'avais la main verte.

Bref. Je dois aller à l'hôpital cet après-midi pour un rendez-vous – ne vous inquiétez pas, Lewis m'y amène – et je soupçonne que cela va devenir de plus en plus fréquent à l'avenir. Je sais que vous serez encore toutes les deux sous le choc de ma disparition, et je ne sais pas du tout si ces petits films familiaux vous aideront à tourner la page ; mais vieille cabotine un jour, vieille cabotine toujours, mes chéries !

Comme vous pouvez le constater, je ne suis pas dans un état trop lamentable. Mon appétit n'a rien d'extraordinaire, et je mentirais en prétendant que la douleur est inexistante, mais je suis toujours là, à la maison, où je compte rester le plus longtemps possible. Mais quand j'aurai besoin de lever le camp et d'accepter les soins et les traitements proposés par le gentil personnel médical, je le ferai. J'ignore quand cela arrivera – tout ceci est tellement incertain, bon sang ! –, mais pour l'instant, je préfère être ici, avec les nains et tous mes joyeux souvenirs, qu'à n'importe quel autre endroit.

Je sais que tout vous paraîtra irréel en regardant ça. Que vous avez peut-être eu une conversation difficile hier soir. Que vous avez peut-être la migraine. Que vous ne croirez toujours pas entièrement que je suis partie. Cela prend un temps fou de faire le deuil d'un être cher. D'abord, la douleur est brute, imprévisible et dévorante, mais vous la contenez et vous luttez, du moins jusqu'à ce que vous ayez accompli le nécessaire, comme les funérailles. Après cela, je crains que ce ne soit une sorte de combustion lente. Vous pensez que vous allez bien, mais à mesure que le temps passe, vous prenez conscience que ce n'est pas le cas. Quelque chose se produira – vous entendrez une histoire amusante dans la file d'attente à la poste, ou une chanson à la radio, ou vous verrez un coucher de soleil particulièrement beau –, et cela déclenchera un souvenir, ou l'envie de prendre votre téléphone pour m'en parler. C'est alors que surgit la vraie douleur, avec un millier de ces microcoupures que provoque le chagrin. Les anniversaires manqués, ou l'achat accidentel d'un cadeau de Noël pour moi, même si je ne suis plus là pour le recevoir. Les piqûres de rappel ne manqueront pas, et elles vous exposeront chaque fois à une grande tristesse.

Je n'ai aucun moyen de vous en protéger, mes anges, à part en faisant ce que je suis en train de faire : tenter de vous réunir, afin qu'au moins vous n'ayez pas à affronter cela seules. Et aussi pour vous assurer que ça s'efface, avec le temps ; vous ne m'oublierez jamais, mais vous finirez par passer des jours entiers, puis des semaines entières sans éclater en sanglots. Vous finirez par tourner la page, et je ne veux pas que vous vous sentiez coupables, ne grattez pas la croûte une fois que la plaie commencera à cicatriser. Autorisez-vous à éprouver la douleur, mais également à la laisser partir.

J'ai l'air incroyablement sage dans mon grand âge, mais seulement parce que j'ai traversé ce que vous vivez en ce moment, en essayant d'accepter la mort de ma propre mère, en me demandant comment une femme comme elle pouvait avoir quitté ce monde, et la vie continuer sans elle.

Vous avoir toutes les deux a été à la fois une bénédiction et une malédiction pour moi ; une malédiction parce que j'avais beaucoup à gérer, et c'est très compliqué de changer des couches pendant qu'on pleure dans le talc. Mais une bénédiction aussi, parce que j'avais des êtres en qui déverser mon amour, et tant à faire que je n'avais plus le temps de penser au reste.

Votre grand-mère ne vous a rencontrées que brièvement, quand vous étiez bébés ; tu étais une petite enfant très joufflue à cette époque, Rose, si adorable, et tu n'avais que quelques mois, Poppy. Je sais que vous avez vu ces photos, dans l'album sur l'étagère, mais je pense en avoir une ancienne, quelque part, de moi quand j'étais bébé, avec mes parents. Je vais en dénicher une de ma mère et vous la laisser ; c'était une dame charmante, bien que très dure en apparence. Elles étaient souvent comme ça, les femmes qui ont grandi durant la Seconde Guerre mondiale. La vie n'avait pas été facile, et elles avaient appris à supporter beaucoup de choses.

Mon père est mort avant votre naissance, quand j'étais encore une adolescente, et cela m'a profondément marquée. C'est sans doute ce qui explique en partie le comportement que j'ai eu plus tard, et ça m'amène aussi à l'affaire qui nous occupe : doutes paternels. Ce n'est pas un sujet aisé à aborder pour moi, même maintenant, en sachant que c'est peut-être ma dernière chance, une partie de moi a envie de se dégonfler. Rien que d'y penser me donne mal au crâne.

Bon, je sais que vous vous êtes toujours posé des questions concernant votre père, et c'était légitime. Je crains de n'avoir jamais très bien géré ça, et d'avoir esquivé vos interrogations ou fait diversion dès que le sujet était évoqué. Ça marchait quand vous étiez petites, et je pense que plus grandes, vous étiez trop gentilles pour insister, au cas où je m'effondrerais comme une *drama queen*. C'était injuste de ma part, et j'en suis désolée, mais tout ce que je peux dire, c'est que j'avais vraiment mes raisons, qui deviendront peut-être claires, ou pas, je vous laisse en juger. Parce que vous avez un choix à faire à présent, les filles, et c'est un choix sur lequel vous devez vous mettre d'accord. Ce sera, si tous mes plans fonctionnent, un peu comme l'un de ces livres dont on est le héros, dans lesquels on peut choisir sa propre fin. Est-ce que vous vous en souvenez ? Vous arriviez à un certain point de l'histoire où on vous demandait ce que vous vouliez faire, quelle route prendre, ou quelle boîte magique ouvrir, et cela vous renvoyait à une partie différente du livre. Je me rappelle que tu en raffolais, Poppy, même si tu trichais toujours, et que tu lisais toutes les fins d'abord.

Alors, voici votre choix ; si vous voulez en savoir plus sur votre père, je vais vous raconter. Vous devez simplement poursuivre notre petit abécédaire, et vous y arriverez à la fin. Pas très loin du P, en vérité. Je suis consciente que ça vous force à prendre votre mal en patience, mais c'est un gros morceau, et je préférerais que vous soyez un peu plus robustes au moment d'y parvenir. Il y a toutes sortes de charmantes aventures prévues avant cela – ne cachez pas votre joie ! –, qui vous permettront, avec un peu de chance, de vous sentir mieux.

Mais vous pouvez aussi choisir de ne pas en savoir plus à son sujet. Je veux dire, vous avez passé toute votre vie sans savoir grand-chose sur votre père, vous allez peut-être vous faire une joie de sauter cette étape et de poursuivre votre chemin normalement. Je le comprendrais, et croyez-moi, choisir de savoir, c'est aussi un tas de complications en perspective. Je ne peux pas prévoir lesquelles, mais je suis persuadée qu'il y en aura.

Donc, si vous décidez de passer votre tour et de balayer les doutes paternels sous le tapis, vous devrez alors complètement sauter les lettres P et Q. Je demanderai à Lewis de remballer celles-ci, de telle sorte que vous ne puissiez rien voir depuis l'extérieur. Je ne sais pas, peut-être trouvera-t-il un chouette bandeau de scène de crime, comme dans les films, ou un de ces autocollants signalant un danger biologique. Il a toujours eu de la suite dans les idées. Si vous ne voulez pas savoir, alors débarrassez-vous des lettres correspondantes. Brûlez-les. Jetez-les dans la mer attachées à une pierre. Tous les coups sont permis.

Dans les deux cas, le choix vous revient. Je suis désolée de ne pas être là en personne pour répondre à toutes vos questions, quoique pas assez désolée, semble-t-il, pour contacter l'une ou l'autre maintenant et dire : "Eh, les filles, que diriez-vous qu'on déjeune ensemble, ce serait l'occasion que je vous révèle tout sur votre père ?" On dirait que je me débine encore, juste un peu... Je vous en prie, pardonnez-moi !

Bon, je vais m'arrêter là pour l'instant ; je suis sûre de vous avoir donné suffisamment à méditer. Après notre visite à l'hôpital, Lewis a promis de me conduire à la Carding Mill Valley, et nous allons essayer de faire cette petite randonnée jusqu'au réservoir. On passera peut-être chez le marchand de glaces sur le chemin du retour, si je me sens d'attaque pour ça. Rien de tel que de savoir votre temps compté pour vous faire apprécier une lichette de sorbet à la framboise, croyez-moi !

Je sais que tout cela est un calvaire pour vous, je vous ai donc prévu un petit plaisir avec E, je vous le promets ; absolument rien de pesant. Ça pourrait même vous faire rire.

Alors, mes chéries, je vous dis au revoir pour l'instant, et s'il vous plaît, rappelez-vous, toujours, combien je vous aime toutes les deux. »

Chapitre 33

Poppy

Nous avons regardé la vidéo avec les rideaux tirés, pour éviter que le soleil ne se reflète sur l'écran, et la pièce est plongée dans l'obscurité. Les rayons qui filtrent autour du tissu diffusent des bandes dorées, tels des projecteurs, remplies de particules de poussière dansantes.

Nous sommes toutes les deux troublées et gardons le silence.

D'abord, nous avons regardé les vieilles photos en noir et blanc qui avaient été laissées dans l'enveloppe « D ». Aucune de nous ne les avait vues auparavant, mais les annotations au dos nous ont indiqué qu'il s'agissait de maman, dans les années 1950. Il n'y en a pas beaucoup – je suppose que les photos étaient plutôt un luxe à l'époque –, et elles sont petites, carrées, et pas très nettes. Elle est habillée en blanc, ses cheveux formant un halo blond et frisottant autour de sa tête, et elle est assise sur les cuisses de sa propre mère, ses genoux potelés dépassant de ce qui semble être une robe faite maison. Ma grand-mère, dont je ne me souviens évidemment pas du tout, a l'air en effet un peu sévère, s'efforçant de sourire, mais semblant mal à l'aise d'être prise en photo. Mon grand-père, un homme grand portant une généreuse couche de Gomina, se tient derrière sa femme, la main sur l'épaule de celle-ci, avec la même semi-grimace sur la figure. Elle n'a pas encore pris cet aspect sépia figé que vous voyez sur les photos vraiment vieilles, mais il est difficile de les imaginer comme des gens ayant réellement existé, les gens qui ont conçu ma mère. Des gens avec qui elle a vécu et ri, qu'elle a aimés et pleurés, tout comme nous la pleurons aujourd'hui.

Cela m'a rendue triste de penser à ça, j'ai donc reporté mon attention sur autre chose en m'occupant de la vidéo. Il a fallu bricoler un peu pour accéder au compte de partage – mot de passe « MesAngesCrasseux999 », ce qui vous pousse à vous demander à qui appartenaient MesAngesCrasseux numéros 1 à 998 –, mais nous avons fini par y arriver, et nous sommes calées au fond de nos sièges pour regarder notre défunte mère faire son apparition sur l'écran plat en glorieux Technicolor. La voir là, perchée sur le banc sur lequel nous venions d'être assises, dans le jardin dont nous venions de profiter, était surnaturel. Comme si nous jetions maintenant un coup d'œil par la fenêtre de la cuisine, et qu'elle pouvait être là, avec une tasse de thé, à contempler les mésanges bleues.

Je n'arrive pas à déterminer si c'est une chance de pouvoir passer encore un peu de temps avec maman, ou si ça rend les choses encore plus difficiles qu'elles ne le sont déjà. Au moment même où cette pensée me traverse l'esprit, je me sens coupable ; Lewis et elle ont déployé des efforts surhumains pour ce projet, alors que la plupart des gens auraient préféré s'apitoyer sur leur sort. Maman essayait de nous aider alors même qu'elle se rapprochait de la mort, et je sais que je fais preuve d'ingratitude. Je dois aller jusqu'au bout de cet abécédaire et accomplir ses dernières volontés.

Mais… bon, c'est dur. Je ne suis pas douée pour gérer mes émotions, c'est pourquoi j'ai rationalisé ma propre vie jusqu'au point de non-existence. Je n'ai aucun ami proche, ni relation sérieuse, ni enfants, ni même d'animaux domestiques. J'ai mon travail, ma vie sociale superficielle et ma mère. Ou je l'avais, du moins. Il y a eu un peu trop de coups, et à un moment, je suppose que j'ai renoncé à me relever pour disputer le round suivant.

Maintenant, voilà que je suis replongée dans le monde extrêmement chaotique de ma famille, et qu'on me demande de prendre des décisions que je préférerais ne pas avoir à prendre. Rose a l'air dans le même état de choc que moi, avachie sur le canapé en tenant une tasse de café qui, je me doute, doit être complètement froid à présent. Ses pauvres chevilles ont l'air gonflées à cause de la chaleur, et ses cheveux donnent l'impression qu'elle a une bête sauvage enroulée sur la tête. Je vois qu'elle se sent affreusement mal. Hier soir, elle était plus ouverte. Plus honnête. Plus ivre, pour être juste. Mais je ne peux pas la soûler éternellement, et ce matin elle s'est un peu retirée dans sa coquille, comme si elle s'inquiétait des répercussions d'une conversation à bâtons rompus avec moi. Ça me fait souffrir, et quand les choses me font souffrir, j'ai tendance à les bloquer et à en faire abstraction jusqu'à ce qu'elles disparaissent. Mais grâce à notre mère, je vais devoir apprendre à faire face à mes émotions, ce qui faisait entièrement partie de son plan astucieux, j'en suis sûre.

— Alors ? dis-je en éteignant la télé avant d'ouvrir les rideaux.

Elle grimace quand la lumière l'atteint, comme si elle était un vampire.

— Qu'est-ce que tu en penses ?

— Que c'est bizarre, répond-elle en quittant le canapé d'un pas traînant pour s'éloigner de la lumière directe du soleil. Tout ce truc. Elle me manque tellement, et je meurs d'envie de lui parler, et quand elle fait ces maudites vidéos, elles sont si réalistes que j'ai l'impression qu'elle est encore parmi nous.

— Je sais, dis-je en m'asseyant dans le fauteuil en face d'elle.

Le fauteuil de maman, au tissu floral élimé.

— C'est bizarre, la manière dont elle fait ça, poursuis-je. Mais pas si surprenant que ça, quand on y pense. Maman a passé toute sa vie à jouer, et ceci est juste un autre genre d'interprétation. Un autre rôle.

Rose hausse les sourcils et semble contrariée par quelque chose que j'ai dit. Je n'ai pas la moindre idée de ce que c'est.

— Je ne trouve pas ça juste, déclare-t-elle. Je crois qu'elle pense chaque mot qu'elle prononce, elle ne suit pas simplement un script, si ?

— Ce n'est pas ce que je voulais dire ! réponds-je, exaspérée.

C'est tellement agaçant, ces malentendus qui dégénèrent au détour de chaque phrase ; ça commence à me taper sur les nerfs.

— Qu'est-ce que tu voulais dire, alors ?

— Qu'elle fait tout cela de façon parfaitement délibérée. Elle est malade quand elle tourne ces vidéos, n'est-ce pas ? Vraiment malade. Mais elle feint de ne pas l'être, elle fait son show, balance quelques reparties amusantes. Elle nous manipule pour arriver à ses fins. Je ne dis pas qu'elle n'est pas sincère dans sa démarche, car elle l'est, à l'évidence. Ce que j'entends par là, c'est qu'elle n'est pas idiote ; elle nous connaît bien, elle sait comment nous réagirons à tel ou tel aspect de son projet, et elle dose les émotions pour qu'on ne se retrouve pas complètement embourbées. Elle essaie de rendre ça… drôle. Et sa façon de parler à la caméra, c'est le déploiement de ses talents de comédienne pour servir un objectif très personnel. Ça force l'admiration. Que durant ses dernières semaines de vie, elle ait choisi de faire ça. Pour nous. Parce que, comme elle ne cesse de le répéter, elle nous aimait.

Je me suis expliquée du mieux que je pouvais, et si Rose veut toujours interpréter ça en concluant que je suis une connasse, qu'elle ne se gêne pas. Je pense qu'une part d'elle voudrait que j'en sois une, car je serais ainsi plus facile à mépriser. Elle hoche la tête, presque à contrecœur, et sirote un peu de café, grimaçant aussitôt quand elle s'aperçoit qu'il est froid. Je devrais la resservir, mais nous avons d'abord une décision à prendre.

— Qu'est-ce que tu en penses, alors ? demandé-je à nouveau en caressant le tissu usé du fauteuil comme si j'essayais d'absorber les ultimes traces du contact de ma mère. Ce truc du père ? Tu veux savoir ou pas ?

Elle me surprend en répondant immédiatement, et avec fermeté :

— Oui.

L'étonnement doit se lire sur mon visage, car elle m'adresse un petit sourire, comme satisfaite de m'avoir choquée.

— À cause de Joe, explique-t-elle. Je veux dire, ce n'est pas du tout que je croie que notre patrimoine génétique soit l'alpha et l'oméga de ce que nous sommes ; Joe n'a rien de commun avec son père, par exemple, même si effectivement, je m'inquiète parfois que Gareth déteigne sur mon fils chaque été qu'il va passer chez lui. Mais Joe m'a interrogée sur mon père, et je n'ai jamais été en mesure de lui répondre correctement, parce que je n'en sais rien moi-même. Et un jour, il sera dans le même bateau que nous, quand je ne serai plus de ce monde, je veux dire. Il se posera sans doute un tas de questions, et je ne serai pas capable de lui concocter ce genre d'abécédaire pour lui apporter des réponses. Je ne suis pas assez organisée – ni altruiste – pour ça ; je passerai probablement mes dernières semaines à manger du cheesecake et à ranger mes chaussettes par paires en regardant des coffrets de *Poldark*…

Je ne peux m'empêcher de l'interrompre.

— J'adore *Poldark* !

Cette fois, elle sourit franchement avant de reprendre :

— Qui n'adore pas ? Bref, ajoute-t-elle tandis qu'elle se penche en avant et me regarde avec intensité, tu ne peux pas affirmer que tu n'as jamais été curieuse, si ? C'était toujours étrange ; elle était si ouverte à propos de tout le reste, mais ce sujet la déconcertait dès qu'on l'évoquait. Je me suis toujours secrètement demandé si notre père était quelqu'un de célèbre. Qui sait, on est peut-être les enfants naturels de Robert Redford ?

Je glousse à cette idée, mais je dois admettre que je me suis posé la même question.

— Je vois ce que tu veux dire. Mais pas avec Robert Redford, car je crois qu'elle en aurait parlé, sans relâche, si elle l'avait rencontré un jour. Mais peut-être l'un de ces acteurs britanniques avec qui elle a tourné dans les années 1970 ? Comme Robert Vaughn, ou Timothy Dalton avant qu'il soit James Bond, ou Ian McShane ?

— Elle a toujours eu un petit faible pour Ian McShane, non ? Toujours l'œil un peu rêveur quand *Lovejoy* passait à la télé…

— Ou alors, dis-je en bondissant sur une nouvelle idée avec un enthousiasme sûrement excessif, est-ce qu'elle n'a pas joué au théâtre avec Richard Harris ?

Rose éclate de rire, et son corps tremble si fort que du café gicle de sa tasse et lui éclabousse les cuisses. Je ne l'ai pas vue rire à ce point depuis très longtemps, et ça fait plaisir à voir.

— Quoi ? dis-je en lui souriant. Qu'est-ce qu'il y a de si marrant ?

Elle essuie ses larmes – du bon genre, cette fois – et prend quelques profondes inspirations, en essayant d'étouffer son fou rire.

— C'était l'expression que tu avais en disant ça. Je ne pense pas t'avoir déjà vue aussi excitée. Tu réalises, n'est-ce pas, que tu viens de suggérer que le professeur Dumbledore était notre père ?

Chapitre 34

Rose

Honnêtement, je pense n'avoir jamais ri si fort de toute ma vie. Sauf peut-être ce jour dans la tente à Glastonbury, quand j'étais complètement stone et que chaque mot qui sortait de la bouche de Poppy était hilarant.

Cette fois, je ne suis pas stone ; juste une légère gueule de bois. Et cette fois, Poppy n'est plus ma meilleure amie ; elle est celle qui a gâché ma vie des années durant, même si je sais au fond de moi que ce n'est pas tout à fait juste. Et cette fois, nous ne plaisantons pas au sujet de notre mère qui se faufilerait dans un festival déguisée en tarée du yoga aux nibards bleus ; nous poursuivons une espèce de folle odyssée d'outre-tombe dans laquelle elle nous a lancées ; un voyage de réconciliation insensé.

Il n'y a rien de drôle dans tout cela, mais bon sang, ça fait du bien de rire de nouveau ensemble. Et c'était bon de voir Poppy détendue, même si c'était juste pendant quelques secondes ; la façon dont son visage s'est illuminé à l'idée d'être la fille cachée de Dumbledore. Enfin, elle lisait *Harry Potter et le prisonnier d'Azkaban* ce matin. Cette expression – cette véritable allégresse – signifiait que, l'espace d'un instant, elle a perdu le contrôle. Elle a cessé d'être la Poppy parfaitement policée qu'elle est ces temps-ci, et est redevenue la petite fille imaginative et vivante qu'elle était avant. Telle que je me souviens d'elle, avant que tout parte en sucette. Je suppose, quoi qu'il arrive ensuite, quelle que soit l'issue de cette quête spirituelle de cinglée que maman a élaborée, que nous avions toutes les deux besoin de ça. Nous avions toutes les deux besoin de rire, de lâcher prise, de nous détendre.

Encouragée par l'insistance de notre mère sur le fait que « E » est juste une page de divertissement, je décide que nous devrions poursuivre.

— OK, dis-je en désignant les boîtes sur le sol du salon, pendant que je suis encore à moitié dézinguée par cette gueule de bois, est-ce qu'on regarde en quoi consiste la lettre E ? Elle a dit que c'était marrant, mais je ne suis pas certaine de lui faire confiance. Cette affaire de quête spirituelle est un peu imprévisible.

— Quête spirituelle ? répète Poppy en dépliant l'index de l'abécédaire un peu en lambeaux à présent.

J'espère qu'elle a une copie, sinon on est foutues.

— Tu sais, comme dans les films. Ça m'en rappelle un… genre, à un moment donné, on va nous demander de nous asseoir dans un tipi et de fumer un bang de peyotl ?

— Comme Kevin Costner dans *Danse avec les loups*.

Manifestement, elle comprend. Bien entendu. Elle relève les yeux, me regarde d'un air interrogateur. Elle a l'air beaucoup plus jeune et innocente.

— Quel serait ton animal totem ? demande Poppy, en s'agenouillant pour fouiller dans la boîte à motif de roses.

— Oh, je ne sais pas, réponds-je en réfléchissant sérieusement à la question.

Ceci est, après tout, une conversation parfaite de gueule de bois, au même titre que : « Quel est ton super pouvoir préféré ? », et : « Si tu étais une couleur, tu serais laquelle ? »

— Peut-être, dis-je après quelques instants, que je serais un labrador. Ils sont gros, câlins, et aiment manger et dormir. Je pense que ça ne me dérangerait pas d'être un labrador.

— Eh bien, je vois ce que tu veux dire. (Elle sort une fine enveloppe A4 de la boîte et la brandit triomphalement.) Mais ça n'aurait pas été pris dans le film, j'en doute. Les animaux totems sont généralement intelligents ou majestueux, comme un renard, un grizzly ou un cerf. Pas l'équivalent canin d'un chauffe-pieds.

— Sauf qu'il ne s'agit pas de la version ciné. C'est la nôtre. Et je pense que tu serais une otarie.

— Une otarie ? Pourquoi une otarie ?

— Parce que tu es toute… je ne sais pas, tout élancée, et fuselée, et luisante.

— C'est drôle que tu dises ça, répond Poppy en revérifiant l'enveloppe avant de voir un E géant noir griffonné dessus. Car il se trouve que je suis un génie absolu pour faire tourner un ballon de plage sur mon museau et claquer des nageoires.

Je ris de nouveau. Je ne peux pas m'en empêcher. Elle a toujours su me faire glousser, même quand je ne le souhaitais pas. Ça semble bizarre, fragile. Comme si nous avions toutes les deux décidé de proclamer une trêve pour le moment, feindre de ne pas être si tendues, nous autoriser une petite pause. C'est seulement superficiel, et nous le savons l'une comme l'autre, mais pour l'heure, ça ira.

— Qu'est-ce qu'il y a dans l'enveloppe ? demandé-je en la montrant du doigt. Et est-ce qu'on doit porter des masques en l'ouvrant ?

— Je ne crois pas, dit-elle en se rasseyant sur ses talons et en consultant l'index une fois de plus. Ça dit ici que c'est une photo, avec une note au dos. J'espère qu'elle a raison, et que celle-ci est marrante… Parce que je n'ai pas pu me retenir d'aller jusqu'à la lettre F tant que j'y étais. Je sais que je ne suis pas censée le faire, mais mes yeux se sont juste hasardés un peu plus loin en quelque sorte, et je n'ai pas l'impression qu'on va rire à s'en taper sur les cuisses.

— F pour Fongus ? hasardé-je, ne voulant pas vraiment laisser l'humeur légère s'évanouir tout de suite. F pour Fibre ? Est-ce qu'elle veut qu'on mange un bol d'All-Bran mélangé à des champignons hallucinogènes ? Ça ne m'étonnerait pas d'elle…

— Eh bien, cela nous aiderait carrément à trouver nos animaux totems, même si nous devrions tenir la cérémonie du calumet aux toilettes… mais non. C'est F pour Force de pardonner.

Poppy lance un regard nerveux dans ma direction et paraît plus vulnérable que jamais. Elle ne s'est pas encore maquillée ce matin, et ses cheveux sont noués à la va-vite en queue-de-cheval. Si je plisse un peu les yeux, elle pourrait avoir dix ans. Dix ans, et me demandant de lui pardonner d'avoir perdu les capuchons de mes feutres, ou mangé le dernier Curly Wurly même si elle savait que je le réservais, ou renversé du sirop d'orange sur mes devoirs de maths. Demandant pardon pour l'une de ces mille transgressions minuscules de l'enfance qui sont normales quand on grandit. Sauf que là, évidemment, elle me demande de lui pardonner pour bien plus que cela, et je suis très loin d'être prête à le faire. Ma rancune est si profondément enracinée en moi que je ne sais même pas si j'y serai un jour disposée. Cependant, je n'ai pas non plus la ferme volonté de regarder ce visage vulnérable qui est le sien et de lui dire précisément cela.

— Eh bien, réponds-je en ne tenant pas compte de son questionnement silencieux, chaque chose en son temps.

Poppy acquiesce, utilise ses ongles longs et parfaitement manucurés pour ouvrir le haut de l'enveloppe, dont il tombe une photo. Elle est ancienne, un agrandissement qui semble avoir servi à une espèce de promo. La photo est un peu gondolée et recourbée sur les bords, mais saisissante dans ce glorieux brillant, typique des années 1970. Elle la tient en l'air pour la regarder, les yeux écarquillés. Elle la tourne vers moi, et je vois pourquoi. Vêtue d'une affreuse combinaison aux tons vert et ocre, voilà ma mère dans toute sa splendeur. L'incarnation seventies de ma mère, tout en cheveux rebelles de hippie et les yeux aussi énormes que les nibards. Elle porte une espèce d'accoutrement sexy d'inspiration irlandaise, quelques boutons de son gilet vert sont défaits pour exhiber son décolleté et son short moulant à paillettes qui va à ravir avec ses cuissardes dorées. Elle est très jolie, mais son look est grotesque ; comme un genre de leprechaun version *Playboy*.

Ceci, toutefois, n'est pas ce qui nous laisse toutes les deux sans voix. Nous avons vu des photos de notre mère plus amusantes que ça. Ce qui nous laisse sans voix, c'est l'homme à côté d'elle, son bras costaud flanqué autour de l'épaule de maman, la figure bouffie et le regard vaseux, souriant sans conviction à l'objectif comme s'il était à deux doigts de se sentir mal. L'homme qu'elle avait toujours déclaré avoir rencontré, même si nous n'avons jamais été vraiment sûres de la croire. Je retourne la photo, secouant encore la tête de stupéfaction, et vois que maman a en effet écrit quelques mots au dos.

Chapitre 35

Andrea : E pour Elvis

« Ah ah ! Ce n'est pas pour me vanter, les filles, mais je vous l'avais bien dit ! Je vous voyais lever les yeux au ciel dès que je vous racontais cette histoire, mais elle est vraie, en voici la preuve ! Je pensais l'avoir perdue, mais Lewis m'a aidée à vider le grenier récemment, et il a déniché ça. Elle servait de marque-page dans le manuel fournit avec mon *Entraînement de Jane Fonda*, ce qui explique probablement pourquoi je l'ai perdue pendant si longtemps !

Bref, nous voilà. Le King et moi. J'étais très jeune là-dessus, aux États-Unis pour participer à un affreux programme pour la Saint-Patrick, et il n'était pas au sommet de sa gloire, le pauvre homme. Mais il était absolument adorable, même à cette époque. Un véritable gentleman, malgré nos affublements de lutins stripteaseurs.

Bonne chance pour le reste, les filles, j'espère que cela vous a fait sourire.
À présent, comme le dirait Mr Presley, bonne soirée, et merci, merci beaucoup ! »

Chapitre 36

Poppy

Quand Rose descend le lendemain matin, l'œil trouble et encore fatiguée, elle me prend sur le fait, avec l'index de Lewis étalé devant moi sur mes genoux.

— Tu regardes la suite, pas vrai ? demande-t-elle, un doigt accusateur pointé vers moi.

Je hoche la tête et tente de ne pas avoir l'air coupable. Je suis une adulte, et elle n'a pas le droit de me gronder. Du moins, c'est ce que j'essaie de me rappeler.

— Elle savait probablement que tu le ferais, ajoute-t-elle en déambulant dans la cuisine en quête de café.

— Je sais, lui lancé-je. C'est comme ces bouquins avec les fins alternatives. Je trichais toujours, et elle savait que je le ferais aussi avec ça, alors tout est volontairement obscur.

Rose revient, avec la même tasse qu'elle utilisait toujours quand elle habitait ici : un mug gigantesque, avec la photo de Lady Diana sur le côté.

— Est-ce que tu as regardé P et Q ? Et… enfin, est-ce que tu veux découvrir la vérité sur notre père ? Je n'avais que deux ans quand quoi qu'il se soit passé s'est passé, et je ne me souviens même pas de lui. Parfois, je crois que si, mais je suppose que j'invente. Qu'est-ce que tu en penses ?

Je suis loin d'être aussi certaine que Rose de vouloir retrouver mon père disparu. S'il est en vie, car il n'y a aucun indice à ce sujet dans ce que notre mère a révélé jusque-là. Pour ce qu'on en sait, il pourrait être mort, ou en prison, ou habiter sur une petite île du Pacifique, à créer des hybrides animaux-humains dans son laboratoire d'apprenti sorcier. Tout ce truc avec maman, avec Rose, me flingue assez la tête, mais si elle veut savoir, pour Joe, pour elle-même, pour n'importe quelle raison, alors je ne me mettrai pas en travers de son chemin.

—J'y tiens, et oui, j'ai regardé. Mais ça n'a pas été d'un grand secours. Tout ce que dit P, c'est que nous aurons besoin de nos passeports, et Q, c'est pour Questions. C'est pareil que le reste de l'index : volontairement obscur.

—Qu'est-ce que tu veux dire ? demande-t-elle en s'asseyant en face de moi.

—Eh bien, certaines entrées précisent à quoi correspondent les lettres – comme D pour Doutes paternels –, mais d'autres pas. Certaines ont juste la lettre, accompagnée d'une note sur ce qu'il faut chercher, et dans quelle boîte ça se trouve. D'autres ont de petits commentaires sur le côté, dont je soupçonne Lewis d'être l'auteur ; je pense que maman était tellement absorbée par tout ça qu'elle en a oublié la vraie vie. Alors Lewis nous a donné un coup de main en nous indiquant quelques consignes du genre

« impliquera de conduire », ou « prévoir des affaires pour une nuit à l'extérieur », des trucs comme ça. On dirait qu'ils partageaient un cerveau unique ; elle se chargeait de tous les délires créatifs, et il déployait son intelligence pratique. C'est bizarre qu'on ne le connaisse pas mieux, non ? Qu'est-ce qu'elle t'a raconté sur lui ? Je flippe un peu qu'il semble avoir été aussi important dans sa vie, et que nous ne l'ayons même jamais rencontré…

Elle acquiesce, grimace en se brûlant la langue avec le café.

— Je vois ce que tu veux dire. Ça ne me donne pas non plus le sentiment d'être une bonne fille. Mais j'imagine que nous sommes celles qui avons insisté pour garder nos vies à distance, n'est-ce pas ? Je ne suis pas revenue ici depuis… eh bien, depuis ce fameux réveillon. Et toi ?

— J'ai déménagé quand j'ai décroché ce boulot dans la maison d'édition à Londres, et je suis revenue brièvement après avoir été virée.

— On t'a virée ? s'étonne-t-elle, les yeux écarquillés et le ton incrédule. Mais pourquoi ? Tu as l'air tellement rangée. Bien que je me sois toujours demandé pourquoi tu as fini par faire ce que tu fais pour une société de bouffe pour chiens.

— Spécialiste de fournitures animalières de luxe, la corrigé-je machinalement.

De manière assez compréhensible, elle tique.

— Ouais, OK, spécialiste de fournitures animalières de luxe. Mais ce n'est pas de l'édition, si ? J'ai toujours pensé que si tu te lançais vraiment dans le marketing, ce serait pour quelque chose de créatif, artistique, ou important.

— Les fournitures pour animaux domestiques sont importantes, insisté-je, m'entêtant à défendre un job qu'en toute honnêteté je déteste viscéralement. Pour les millions de personnes qui aiment leurs animaux.

Elle lève la main en l'air, comme pour capituler, et se concentre plutôt sur son café. Nous gardons le silence un moment, jusqu'à ce que je m'efforce de trouver les mots pour le rompre.

— On m'a virée parce que je n'étais bonne à rien, dis-je simplement. C'était après tout ce qui s'est passé avec Gareth, et que tu ne voulais plus entendre parler de moi, et que maman crisait, et en gros… je n'arrivais plus à rien au travail. Je ratais des réunions. Je me pointais en retard tous les matins, habillée comme une clocharde. C'était un environnement de compétition – un paquet de jeunes et brillantes créatures veulent bosser dans l'édition –, et à ce stade de ma vie, je n'étais pas assez brillante.

Je vois que tout ça bouillonne dans son esprit et m'attends à moitié à une réfutation incisive, un : « Donc, tu m'en tiens pour responsable, c'est ça ? », ou : « Alors tu es en train de dire que c'est ma faute, cette foirade de carrière ? » Au lieu de cela, elle se mordille la lèvre et s'enroule des mèches de ses cheveux frisottés autour des doigts, quelque chose que je me rappelle toujours l'avoir vue faire quand elle essayait de rester patiente avec moi. Quand j'avais volé un de ses hauts, ou que je l'avais accidentellement enfermée hors du cottage, ou que j'avais proclamé un truc ridicule du genre : « C'est une connerie, la science, je me demande pourquoi tu aimes ça. »

— Bon, dit Rose calmement, je vois. Eh bien, on n'est jamais à l'abri d'un sale coup. Alors quand est-ce que tu es repartie ? Maman a toujours tenté de me raconter ce qui se passait, mais je n'étais pas d'humeur à écouter. Je lui aurais arraché la tête avec les dents si elle avait prononcé ton prénom, pour être sincère.

Je perçois le regret et la culpabilité dans sa voix, et sais que la vidéo de maman, celle avec le discours « Vous m'avez brisé le cœur » lui a laissé autant de séquelles qu'à moi.

— Environ un an plus tard, quand j'ai commencé à travailler pour une société de roulements à billes dans les Midlands. Et oui, c'était à peu près aussi exaltant que ça en a l'air, mais ça m'a vraiment permis d'acquérir de l'expérience, d'obtenir mes qualifications en marketing, ce genre de choses. J'ai déménagé à Londres peu de temps après, et la vie est devenue… eh bien, trépidante. Et plus je restais loin d'ici, plus c'était difficile de revenir. Tout ici me faisait penser à toi, à nous, me rappelait à quel point j'avais merdé, et c'était trop à supporter. La seule manière dont je pouvais avancer, c'était en ignorant tout ça, et le cottage – maman, nos chambres, tout concernant cet endroit – m'en empêchait. Alors j'ai arrêté de venir ; à la place, c'était elle qui venait à moi, ou nous passions des week-ends à l'extérieur. Je n'ai fait aucune déclaration, ni même pris la moindre décision… J'ai juste cessé de venir. En réalité, je n'ai pas mis les pieds ici depuis environ douze ans. Peut-être que si nous lui avions rendu visite, elle nous aurait présenté Lewis, qui sait ?

— Peut-être, répond Rose.

Elle regarde le salon autour d'elle, de la manière dont nous le faisons depuis ces derniers jours, comme si elle n'arrivait pas vraiment à croire qu'elle se trouve ici maintenant, et qu'elle est ici parce que notre mère n'est plus de ce monde. C'est bizarre, le cottage entier est imprégné de maman ; son parfum, son goût et son histoire. C'est là dans chaque petit objet décoratif, chaque photo encadrée sur les murs, chaque livre sur les étagères, chaque moule à cake roussi dans la cuisine. Elle est partout, mais nulle part.

— Je pense, poursuit Rose, qu'elle appréciait peut-être de l'avoir rien que pour elle. Nous étions toutes les deux tellement occupées par nos problèmes, et nous avons fait comme tous les enfants : ce truc où on n'imagine pas réellement nos parents avoir leur propre vie, en dehors de nous. Alors peut-être que ça lui plaisait d'avoir toute une partie de son existence qui ne nous intégrait pas. Cependant, elle a parlé de lui à Joe, lui a raconté qu'il était venu habiter au village il y a à peu près cinq ans. En gros, il réduit son activité et a décidé de prendre une semi-retraite ici. En tout cas, il a veillé sur elle, non ? Et il l'a aidée pour tout ça. Il a été pour elle un meilleur ami que nous, et nous devrions lui en être reconnaissantes. Même si je suis un peu déçue qu'ils ne se soient pas secrètement envoyés en l'air.

— Beurk ! réponds-je avec une moue de dégoût.

Voilà quelque chose que je ne souhaite vraiment pas imaginer, quelle que soit l'efficacité des talents de Lewis avec les index.

— Alors, dit Rose en observant le visage légèrement ébréché de la princesse Diana, tu penses que nous sommes prêtes pour la prochaine étape ? Je sais que nous avions besoin d'un peu de répit hier soir, mais on ferait bien de s'y mettre maintenant. Je pourrais demander combien il y en a encore à venir, mais j'imagine que c'est évident.

— Je crois que rien n'est évident dans tout ça. Elle a peut-être décidé de sauter certaines lettres parce qu'elles étaient gênantes, ou en a inventé de nouvelles par jeu. Je pense toutefois qu'il en reste seulement quelques-unes que nous pouvons faire ici, on dirait que nous allons bouger vers le L.

— Vers elle ? demande Rose en se méprenant volontairement.

— Qui sait, elle nous attendra peut-être en enfer avec une fourche à diamants, en chantant *Burn Baby Burn* et en nous bombardant de nains de jardin faits en bouse de vache… Bref. F pour Force de pardonner, donc. Tu te sens d'attaque pour ça ?

Rose acquiesce, avec un geste de la main qui semble dire « avance », comme si elle faisait la circulation et que j'étais en stationnement interdit. Elle s'endurcit à mesure que cette affaire progresse, ce qui peut se révéler à double tranchant ; tout dépend de la personne à qui elle infligera sa dureté. Pour ma part, j'ai l'impression de m'adoucir, de devenir plus vulnérable. Côtoyer Rose équivaut à subir un peeling émotionnel.

— OK, c'est parti…, dis-je en fouillant dans la boîte jusqu'à ce que je trouve les bons paquets.

L'un d'eux est une grande enveloppe matelassée, pleine à craquer de Dieu sait quoi, avec le message « Ouvrez-moi en second, pour l'Ffet » sur le côté avec l'écriture de notre mère. Je la pose et prends l'autre. C'est un sac en plastique – un ancien sac de courses d'un magasin qui n'existe plus –, avec un gros F griffonné dessus. Je le froisse et le presse, comme si c'était un cadeau de Noël et que j'essayais de deviner ce qu'il contient.

— Est-ce que c'est un poney ? demande Rose d'un ton sarcastique. S'il te plaît, dis-moi que c'est un poney !

Je ne relève pas sa remarque et utilise mes ongles pour défaire le nœud qui a été fait avec les poignées du sac. Une fois que je me suis cassé un ongle en y procédant, je vide le contenu par terre, où celui-ci s'éparpille et s'entrechoque sur le parquet. Nous baissons toutes les deux les yeux, un peu confuses. C'est un grand bazar de cassettes audio démodées, en soixante et quatre-vingt-dix minutes, certaines avec des annotations sur les étiquettes en papier, d'autres vierges. Je fouille parmi elles jusqu'à ce que j'en trouve une qui semble un peu plus neuve que le reste. Sur le côté, dans une cursive qui se veut ancienne, sont écrits les mots « Lisez-moi ! ».

— Waouh ! s'exclame Rose en se penchant pour mieux regarder. Ça fait un peu *Alice au pays des merveilles*, non ?

Je ne savais même pas qu'on fabriquait encore des cassettes audio... Joe ne saurait pas à quoi ça sert. Comment est-ce qu'on va l'écouter ? Même ma voiture n'est pas assez âgée pour avoir un lecteur de cassettes.

—Ne stresse pas, Lewis est là..., réponds-je en replongeant la main dans la boîte pour en extirper un vieil appareil.

Il est ancien, et je reconnais vaguement celui de notre enfance. Il est long et plat, et comporte un couvercle rabattable dans lequel vous glissez les cassettes, et d'énormes boutons rectangulaires qui vous permettent seulement d'enregistrer, lire, effacer, et avancer ou rembobiner. C'était probablement à la pointe de la technologie à une époque, mais à présent, ça ressemble à quelque chose sorti de l'un de ces programmes de science-fiction vraiment datés, genre *Cosmos 1999*. Je regarde Rose, qui se contente de hocher la tête. Je vois qu'elle est nerveuse à cause de ce que nous allons entendre, de la voix de notre mère qui va flotter, désincarnée, dans la pièce, et je le suis aussi. Je glisse la cassette à l'intérieur, referme le couvercle dans un bruit mat et appuie sur Play.

Chapitre 37

Andrea : F pour Force de pardonner

« Mes chéries ! J'ai fait à l'ancienne, qu'est-ce que vous en pensez ? Je me suis dit que j'allais un peu mélanger tout ça. Je suis sûre que vous en avez marre de voir ma sale gueule sur l'écran de télé ; Dieu sait que c'était le cas du grand public, quand Penny Peabody a été tuée dans ce tragique accident de bateau, pauvre amour !

Bref, je suis tombée sur ce vieux truc l'autre jour, et j'ai pensé que ce serait drôle d'enregistrer un message pour vous. Je l'ai testé, et la qualité est affreuse, mais malheureusement, je n'ai pas de preneur de son autour de moi pour m'arranger ça, alors vous devrez faire avec. Peut-être que les craquements et l'écho ajouteront à l'atmosphère ; la voix fantomatique de votre mère, vous parlant depuis l'au-delà !

Est-ce que vous vous rappelez vous être servies de ce truc, en vérité ? Ça semblait très moderne à l'époque, non ? Je l'utilisais parfois pour le travail, afin de me réécouter quand j'avais répété des textes pour les auditions ; mais on l'utilisait aussi ensemble.

Nous avons eu beaucoup de fous rires en faisant des enregistrements de nous trois en train de chanter, ou d'interpréter de petits sketchs, et Poppy, il y a eu cette fois, tu avais environ huit ans, où tu as insisté pour lire à voix haute *Le Hibou et la Minouchette* ? Mais tu te trompais toujours dans les premières phrases, et tu disais très sérieusement qu'ils partaient en mer sur un beau gâteau vert gomme ! Ça te mettait très en colère que je rie, je crois me souvenir, ta petite frimousse toute plissée d'indignation.

Je n'ai pas réussi à retrouver beaucoup de ces enregistrements, ce qui est bien dommage, non seulement parce que j'aimerais vous les transmettre, mais aussi parce que je n'apprécierais rien de plus maintenant que de m'asseoir ici le soir, à mon grand âge, et de les écouter. Ce serait merveilleux d'entendre vos voix enfantines et vos gloussements innocents remplir de nouveau ces pièces, me tenir compagnie et me faire sourire. Des jours plus heureux, tellement pleins de bonheur.

J'ai le sentiment, Rose, que tu as enregistré par-dessus toutes les cassettes durant cette phase où tu empruntais des albums à tes amis pour les copier. Tous ces précieux sons de l'enfance, balayés par A-ha et Paula Abdul ! Il n'y a pas de justice dans ce monde !

Cependant, j'ai trouvé quelques-unes de vos vieilles compilations, que je vous ai laissées dans le sac ; même ce sac est une antiquité, il vient de cette boutique de vêtements où j'avais l'habitude de vous emmener, vous vous souvenez ? Quand vous aviez besoin de quelque chose de spécial pour un événement important – les boums d'école et autres –, nous allions là, et vous étiez autorisées à choisir ce que vous aimiez. Je sais que la sélection n'était pas géniale, et que vous auriez préféré *Topshop*, mais pour être honnête, les filles, je n'y allais que pour une raison : on me faisait crédit, en échelonnant mes dépenses sur l'année !

C'est révolu, à présent ; je suppose que de nos jours tout le monde a des cartes de crédit à la place. Bref. Je pense que le sac est un chouette rappel, Dieu seul sait pourquoi je l'ai encore. Profitez des cassettes, aussi, même si je dois dire que certains de vos choix musicaux étaient un peu douteux. J'ai pas mal apprécié la phase histoire du rock où vous avez accroché sur Bob Dylan et Joni Mitchell, mais je suis obligée de m'arrêter aux New Kids on the Block.

Bon, je suis sûre que j'ai assez radoté, et je me sens un chouïa fatiguée aujourd'hui, alors je vais en venir au fait. J'espère que vous avez aimé Elvis, et les cassettes, mais je crains que la suivante ne soit pas super drôle. Parce que F, c'est pour Force de pardonner, les filles, et ça, c'est un véritable casse-tête. Vous savez, plus vous prenez de l'âge, plus vous vous apercevez combien il est important de se pardonner. J'ai appris à pardonner certaines erreurs à certaines personnes, comme à vous, pour avoir été aussi obstinées tout ce temps ; et à votre père, pour avoir assombri ma vie il y a longtemps ; même à toi, Poppy, pour avoir volé cette ravissante petite boîte à tabac dans la vitrine du beau salon. Au fait, elle appartenait à mon grand-père, alors s'il te plaît, prends-en soin ! Le pardon est toujours dépeint comme un acte affreusement altruiste, débordant de vertu et de noblesse. Mais à dire vrai, le pardon est aussi crucial pour notre santé mentale qu'il l'est pour les gens auxquels nous pardonnons si noblement. Conserver une vieille amertume, de la colère, de la rancœur, eh bien, cela rend un peu fou, non ? Je dirais, si je peux me permettre une telle audace, que vous en êtes des exemples frappants.

Rose, tu n'as jamais été capable de pardonner à Poppy pour ce qu'elle a fait, et Poppy, je ne pense pas que tu te le sois toi-même pardonné. Ni à Rose pour t'avoir exclue de sa vie. Vous, mes filles chéries, qui devriez être si proches, avez creusé cet énorme fossé entre vos existences et l'avez rempli de rage.

Il arrive un moment, toutefois, où vous devez vraiment lâcher l'affaire ; car, si vous ne le faites pas, toute cette rancœur finira par vous dévorer de l'intérieur. Comme une invasion de sauterelles émotionnelles, ça décapera vos os de toute chair et vous laissera à nu, exposées et fragiles. Pardonner à quelqu'un, ça nous fait autant de bien qu'à la personne à laquelle on accorde son pardon.

Alors, voici votre prochaine tâche, et elle vise surtout Rose, même si Poppy a aussi un rôle à jouer. Après les fâcheux événements de cette effroyable soirée du passage à l'an 2000, Poppy est revenue ici brisée. Rose, tu avais ta propre épreuve à surmonter. J'étais coincée au milieu, essayant de servir de médiatrice, sans aboutir à un quelconque résultat. J'y repense maintenant et je me demande ce que j'aurais pu faire de plus. S'il y a quelque chose que j'aurais pu dire, ou écrire, ou hurler pour enrayer ce qui a suivi. Si j'aurais pu être une meilleure mère et tout arranger pour vous ?

Mais ça ne rime évidemment à rien, et ajoute juste un peu plus de poids au fardeau de ma culpabilité, et j'ai décidé que je ne le permettrais pas. J'ai fait de mon mieux, et c'est tout ce qui compte. Je vous ai suppliées de ne pas vous sentir coupables de quoi que ce soit à ce sujet, alors je ne vais pas m'infliger ça.

Cependant, à l'époque, Poppy, tu voulais désespérément te racheter auprès de ta sœur. Implorer son pardon. Expliquer ce qui était arrivé, et pourquoi c'était arrivé, et lui dire combien tu étais désolée. Je t'ai vue, des mois durant, t'acharner à passer des coups de téléphone auxquels on ne répondait jamais, envoyer des textos qui tombaient dans le vide et des mails qui te revenaient. C'est alors que tu as commencé à écrire des lettres. De grandes et longues lettres démodées. Tu as griffonné encore et encore sur ce gros bloc-notes A4, à noircir des pages et des pages de ton écriture illisible, à les fourrer dans des enveloppes et les expédier à ta sœur. Chaque fois que je te voyais lécher un timbre, tu affichais cet affreux et navrant espoir, comme s'il s'agissait de la lettre qui ferait la différence. Celle qui rectifierait tout.

Le fait qu'elles t'aient toutes été retournées non décachetées t'a dévastée. Mais tu as continué de les écrire, pendant longtemps. Pendant que tu étais ici, c'est sûr, et aussi, je pense, quand tu étais à Londres, en train de saccager ta carrière dans l'édition.

Chacune de ces lettres t'est revenue. C'en est arrivé à un point où le facteur pensait que nous étions toutes folles, et je commençais à être d'accord avec lui. Je me suis même demandé – parce que j'ai de la suite dans les idées, mes chéries, au cas où vous ne l'auriez pas remarqué – si Gareth ne les avait pas interceptées pour t'en priver, Rose.

Mais non, car quand j'ai posé la question, tu as simplement répondu que tu ne voulais rien entendre de ce que Poppy avait à dire. Je sais, bien sûr, que c'était ta façon de faire face à tout ça, mais c'était cruel, mon amour. Je suppose que c'était plus facile pour toi de te contenter de lui en vouloir, d'ignorer la moindre de ses supplications, de refouler toute défense et de lui attribuer le rôle du méchant dans la pièce. Ça t'a permis de reprendre Gareth, de l'épouser et de fonder une famille avec lui ; parce que tant que c'était la faute de Poppy, ça ne pouvait pas être la sienne, n'est-ce pas ?

À l'évidence, cette union – ce mariage – était une terrible erreur, et la seule bonne chose qui en soit ressortie est Joe. Mais je pense par ailleurs que refuser de lire un jour ces lettres était une erreur, aussi.

Une fois que tu as décidé de te réinstaller à Londres, Poppy, je sais que tu les as toutes mises dans un gros sac-poubelle noir et que tu les as jetées. Tu prenais un nouveau départ, et ça faisait partie de ton processus. Mais étant la vieille schnock sournoise que je suis, je les ai gardées… Tu as toujours été paresseuse, alors ça t'apprendra à me laisser la corvée de sortir les poubelles ! Je les ai conservées, remisées dans le grenier en espérant qu'un jour Rose serait enfin prête à les lire.

Elle ne l'a jamais été, mais récemment, je les ai lues. Je devrais probablement m'excuser pour cette ingérence dans ton intimité, mais je ne pense pas en être capable. Je suis une vieille dame mourante et j'ai renoncé à toute prétention aux bonnes manières.

Ces lettres, elles étaient déchirantes : toute cette tristesse, tous ces regrets, méprisés et mis de côté. Et j'étais furieuse contre Gareth, surtout, mais aussi contre nous toutes, pour avoir laissé cet événement prendre de telles proportions. À présent, je ne puis qu'espérer que Rose soit enfin disposée à entendre ce que tu avais à lui dire, à cette sœur que tu aimes tant.

Je peux imaginer, mes amours, que vous êtes abasourdies. Rose, à l'idée de rouvrir ces vieilles blessures et d'oser envisager la possibilité que tu as également ta part de responsabilité dans ce bazar. Et Poppy, je sais, ce sera un choc, tu es sans doute très en colère qu'on te demande de faire ça.

Parce que je le demande, je ne t'oblige pas à le faire. J'ai choisi certaines de ces lettres – pas la totalité, il y en avait tant, et pardonne-moi d'être critique, mais elles se répétaient un peu, mon ange ! – et je les ai mises dans l'enveloppe matelassée. À présent, Poppy, ça dépend de toi ; j'ai peut-être envahi ton intimité en les lisant, mais là, c'est à toi de décider si Rose peut les lire à présent.

Je sais que la Poppy de ces courriers n'a rien à voir avec celle que tu es devenue depuis. Ces jours-ci, en apparence, tu as tout de la femme élégante à la brillante carrière, et tes émotions sont aussi bien gérées que ton régime pauvre en glucides ou ton calendrier professionnel. À l'époque, tu étais très différente, un vrai chaudron d'émotions ! Alors tu ne voudras peut-être pas que Rose les voie. Tu pourrais estimer que cette part de toi est morte et enterrée, et bon débarras ! Mais je ne l'espère pas.

Et Rose, je ne peux pas te forcer à les lire. Et même si tu y consens, par culpabilité ou loyauté, ou en voulant simplement te plier aux dernières volontés de ta mère, je ne peux pas contrôler ta réaction.

Je ne peux rien contrôler de tout ça, seulement espérer que ça vous rendra service.

Bref, je pense que ça suffit pour l'instant, pas vous ? C'était une chance que j'aie une cassette de quatre-vingt-dix minutes, j'ai radoté si longtemps... Alors, à plus tard Rosehip, Popcorn. Je vous aime de tout mon cœur ! »

Chapitre 38

Poppy

17 février 2000

Chère Rose,

Je suis tellement, tellement désolée. J'ai appelé et envoyé des textos, mais tu refuses de me parler. Tu refuses de m'écouter, et je sais pourquoi, et je sais que je mérite ta colère. Mais ça me tue, vraiment. Je ne sais pas quoi faire, alors je vais continuer d'écrire en espérant qu'un jour tu trouveras la force de me pardonner, ou du moins de me dire en face que tu ne le feras pas. Même ça, ce serait préférable.

Je suis à la maison, dans ta chambre, où tout me fait penser à toi, et maman est en bas, à préparer un autre gâteau. Elle ne sait pas comment s'y prendre pour me tirer de ce mauvais pas. Je suis censée partir pour Londres la semaine prochaine, mais je ne sais pas si j'en suis capable. Sans toi, j'ai l'impression qu'on m'a scié les jambes.

Je t'aime tant, et je suis tellement désolée, je n'arrive toujours pas à croire que je l'ai fait. La chose la plus dégoûtante qu'on puisse imaginer, à tant de niveaux. Je ne supporte pas Gareth. Je suis navrée, je sais que tu dis l'aimer, mais je le déteste. Depuis toujours. Il est trop mielleux, trop faux-cul, et il te contrôle comme si tu étais sa marionnette.

Rien de ce qui s'est produit ne pourra jamais être justifié, j'en suis consciente, mais je veux que tu comprennes une partie des raisons pour lesquelles ça s'est produit. Je ne pense qu'à ça depuis, vraiment. Je ne cesse de retourner ça dans ma tête, encore et encore, en essayant d'analyser les différentes pièces du puzzle pour le reconstituer. C'est comme un cauchemar sans issue, parce que ça finit toujours de la même façon.

Je pense qu'une part de moi était simplement jalouse, parce qu'il tenait une telle place dans ta vie, et j'avais toujours un peu trop dépendu de toi. Tu avais toujours veillé sur moi, et soudain, c'était comme si tu étais partie. Je sais que c'est consternant. Je suis une adulte, et il n'y a aucune excuse. Mais dès que tu l'as rencontré, ça a commencé : tu as oublié mon anniversaire (cette année aussi, non pas que je t'en veuille), annulé des week-ends, et jamais plus rien fait sans lui. C'était comme si plus personne n'existait pour toi à part Gareth, et je n'étais simplement pas assez mature pour encaisser le changement, parce que je suis un peu conne.

Je me sentais affreusement mal à la fête. Je n'avais rien foutu d'autre à la maison que boire et aller au *Tennyson's* et traîner au lit, pendant des mois. J'avais mon nouveau boulot qui se présentait, mais même ça m'apparaissait comme un échec ; je n'ai jamais voulu me lancer dans ce foutu marketing, bon Dieu ! C'est juste que je ne savais pas quoi faire d'autre.

À la soirée, tu ne semblais pas avoir de temps à me consacrer et tu ne voyais pas dans quelle détresse je me trouvais. En l'écrivant maintenant, je sais combien j'ai l'air stupide. On dirait une petite fille pourrie gâtée, et c'est ce que je suis. Une personne si égoïste qu'elle te voulait rien que pour elle… et c'est précisément ce que je reproche à Gareth, non ?

Quand je suis arrivée là-bas, cette vieille baraque horrible sur la colline grouillait de gens que je ne connaissais pas. Quelques anciens amis à toi, mais en majorité les siens, et Rose, quel tas de connards ! Je ne sais toujours pas comment tu arrives à les côtoyer alors qu'ils ne parlent que d'argent et se comportent comme s'ils étaient les rois de ce putain de monde.

Je ne connaissais personne, et tu étais partie toute la soirée à jouer l'hôtesse parfaite. Chaque fois que je te voyais, c'était comme si le vrai toi avait été englouti et remplacé par une fausse Rose, comme si des aliens s'étaient emparés de ton corps. Tes vêtements, la manière dont tu te comportais. Ce n'était pas toi. Et il était tout le temps là, à rôder dans les parages.

Je sais que tu trouveras peut-être difficile de le croire, mais il me tourmentait à sa façon. C'était comme un jeu de provocation. Je le voyais, accroché à toi, et il m'adressait un clin d'œil quand tu ne regardais pas, d'un air de dire: « Regarde ce que j'ai ! » Il faisait semblant d'être sympa, et n'arrêtait pas de me resservir à boire. Toute la soirée, il venait me trouver pour remplir mon verre. D'abord, c'était de la bière, puis du vin, puis du cognac, puis du Baileys. Je n'essaie pas de me défendre, là. Ce n'est pas comme s'il m'avait plaquée au sol pour me fourrer un entonnoir dans la bouche ou quoi. Non, vu mon délabrement moral, j'étais ravie de me soûler. Mais c'était un tout nouveau stade de beuverie. Je ne m'étais jamais pris une telle cuite.

Ensuite, après tout le truc du Nouvel An à minuit, j'avais tellement mal au cœur que j'ai voulu aller me coucher. J'avais l'impression d'être sur une autre planète, comme si tout n'était qu'une grosse masse floue. Je me cognais contre les murs, je trébuchais, et je ne parvenais même pas à parler correctement. Je voyais les gens danser, sans être certaine qu'ils soient humains.

C'est alors que je l'ai revu, quand j'essayais de monter à l'étage. Cet escalier était si grand, et les marches me paraissaient si immenses, et je tentais de les monter à quatre pattes, mais je n'arrivais même pas à faire ça, alors j'y ai renoncé et me suis juste assise là, à mi-chemin environ, en m'agrippant à la rampe. Tu connais cette sensation quand tu as trop bu et que tu veux aller au lit, mais que tu ne peux pas t'endormir, parce que chaque fois que tu fermes les yeux, la pièce tourne ? C'était pareil, sauf que j'étais réveillée.

Gareth est monté s'asseoir à côté de moi, et j'étais bien trop défoncée pour lui dire de dégager. Et il en a fait des caisses en insistant pour veiller sur moi, en disant combien il souhaitait que je m'amuse, et combien il m'aimait parce que j'étais ta sœur, et il m'a alors glissé qu'il avait quelque chose pour me « booster un peu ». Ce sont ses propres termes.

Il a dit que je ne pouvais pas aller me coucher tout de suite parce que je gâcherais ta fête, et au fond de moi, je pensais qu'il avait raison, et surtout, j'étais tellement décalquée que je ne savais pas ce que je faisais. Alors j'ai pris la coke, je l'ai reniflée à fond, et j'ai rincé tout ça avec de la vodka directement à la bouteille.

Pour être honnête, je me comportais comme l'une de ces personnes dans les clips antidrogue, et j'ai eu de la chance de ne pas tomber raide morte. À présent, je préférerais qu'il se soit passé ça plutôt que ce que j'ai fait, sincèrement.

Après un moment, j'ai commencé à me sentir encore plus bizarre, comme si je voyais tout à travers un kaléidoscope géant. Je sais que tu n'as jamais été une fille portée sur les drogues, mais en gros, on aurait dit que le monde se créait une vie propre. Tout paraissait mieux, même le contact de la vieille moquette usée sous mes jambes et celui du bois de la rampe. C'était un immense tourbillon insensé de couleurs et de sons. Comme le clip le plus tripant de tous les temps.

Il est resté assis avec moi un moment, avant de dire qu'il estimait que j'en avais eu assez, et que je devais aller me coucher. Je ne savais pas vraiment ce qui se passait, et il m'a aidée à finir de monter l'escalier, m'a amenée à ma chambre. Je pensais qu'il me laisserait là, et que je pourrais m'écrouler et regarder le plafond tournoyer, ou gerber, ou autre.

Mais il n'est pas parti. Il a commencé à me caresser les cheveux, en me disant combien je te ressemblais, et combien j'étais jolie. C'était tellement étrange; une part de moi voulait hurler et lui envoyer un coup de pied dans les couilles, mais une autre part de moi, celle qui était totalement dézinguée par la drogue, l'alcool et le manque d'affection, l'écoutait. Tu avais toujours dit qu'il savait donner à une femme l'impression d'être unique, et à cette période où j'avais une si piètre opinion de moi-même, il m'a semblé être unique pour la première fois depuis bien longtemps.

Il ne m'a pas forcée à quoi que ce soit. Je dois me montrer claire là-dessus. Je ne suis pas en train de dire qu'il a abusé de moi, pas du tout. Mais j'avais juste l'impression de ne pas pouvoir arrêter ça, j'avais la tête à l'envers. Ou peut-être que je n'avais pas assez envie d'arrêter pour en trouver le moyen. J'ai la nausée en écrivant ça, mais j'essaie d'être honnête. Il m'a caressé les cheveux, et puis il s'est mis à m'embrasser, et… bon, tu connais la suite. Tu nous as trouvés comme ça, et même à cet instant, je ne savais pas vraiment ce qui arrivait. Il t'a couru après, et je suis tombée, j'étais incapable de bouger. Je suis restée par terre pendant des heures.

Quand j'ai enfin réussi à me relever, tu étais partie, lui aussi, et je n'ai pas réussi à te joindre. La maison était dévastée, j'étais une vraie loque, et je ne savais pas quoi faire. J'ai passé quelques heures à dégueuler et à pleurer, et j'ai fini par marcher jusqu'à la gare dans la neige. Il n'y avait aucun train, évidemment, parce qu'on était le 1er janvier, et j'ai dormi dans la salle d'attente avec mes fringues de la veille. Je pensais alors que c'était le pire jour de ma vie, mais tous ceux qui ont suivi m'ont détrompée sur ce point. On peut toujours tomber plus bas. Je ne rejette la faute sur personne d'autre que moi-même et je ne cherche pas à esquiver. Vraiment pas. Je me déteste tellement, plus que tu ne me détestes toi-même à cet instant précis. Je suis sincèrement désolée – je ne sais pas quoi dire d'autre. Je crève d'envie de te parler, Rose, même si c'est juste pour me faire hurler dessus, ou que tu viennes à la maison me casser la gueule, n'importe quoi. J'accepterai toute punition que tu voudras m'infliger, quelle qu'elle soit. Mais s'il te plaît, s'il te plaît, s'il te plaît, laisse-moi te parler.

Je t'aime tant, et je n'arrive pas à croire que je t'aie trahie ainsi. Je ne m'attends pas à ce que tu me pardonnes, mais je t'en prie, au moins, appelle-moi et laisse-moi essayer de m'expliquer. S'il te plaît.

Poppy xxxxxxxxxxxxxxx

Chapitre 39

Rose

Je remets la lettre dans l'enveloppe avec le reste et regarde fixement le visage de Ronan Keating sur le mur. Je sais ce qu'il dirait. Il me raconterait que la vie est un grand huit, et qu'on doit juste faire avec les hauts et les bas. Et je sais aussi ce que ma mère dirait : que maintenant que j'en sais plus sur ce qui a eu lieu, maintenant que j'ai vu la vérité sous un autre angle, il faut que je lui pardonne.

Et je comprends pourquoi elle dirait ça, et elle aurait probablement raison. Mais ce n'est pas si simple, aussi déchirantes qu'aient pu être ces lettres. J'ai choisi de croire Gareth quand il a affirmé qu'elle avait fait le premier pas ; j'ai choisi de l'écouter quand il a imploré mon pardon, et j'ai choisi d'ignorer Poppy.

J'ai en partie fait ces choix parce qu'ils me permettaient de poursuivre la vie que je pensais vouloir avec Gareth. Mais c'était en partie également parce que la plus grande souffrance de toute cette sordide affaire était la trahison de ma sœur, pas celle de Gareth. J'ai pu lui pardonner parce qu'il n'avait pas causé autant de dégâts.

Poppy était ma meilleure amie, mon alliée dans la vie, ma petite frangine adorée ; Poppy était tout, et elle m'avait détruite. Savoir désormais, après toutes ces années, que les choses ne s'étaient pas exactement passées comme il les avait décrites n'est pas vraiment la révélation qu'elle peut imaginer, en réalité. Au plus profond de moi, je pense que j'ai toujours soupçonné la vérité, surtout avec du recul, et une vision plus nette de la manière dont mon ex-mari fonctionne. J'ai juste choisi de ne pas m'attarder là-dessus, parce que c'était plus simple d'exclure Poppy.

Je crois que l'une des raisons pour lesquelles j'ai renvoyé toutes ses lettres et refusé tous ses appels était d'éviter précisément ce sentiment. C'était plus simple de lui mettre la faute entière sur le dos. J'avais l'impression qu'elle m'avait entaillé le cœur à l'époque, et il était hors de question que je lui accorde des circonstances atténuantes. Personne ne pourrait m'en vouloir de réagir ainsi, même elle ; c'était complètement justifié, et je n'étais pas prête à écouter sa version des événements.

Je ne suis toujours pas certaine de l'être aujourd'hui. Parce que c'est trop énorme, trop malsain et, surtout, trop difficile. J'ai amputé ma vie d'un pan entier quand j'ai décidé de me couper de Poppy. Mais j'admets aujourd'hui que je me suis trompée, alors je vais aussi devoir affronter l'idée que, pendant tout ce temps, j'ai vécu sans raison dans une profonde solitude. Que nous avons brisé le cœur de notre mère sans raison valable.

Je ne suis pas prête pour ça, et je ne suis pas sûre de l'être un jour, parce qu'en fin de compte, même si je comprends qu'elle avait raison au sujet de Gareth, ce n'est pas une excuse pour avoir baisé avec mon mec, si ?

On a tous été bourrés. On a tous fait des conneries. Mais celle-ci ne se situe pas au même niveau que rapporter une borne de circulation chez soi, ou partir en courant d'un resto sans régler, ou payer le pourboire du chauffeur de taxi en lui roulant une pelle. C'est aux antipodes de tout cela, et ça ne se pardonne pas aussi facilement.

Je mets l'enveloppe de côté et décide que je dois descendre. Je suis là-haut depuis des heures, et j'aimerais assez y rester pour toujours. Je marque une pause à la porte de ma chambre, reviens sur mes pas et arrache du mur ce foutu poster des Boyzone.

Quand j'apparais dans le salon, Poppy est pelotonnée sur le canapé, sous l'une des très nombreuses couvertures en tartan de maman. Elle fait semblant de dormir, mais je ne suis pas dupe. Elle est dans un état effroyable, le pire où je l'ai vue depuis que toute cette affaire a commencé. Elle a les cheveux gras et plaqués sur la tête, la peau qui tire, pâle et sèche, et je remarque que ses ongles, d'habitude impeccables, sont rongés jusqu'au sang. Il doit s'agir d'une sorte de contamination ; quelques jours avec moi, et même la plus glamour des divas est condamnée à se transformer en sac mal fagoté.

— Je sais que tu ne dors pas, dis-je en m'asseyant dans le fauteuil de maman. Je le devine à la façon dont tu respires.

Elle feint de se réveiller, de bâiller, et ça me fait presque rire, tellement c'est puéril.

— Oh…, dit-elle en s'étirant et se frottant les yeux comme s'ils étaient encore remplis de sommeil. Est-ce que tu as lu les lettres ?

— Oui. Même si ton écriture était épouvantable, et qu'à l'évidence tu as pleuré comme une madeleine, et que l'encre a bavé.

— Et ? demande-t-elle en essayant de paraître dure sans y parvenir du tout.

— Et tu avais raison sur une chose que tu n'as cessé de répéter : rien de tout cela ne te dédouane. Il ne s'agit pas d'un film, Poppy, si ? On n'est pas dans *Au fil de la vie*, ni *Potins de femmes*, où on a son lot d'émotions, mais tout est bien qui finit bien. Nous sommes dans la vraie vie, et c'est beaucoup plus chaotique qu'un feuilleton à la con. Je ne suis simplement pas prête à traiter le F pour l'instant. En fait, le F peut aller se faire f… Je ne dis pas que je ne serai jamais prête, mais pas tout de suite. Même si maman agite les poings vers moi en prenant son air pincé, ce n'est pas si simple. Le mieux que je puisse faire, c'est dire que je suis désolée que tu aies traversé tout ça. C'était entièrement ta faute, mais je suis désolée, et je vois que ce n'était pas aussi clair et net que je le croyais. Maintenant, je préfère ne plus parler de ça, d'accord ?

Poppy se redresse péniblement, fait tomber la couverture par terre en remuant et refuse de croiser mon regard. J'ignore ce qu'elle pense à cet instant. Peut-être espérait-elle secrètement que j'allais lire ces lettres et me précipiter en bas pour la prendre dans mes bras. Peut-être pense-t-elle que je suis une peau de vache. Peut-être ne pense-t-elle rien de tout ça, parce que cette Poppy, la nouvelle Poppy, est bien plus douée pour cacher ses sentiments que l'ancienne. Ce qui me convient parfaitement, vu que je n'arrive plus à gérer mes émotions. J'en suis déjà submergée, et les larmes m'irritent les yeux.

— OK, dit-elle simplement. Ça se comprend. Est-ce qu'on poursuit l'abécédaire ? Plus vite on avance, plus vite on pourra reprendre le cours normal de nos vies.

Je reconnais son ton neutre comme une posture d'autodéfense classique, et je fais avec. Parce qu'elle a raison : nous devons aller au bout de ce projet et y survivre toutes les deux. Je sais que feu notre super mère nourrissait de bonnes intentions, mais en ce moment, on dirait que ça fait plus de mal que de bien. Cela rouvre de vieilles plaies qui ne s'arrêteront peut-être pas de saigner, quel que soit le nombre de pansements qu'elle tente de coller dessus avec son kit de premiers secours célestes.

— Ouais. Très bien. Quelle est la suite ?

Elle tend la main vers l'index, qui commence à présent à se déchirer là où il a été plié et replié.

— Est-ce que tu as une copie de ça ? demandé-je en sourcillant.

— Oui, Lewis a envoyé une copie numérique, en plus j'ai pris des photos au cas où. Bref… G est facile. G c'est pour Garçon Génial, et il y a une annotation à côté : « Ceci est pour Joe, et ce ne sont pas vos oignons. » Je l'ai vue tout à l'heure, c'est dans la boîte aux roses. On dirait que c'est l'une de ces cartes avec les mammifères britanniques. Peut-être un adorable cerf ou un ravissant blaireau. H est la prochaine lettre qui nous concerne, par contre. C'est un programme de théâtre, une note et un DVD. Et en supplément, ce qu'elle décrit comme « beaucoup de petites bricoles ». Je dis « elle » parce que je n'arrive pas à imaginer Lewis dire un truc pareil. Tu veux faire ça maintenant ?

— Pourquoi pas, tant qu'on y est. Je vais nous préparer du café.

Poppy se met à fouiller dans la boîte pendant que je vais dans la cuisine pour allumer la bouilloire. Je m'aperçois alors que je n'ai rien mangé de la journée, et que je n'ai même pas faim, peut-être pour la première fois depuis environ quinze ans.

Le traumatisme émotionnel a au moins des effets secondaires bénéfiques, semble-t-il.

Chapitre 40

Andrea : H pour Ho, la cabotine !

« Bonjour mes amours,

Je vous écris ceci un beau soir de juin. C'était l'une de ces glorieuses journées où vous sentez sur votre peau le soleil disparu depuis si longtemps, et tout dans la nature semble si heureux d'être vivant. Souvenez-vous bien de remplir l'abreuvoir et la mangeoire à oiseaux pendant que vous êtes là, d'accord ? Je ne voudrais pas que ma jolie petite famille de mésanges bleues pense que je les ai abandonnées.

Je suis allée à l'hôpital aujourd'hui, et ce n'était pas agréable. On m'a administré un traitement qui m'a mise dans un état absolument épouvantable, je pense donc que ce sera la dernière fois que je m'en donne la peine. Ça va seulement repousser l'inévitable, et j'ai décidé que je préférais passer mes dernières semaines à me sentir au moins humaine. Il me reste encore beaucoup à faire, et je n'y arriverai pas avec la tête dans la cuvette des toilettes. Soit dit en passant, ne vous en faites pas, Lewis m'a accompagnée à chaque étape du processus. J'ai pratiquement dû le virer à coups de pied pour pouvoir travailler un peu.

Bref, revenons-en aux choses sérieuses. Je ne sais pas combien de temps je vais pouvoir tenir aujourd'hui, et je vous prie d'ores et déjà d'excuser ma déplorable écriture. Je passe tellement de temps en compagnie de docteurs que j'ai commencé à écrire comme eux ! Je vais caler cette note dans l'un de mes vieux programmes, et le sujet de conversation ce soir se résume sans aucune gêne à… moi. Rien que moi, moi, moi, moi, moi. Alors voilà.

J'interromps un peu mes petites perches émotionnelles, les filles, pour m'offrir une bonne vieille séquence nostalgique d'apitoiement sur mon sort. Ça m'a tellement plu de rassembler tout ceci, en parler à Lewis, et revivre quelques illustres moments. Les vieux cabotins ne meurent jamais, mes chéries, ils perdurent au paradis du septième art ! Je veux dire, sir Alec Guinness est peut-être mort depuis longtemps, mais nous savons encore que “ce ne sont pas ces droïdes-là que vous recherchez”, n'est-ce pas ?

Le film que j'ai choisi – dans la pile – est *Grease*, et ces représentations que j'ai données pendant les vacances scolaires, dans le rôle de Frenchy. J'étais beaucoup trop âgée pour jouer une lycéenne, mais le théâtre ne s'embarrasse pas de ce genre de détails, et c'était très amusant. Vous veniez avec moi, preniez place tous les soirs dans la loge, et vous l'avez vu tant de fois que vous connaissiez toutes les paroles de cette chanson qui faisait "shama-lama-ding-dong" vers la fin. En plus, vous formiez le duo le plus craquant sur *Summer Nights* ; tu insistais toujours pour être Danny, pas vrai, Poppy ?

C'était une époque heureuse, mais ce n'était pas toujours facile de combiner mon travail avec ma situation de mère célibataire. Rose, je suis sûre que tu comprends ce que je veux dire, maintenant que tu en as fait toi-même l'expérience. J'essayais de vous offrir une vie aussi stable que possible à toutes les deux, et cela impliquait de faire beaucoup de compromis avec ma carrière de comédienne.

J'essayais de travailler pendant les vacances quand vous pouviez m'accompagner. Vous avez passé des journées assises sur le plateau avec des livres de coloriage et des points à relier ; qu'est-ce que j'aurais donné pour l'une de ces consoles Nintendo ! J'ai dû refuser des rôles, et bien entendu je n'étais pas basée à Londres, qui est le centre de l'univers connu pour le métier d'acteur, alors ça n'a pas toujours été simple. Il fallait que je trouve un équilibre entre la nécessité de perturber vos vies et celle de gagner de l'argent, et continuer de vous chausser en Clarks et de vous nourrir de Fig Rolls, ainsi que tous ces autres trucs assommants comme payer le prêt du cottage et la facture de gaz.

C'était un défi permanent, et je suis très contente que Penny Peabody soit arrivée dans mes dernières années et m'ait épargné une existence à découper des bons d'achat alimentaires et à rationner mes bains moussants. Cependant, aussi éprouvant que cela ait pu être, j'ai eu une carrière fabuleuse.

Je me suis beaucoup amusée, j'ai rencontré des gens très intéressants ; j'ai voyagé, et j'ai vu du monde, et j'en ai apprécié à peu près chaque instant. Bien sûr, jouer la comédie n'a jamais été considéré comme un métier convenable. Cependant, même si je n'ai pas eu le talent ni la célébrité de certains de mes contemporains, j'ai adoré ça et, d'une certaine manière, avec un clin d'œil entendu du grand monsieur là-haut, je semble être parvenue à combiner mon activité avec l'éducation de deux petites filles en solo.

J'ai élaboré une petite bande démo pour vous, les filles. C'est sur le truc de partage de vidéos que Lewis a mis en place, mais c'est également sur DVD. Je voulais que vous l'ayez aussi sous ce format afin que vous puissiez le transmettre à Joe sans qu'il ait à voir les autres vidéos sans doute moins drôles.

C'est une collection d'extraits de mes films et programmes télé favoris ; vous aurez l'occasion de voir votre vieille mère dans des rôles de pute au grand cœur, serveuse de bar, secrétaire impertinente, séduisante mère de famille, directrice d'école austère et, peut-être ma préférée de toutes, la jeune victime de l'élégant et irrésistible comte Dracula ; c'était avant votre naissance, et, soit dit en passant, mes seins dans cette tenue de paysanne sont absolument magnifiques. Ils auraient mérité un film à eux seuls! Il y a quelques extraits de certains de mes spectacles au théâtre, et pour prouver que je ne suis pas totalement narcissique, j'ai ajouté quelques archives de vous deux. Même si vous n'allez peut-être pas me remercier pour ça : c'est vous en train de faire votre numéro sur *Summer Nights*, avec des tonnes de "wella-wella-wella-huh" ! Dans le paquet, vous trouverez aussi d'autres programmes de théâtre, quelques vieux posters de films qui ont survécu aux décennies, et même certaines de mes critiques. Seulement les favorables, bien sûr ; le reste a été solennellement rôti au-dessus d'un brasero. J'espère que vous trouverez ça drôle, et que ça vous aidera aussi à me voir comme quelqu'un d'autre que votre mère, car si c'était évidemment mon rôle le plus important dans la vie, c'était loin d'être le seul. Maintenant, tant que j'y suis, parlons de la lettre I. Je vais demander à Lewis de la mettre simplement à côté du H et de la laisser vierge, parce que pour être honnête, les filles, je ne vois absolument rien d'intéressant qui va avec. Alors je décide que I, c'est pour Ivresse ! Je vous en prie, attaquez ce délicieux amaretto que j'ai laissé dans le placard à alcool pendant que vous regardez.

Bon visionnage, et profitez !

Maman xxx »

Chapitre 41

Poppy

— Elle était très, très bonne, non ? dit Rose en bredouillant légèrement autour de son verre d'amaretto.

Elle a pris maman au mot sur l'ivresse ; certaines instructions sont plus faciles à suivre que d'autres.

Je m'en moque. En vérité, c'est tombé à pic, car la situation était un brin tendue après la lecture des lettres que je lui avais envoyées il y a des années. Je ne sais toujours pas si j'ai fait le bon choix ou pas en l'autorisant à en prendre connaissance. J'imagine que si elle avait descendu l'escalier à toute allure en larmes et que nous avions eu d'émouvantes retrouvailles, j'aurais un avis plus tranché sur la question. La réalité, c'est qu'elles l'ont un peu prise au dépourvu, la rendant encore plus méfiante et prudente. J'essaie de ne pas me rappeler trop clairement ce qu'elles contenaient, et de ne pas éprouver trop d'amertume qu'elle n'ait pas été disposée à en discuter davantage. Peut-être qu'au fond de moi j'espérais que les choses changeraient, et qu'elle s'apercevrait combien toute cette histoire m'avait ravagée une fois qu'elle aurait lu ma version des événements.

Puisque rien de tout cela ne semble se produire – comme elle l'a dit, on n'est pas dans *Au fil de la vie* –, l'amaretto est un lot de consolation bienvenu. Ça, et une soirée très divertissante, à regarder ma mère se pavaner sur l'écran dans différentes tenues, employer divers accents et galocher toutes sortes d'hommes. C'étaient un peu des montagnes russes pour moi, car je suis moins soûle que Rose. Une partie du film était vraiment très, très drôle, en particulier maman dans le rôle de la jeune paysanne qui tombe sous le charme de Dracula tandis qu'il la mord. Mais, un peu plus tard, je me suis retrouvée là, dans la pièce éclairée par la lueur vacillante de la télé, à verser des flots de larmes silencieuses ; voir maman là, sur cet énorme écran plat, mais en sachant que je ne serai plus jamais en mesure de lui parler de quoi que ce soit de tout ça.

Plus jamais en mesure de lui demander comment elle a gardé son sérieux pendant le film d'horreur, ou comment elle a réussi à échapper à ce fou au couteau en talons aiguilles de quinze centimètres, ou pourquoi elle avait un tel faible pour Ian McShane. Elle est partie, et la voir changer au fil des années sur l'écran ne fait que souligner combien je considérais sa présence comme acquise pendant qu'elle était là, et combien elle va me manquer maintenant qu'elle n'est plus là.

— En effet, réponds-je.

Nous ignorons poliment l'extrait où nous jouons à Danny et Sandy dans *Grease*, c'est adorable et douloureux à la fois.

— Elle aurait pu avoir une vraie carrière de star, non ? ajouté-je. Si elle ne s'était pas efforcée à aussi veiller sur nous ?

— Ouais, mais tu ne peux pas voir ça sous cet angle, dit Rose en tentant de se verser un autre verre avant de prendre un air confus en découvrant que la bouteille est vide. Elle nous aimait, et elle aimait être notre mère, et quand tu es mère, peu importe ce à quoi tu dois renoncer.

— Vraiment ? demandé-je en sachant que je parais loin d'être convaincue.

Parce que je ne comprends sincèrement rien à cet aspect de la vie de Rose, ou de celle de maman.

— Vraiment. Je veux dire, tu ne sais pas, tu n'as jamais eu d'enfants… Mais c'est comme ça que ça marche. Ça m'est égal d'être aide-enseignante ; ça m'a permis de passer plus de temps avec Joe.

— Mais tu n'étais pas censée trouver un remède contre le cancer ?

— Pour être honnête, si je trouvais un remède contre le cancer, je le perdrais probablement au fond du canapé dans les minutes qui suivraient. Après le départ de Gareth, j'aurais pu poursuivre ma carrière, mais ça me semblait impossible. Je n'étais pas exactement submergée de confiance en moi, mon budget était serré, et il fallait que je pense à Joe. J'avais besoin d'un emploi stable qui ne soit pas trop exigeant, et pendant des lustres, ça a fonctionné à la perfection. On ne peut pas toutes avoir des carrières de championnes, tu sais.

Je ravale un renâclement, parce que si je m'en suis bien sortie, et que je suis devenue la patronne de mon propre petit univers, ces temps-ci je me vois de moins en moins comme une championne et plus comme une nulle qui n'a jamais passé une seule journée de travail dont elle soit vraiment fière.

— Et maintenant ? demandé-je, ne souhaitant pas jeter la crise de mi-parcours professionnel dans mon actuel seau de merde. Maintenant que Joe est plus âgé, tu pourrais faire autre chose, non ?

Elle affiche une moue, se sert de son doigt pour recueillir les dernières gouttes de liqueur sur les parois de son verre et le lèche avant de répondre.

— Je pourrais. En fait, je devrais. Il va au lycée, et ce n'est pas comme si j'étais hyper vieille ou autre. J'ai éventuellement pensé à une formation d'enseignante, mais on ne pourrait jamais se le permettre.

— Est-ce la seule raison ? Parce qu'il y a cette police d'assurance-vie que Lewis a évoquée ; en plus, eh bien, tu sais, nous pourrions décider de vendre cet endroit. Maman aurait voulu que tu utilises l'argent pour changer de vie.

— Peut-être. Même si j'ai du mal à m'imaginer vendre le cottage tout de suite. Ça va me faire pleurer, et peut-être même gerber. Ce n'est pas seulement l'argent… Je ne suis pas certaine d'y arriver. Il faut être vraiment organisée pour être prof, et avoir beaucoup de confiance en soi, et... Enfin, je n'ai rien de tout ça.

— Que des conneries ! dis-je en lui prenant le verre des mains tandis qu'elle commence à y fourrer sa langue pour lécher une goutte au fond. Tu es hyper intelligente, Rose, tu l'as toujours été. Tu peux faire tout ce que tu veux, si tu te donnes la peine de t'y mettre.

Elle esquisse une moue renfrognée, mais lâche le verre. Je vois ses yeux dériver en direction de la cuisine, devinant qu'elle se demande ce qu'il y a d'autre dans le placard à alcool.

— Tu parles comme si tu sortais d'une émission de téléréalité américaine, Poppy, réplique-t-elle. Du genre si je peux le rêver, je peux le devenir, et toutes ces foutaises... Ce n'est pas si simple dans la vraie vie. Crois-tu qu'il lui reste du gin ? Je veux dire, elle a précisé que I, c'est pour Ivresse, et je ne veux pas la décevoir.

— Je pense que tu l'as déjà rendue fière sur ce plan. Et je pense aussi que tu es une froussarde. Va faire ta formation d'enseignante, tu vas cartonner.

— ... dit la femme qui a toujours voulu écrire un roman à succès, et qui pond des slogans pour les ramasse-crottes...

Je lui tire la langue et emporte les verres dans la cuisine. Elle peut avoir raison ou tort sur ce point, mais ce n'est pas le moment d'en débattre. C'est le moment d'aller se coucher.

— Faisons le J, suggère-t-elle tandis que je reviens dans la pièce, clairement animée d'autres idées. Je suis complètement bourrée, et je ne me souviendrai de rien demain matin, alors autant se débarrasser d'une autre lettre. J'ai remarqué qu'elle essayait d'en pondére les effets, en alternant les atrocement douloureuses avec les drôles. Et comme nous nous sommes presque pissé dessus de rire devant ce DVD, et que nous avons encore ces vieux montages adorables à regarder, je suppose que J sera une saloperie absolue. Faisons ça maintenant.

Elle a raison, bien sûr, maman procède ainsi. Elle nous garde captivées, nous manipule à la perfection, fait monter puis retomber la tension. Et je sais déjà ce que nous réserve la lettre J. J, c'est pour Jalousie, et c'est une liste de choses qui l'ont rendue jalouse dans sa vie, et notre tâche consiste à parler des différentes façons dont nous avons été jalouses l'une de l'autre.

Donc, s'il serait vraiment judicieux d'aller au lit – surtout Rose –, la perspective de nous débarrasser de cette lettre alors que l'une de nous est légèrement éméchée et l'autre complètement cramée n'est pas si mauvaise.

— OK, dis-je, si tu insistes. Je ne vais opposer aucune résistance à deux tiers d'une bouteille d'amaretto, ça, c'est sûr. Donne-moi une minute.

J'ouvre la boîte et trouve l'enveloppe marquée d'un « J ». Tandis que je m'affaire, Rose va d'un pas traînant dans la cuisine, et j'entends des portes s'ouvrir puis claquer, et le tintement révélateur de verres avant qu'elle ne revienne avec deux grands gins.

— J, c'est pour « Jin » avec une faute d'orthographe, dit-elle en me tendant un verre. Je taperais dans le mille avec cette formation d'enseignante, non ?

— Carrément. Bon, J c'est pour Jalousie en fait, réponds-je en lui brandissant une carte plastifiée pendant qu'elle retourne sur le canapé en s'y jetant si violemment que les coussins gémissent quand elle atterrit. Est-ce que je te la lis ?

— Tu ferais mieux, dit-elle en renversant la moitié du gin sur son tee-shirt.

J'allume une lampe et regarde attentivement le texte. Je ne suis moi-même pas très sobre, et je me réjouis que celle-ci ait été tapée sur ordi, de telle sorte que je n'ai pas à déchiffrer les gribouillis de plus en plus illisibles de maman. Je sais que plus son écriture devient chaotique, plus elle traduit sa souffrance, et ça m'est insupportable. J'aimerais pouvoir l'effacer de mon esprit.

— OK… Voilà ce que ça dit… « Mes filles chéries, aujourd'hui nous allons aborder le redoutable Monstre aux yeux verts, dans toutes ses diverses formes. La Jalousie, l'envie, la convoitise du cul de ton voisin… »

— Je convoite le cul de mon voisin Simon, interrompt Rose. C'est un cul de haute voltige, je te prie de le croire.

Je reste silencieuse et la dévisage, jusqu'à ce qu'elle émette un son d'excuse et mime le geste de se zipper la bouche. Je reprends ma lecture.

— « La Jalousie, l'envie, la convoitise du cul de ton voisin, quel que soit le terme que vous voulez mettre dessus, nous l'avons toutes ressentie. Une des saloperies du spectre de nos émotions les plus dégradantes. J'ai dressé une liste des choses qui ont fait ressortir mon monstre aux yeux verts, et une fois que vous aurez lu ça, j'aimerais que vous discutiez de vos listes respectives, en particulier les façons dont vous avez été jalouses l'une de l'autre, dans votre enfance, et à présent. Ça s'annonce palpitant, non ? »

— Non, dit Rose d'un air si maussade qu'on dirait de nouveau une adolescente. Ça s'annonce merdique. Désolée… désolée… Continue. Lis cette foutue liste, alors.

— « **Numéro 1**, commencé-je en gardant une voix ferme pour qu'elle ne soit pas tentée de me couper de nouveau, j'ai toujours été jalouse de Joan Collins. Elle avait les pommettes les plus parfaites que j'aie jamais vues, et ça m'a toujours donné envie de renoncer.

Numéro 2 : quand Judi Dench a été choisie pour jouer M, j'ai totalement crisé, parce que c'était l'un des rôles de mes rêves.

Numéro 3 : j'ai toujours désespérément convoité Ian McShane – un homme si beau, il a fait surgir la bête en moi ! – et j'ai été atrocement jalouse de toutes les actrices qui ont pu apparaître dans *Lovejoy* avec lui.

Numéro 4 : j'ai jalousé tous les petits couples modèles du village, surtout quand je devais les côtoyer aux événements de l'école. À l'époque, être mère célibataire n'était pas aussi courant qu'aujourd'hui, et même si j'étais heureuse de mes choix de vie, voir leurs adorables petits noyaux familiaux me donnait toujours envie de hurler.

Numéro 5 : j'étais un peu jalouse de vous quand vous étiez ados, si jeunes et parfaites, avec le monde à vos pieds, précisément au moment où mon existence semblait se réduire au néant.

Numéro 6 : j'étais extrêmement jalouse des gens qui avaient de l'argent, et je rêvais souvent que je devenais soudain riche, et que je pouvais vous offrir tout ce que vous vouliez… en plus de charmantes virées shopping chez *Harrods*.

Numéro 7 : ma peau tournait au vert émeraude chaque année quand je veillais tard pour regarder les Oscars, en sachant que j'avais raté le coche sur ce plan. Je me consolais en déblatérant sur les robes. Lewis m'a aidée plus tard sur ce point, et il est encore plus mauvaise langue que moi.

Numéro 8 : parfois, et là c'est honteux, j'étais jalouse des célibataires sans enfants, qui pouvaient sortir quand elles le voulaient et faire des mini-séjours à Marrakech. »

Je finis de lire la liste, qui s'arrête brutalement. Je soupçonne qu'il y en avait davantage, mais elle n'était sans doute pas prête à passer aux aveux sur le reste, ou peut-être était-elle trop fatiguée pour se donner la peine.

Je suis contente que Rose m'ait laissée aller au bout sans interruption, et je me rassois sur mes talons, en attendant sa réaction. Ce n'était pas aussi désagréable que ça aurait pu l'être, et je ne peux vraiment pas en vouloir à maman pour quoi que ce soit de tout cela. Bien que nous pensions que nos parents sont des super-héros quand nous sommes enfants – des super-héros péniblement autoritaires –, elle était seulement humaine.

— C'est tout ? demande Rose en me regardant avec l'air d'en attendre plus. Ce n'est pas tellement long, si ? Et je ne comprends toujours pas cette histoire à propos d'Ian McShane, et toi ? Bref, qu'est-ce qu'on est censées faire maintenant ? Encore discuter de nos fichus sentiments ?

Le gin a entièrement disparu de son verre, et elle cligne rapidement des yeux, comme si elle s'efforçait d'arrêter de voir double. Elle est bien trop soûle pour ce genre d'activité.

— Oui, mais on pourrait régler ça demain si tu veux…

— Non ! Je commence. J'ai toujours été jalouse de tes jambes. Elles sont interminables, et tu me donnais toujours l'impression d'être Mme Courte-sur-pattes quand je me tenais à côté de toi.

Hum. *Très bien*, me dis-je, en décidant de lui rendre la pareille.

— J'ai toujours été jalouse de tes nichons. Je n'ai pas eu l'ombre d'une protubérance avant mes seize ans, et même là, il n'y avait pas de quoi casser trois pattes à un canard. Tu as toujours été si pulpeuse, et ta peau était parfaite, alors que j'étais couverte de boutons gros comme des centrales électriques.

— Ouais… Tu as vraiment souffert de ça, hein ? Pauvre petite Poppy Clafoutis ! Eh bien, j'étais jalouse de tes cheveux aussi ; ils ont toujours été raides, brillants et faciles à coiffer, alors que les miens sont un vrai cauchemar. À toi.

— J'ai toujours voulu tes boucles, ça te donnait une allure de déesse. Et tes yeux. Tu as les yeux de maman, et moi, on peut supposer que je me suis fait refourguer ceux de notre père absent.

Elle hoche la tête, se mord la lèvre et songe clairement à ce qu'elle pourrait ajouter d'autre à la liste.

— Je détestais cette intelligence des mots que tu avais. Tu pouvais composer de petites rimes, inventer des limericks, improviser des airs de rap. Tout ce que je savais faire, c'était utiliser des becs Bunsen.

Je ne suis pas si sûre d'apprécier la manière dont cela a glissé vers la « détestation », mais je ne peux pas y faire grand-chose. Rose est sur sa lancée.

— Eh bien, j'étais jalouse de tous tes amis. Les gens t'aimaient bien plus que moi, même si je savais rapper, dis-je.

Ce qui est vrai, elle a toujours été beaucoup plus populaire.

— Et tu étais jalouse de Gareth, ajoute-t-elle en pointant un doigt hésitant vers ce qu'elle pense être moi, mais s'avère en fait à quelques pouces sur ma gauche.

— Oui. Je détestais Gareth, admets-je.

— Eh bien, moi, réplique-t-elle en se penchant tellement en avant que je crains qu'elle tombe du canapé et atterrisse dans un tas de Rose chancelante par terre, moi, je déteste ta putain de gueule ! Point final !

Bon, me dis-je en descendant mon gin d'un trait, *ça s'est plutôt bien passé.*

Chapitre 42

Rose

Il se trouve que K, c'est pour Karaoké. Poppy a plongé la main dans la boîte magique pour découvrir qu'il s'agissait juste d'un prospectus criard format A4 pour une soirée hebdomadaire au *Farmer's* qui, j'ai pu le remarquer, a profondément offensé le gourou du marketing qu'est devenue ma sœur.

— Il y a une faute d'accord, a-t-elle déclaré en l'examinant avec dégoût. « Les vendredis soir, tout le monde chante. » Beurk !

Les fautes d'accord, pour être honnête, étaient le cadet de mes soucis. Notre très chère mère avait simplement écrit en haut de la feuille, au feutre rouge vif : « Allez-y ! » Vous ne pouvez vraiment pas passer à côté de son sens de l'humour.

Au moins, c'était quelque chose que nous pouvions faire en soirée, ce qui me laissait toute la journée pour essayer de me rendre présentable. J'ai ouvert l'un des nombreux coffrets de toilette cadeaux, et j'ai appliqué sur mes cheveux un masque ultra-riche, pour essayer de dompter les frisottis.

Je me suis épilé les sourcils pour avoir un peu moins l'air d'un loup-garou, et j'ai réussi à m'entasser dans mon jean au lieu de mes habituels bas de jogging. J'ai peur que mes jambes ressemblent à des saucisses géantes qui marchent, mais je ne peux rien y faire de plus dans ce laps de temps. Poppy m'a jeté un coup d'œil et a décidé de m'offrir un mini-relooking, que j'ai subi en silence, et avec une bonne dose de dignité. Elle a coupé mes cheveux, ouvert quelques boutons de mon haut pour exhiber la naissance de mon décolleté, et m'a maquillée.

— Tu as toujours été tellement plus douée que moi pour ça, ai-je dit, tandis qu'elle mettait en forme et mélangeait, avec une concentration à toute épreuve.

— J'étais obligée. Poppy Clafoutis, tu te souviens ?

Oui, je me rappelle. Pas seulement que les autres la surnommaient ainsi, mais que je le lui ai moi-même balancé la veille. Je me sens rougir de honte en y repensant ; elle avait vraiment souffert.

Quand Poppy a fini de créer son chef-d'œuvre de maquillage, elle m'a donné un petit coup de houppette sur le nez, exactement comme le faisait maman, ce qui a failli me faire pleurer et saboter toute la magie du mascara. Je dois toutefois admettre qu'elle a accompli du bon travail, et j'ai l'air mieux que je ne l'ai été depuis… eh bien, des années. Elle, évidemment, s'est contentée de se glisser dans une minuscule minijupe en cuir et a fait virevolter ses cheveux brillants pour devenir un top model. Connasse !

À présent, nous sommes garées devant le pub, et je n'ai aucune envie d'y entrer. Je conduis, puisque j'arrête temporairement l'alcool après de récents excès, et Poppy vérifie son rouge à lèvres dans le miroir passager. Le miroir qui tient avec du chatterton argenté. J'en garde quelques rouleaux dans mon coffre, comme une tueuse en série.

— Ta voiture est une poubelle, déclare-t-elle une fois qu'elle est satisfaite. On a l'impression d'être piégée dans le bac de recyclage d'un *McDo.*

— Merci, rétorqué-je en détachant ma ceinture de sécurité, nous visons à combler vos attentes. Seigneur... Je n'ai vraiment pas envie de faire ça.

— Pourquoi pas ? demande-t-elle en sourcillant vers moi. C'est mieux que de rester assises au cottage à pleurnicher sur les fantômes de traumatismes passés, non ? Par ailleurs, tu as une belle voix. Ça pourrait être drôle.

— Ce n'est pas ça... Je ne veux pas revoir ces gens. Regarde ce parking, il est bondé. Tous les habitants du village seront là. Et ils diront tous des trucs du genre : « Regardez-moi ces deux petites dames », et : « Elles reviennent seulement maintenant qu'elle est morte », et : « Mon Dieu, elle a grossi, bien fait pour elle », et...

— Et je pense que tu surestimes l'intérêt qu'on nous porte, Rose. Ils ont assez à faire avec leur vie pour juger les nôtres. Et même s'ils le font, qu'est-ce que ça peut foutre ? Une fois que tout ça est terminé, on n'aura plus jamais à les revoir, si ? Maintenant, viens. Mets-toi dans le rythme, ma fille. C'est l'heure du spectacle.

Elle sort de la voiture et chancelle sur le gravier avec bien trop d'assurance pour une femme dans ce genre de chaussures. Franchement, on dirait qu'elle les a volées à une prostituée.

Je lui adresse une moue renfrognée, mais je la suis, et grimace tandis que nous ouvrons la porte du pub. C'est un endroit que j'ai souvent fréquenté. Un endroit où j'ai passé d'innombrables heures de mon enfance à manger un paquet de chips et boire une limonade pendant que maman avait des conversations d'adulte. Il m'est arrivé aussi d'y écluser trois ou quatre litres de gin-to.

Une fois à l'intérieur, je laisse mes yeux s'accoutumer au faible éclairage et m'efforce vivement de fermer mes oreilles à la version de *I Will Always Love You* qui se fait massacrer au micro. Je regarde autour de moi et vois que ça n'a pas beaucoup changé ; toujours les mêmes sols en pierre brute ; l'ancien bar en bois ; les médaillons de harnais suspendus au mur. On a repeint, et ça sent beaucoup moins le tabac froid, mais à part ça, c'est comme mettre le pied dans une machine à voyager dans le temps. Je m'attends presque à voir maman tenir salon dans le coin où elle s'asseyait toujours, et nous envoyer au bar afin qu'on remplisse son verre.

À mon grand soulagement, il ne s'abat pas un énorme silence quand nous entrons pendant que tout le village nous dévisage avec hostilité. En vérité, tout ce qui se produit, c'est que quelques personnes nous adressent un geste de la main, et certains des fermiers nous lancent leur traditionnelle effusion de salutations consistant en un bref hochement de tête. Je me dirige vers une table libre, et Poppy va aussitôt nous chercher à boire. Je m'assois nerveusement, en enroulant mes cheveux autour de mes doigts, et l'observe. Il y a un jeune homme exceptionnellement beau derrière le comptoir, et ils semblent se prêter bien plus d'attention que nécessaire pour commander un spritz bianco et un Coca Light. L'interprétation mutilée de Whitney Houston s'interrompt enfin, et je vois, tandis qu'elle descend de l'espace scénique de fortune, que Whitney était en fait Tasmin Hugues, ma vieille camarade de classe d'il y a un million d'années. Elle est toute pomponnée, vêtue d'une robe blanche légère qui la fait ressembler à Marilyn Monroe après avoir mangé tous les cakes de l'univers. C'est une femme forte, mais elle le porte avec cette fierté insolente qui la rend séduisante, un art que je n'ai jamais vraiment maîtrisé. Elle marque une pause en passant, me jette un coup d'œil, puis un second, et son visage s'illumine dans un grand sourire. Je lui renvoie son sourire, en priant pour qu'elle poursuive son chemin, et m'efforce de maintenir mon rictus en place quand elle s'assoit à côté de moi.

— J'espérais te revoir dans les parages ! s'exclame-t-elle en s'éventant avec un sous-bock pour se rafraîchir. Comment vas-tu, Rose ? Seigneur, ça fait un siècle, non ?

Elle n'attend pas que je réponde et me saisit plutôt la main.

— J'étais tellement désolée d'apprendre pour ta maman, reprend-elle en affichant une compassion sincère. C'était une femme adorable, et elle nous manque à tous. Surtout ici.

— Ici ? Tu veux dire au *Farmer's*, ou à la soirée karaoké ?

— Les deux. Elle faisait chaque fois une fabuleuse version de *Big Spender*. Ça mettait les vieux grincheux dans tous leurs états, vraiment ; qu'est-ce qu'elle était sexy !

Je suis momentanément décontenancée par cette image, mais une fois que je plisse les yeux vers la scène, entourée de lumières disco, je la vois presque : maman qui en fait des tonnes, qui se dandine et se trémousse, tentant sa meilleure réincarnation de Shirley Bassey. J'éclate soudain en sanglots, submergée de larmes inopportunes dues en partie à cette vision, et en partie à la gentillesse inattendue de Tasmin. Je ne sais pas vraiment si j'arriverai un jour à comprendre ces montagnes russes émotionnelles ; une minute je les surmonte, la suivante je me noie dans la perte et le regret.

Tasmin sort immédiatement un mouchoir de son décolleté, que j'accepte avec un gargouillis morveux, et me dit :

— Ça va, chérie, ne t'en fais pas ; je suis passée par là, et je sais que ça fait mal. Ça ira mieux, je te le promets. Simplement, n'essaie pas de bâillonner ta tristesse. Laisse-lui libre cours, et elle s'effacera plus vite. Comme une partie de jambes en l'air quand tu es bourrée.

— Ta mère est morte ? demandé-je en sourcillant tandis que je tente de me rappeler si on me l'avait dit.

Je me souviens bien de la mère de Tasmin ; une imposante blondasse, qui dirigeait une équipe de machos à l'usine de volailles. Elle était ce que maman qualifiait toujours de « dame formidable », l'un de ses plus nobles compliments, généralement réservé à Dame Joan Plowright et la reine Victoria.

Tasmin acquiesce, ce qui agite à la fois ses boucles blondes et son triple menton, puis répond :

— Il y a environ huit ans. Cancer du sein. Les médecins m'ont conseillé de me faire trancher les miens par précaution, mais je ne suis toujours pas prête à me séparer d'eux.

Elle baisse les yeux sur son décolleté scintillant avec adoration, et je me retrouve à suivre son regard pour contempler sa poitrine.

— Bref, reprend-elle, perdre sa mère est horriblement difficile, quel que soit l'âge. Une douleur qui te relance. J'ai toujours ces crises de larmes, sauf qu'elles surviennent de moins en moins souvent. Elle me manque encore, et ça ne changera pas.

— Je suis désolée, pleurniché-je, bouleversée par ses paroles de réconfort. Je suis désolée que ta mère soit morte. Désolée de pleurer. Et désolée de ne t'avoir jamais rendu visite quand tu es tombée enceinte.

— Doux Jésus ! dit-elle, rejetant la tête en arrière en riant. Ne t'inquiète pas pour ça ! Tu n'étais toi-même qu'une gamine, et tu n'as pas été la seule… à croire que j'étais devenue une pestiférée ! Mais tout s'est bien passé. C'est mon Jake là-bas, qui tient le bar. Il est directeur adjoint, oui, ma chère !

Je suis son doigt et m'aperçois qu'elle le pointe vers le beau type devant qui Poppy fait virevolter ses cheveux. Seigneur ! Il doit avoir, quoi, vingt-six, vingt-sept ans ? Incroyable !

— Est-ce que tu es toujours avec… quel était son nom, Sean ?

— Par miracle, oui. Tout va pour le mieux dans le meilleur des mondes. Demande de divorce et menace de mort, à l'occasion. Mais oui, toujours ensemble, contre toute attente. Nous avons deux autres enfants plus jeunes, mais ils sont évidemment au *Tennyson's*. Au fait, est-ce que c'est ta sœur Poppy là-bas, qui parle à Jake ?

— Je pense que *parler* est un euphémisme vu ce qu'elle est en train de fabriquer, réponds-je en sentant ma figure s'embraser de honte. On dirait qu'elle va le manger au dîner. Je suis également désolée pour ça.

— Une fois de plus, inutile de l'être. Est-ce que ça t'arrive de faire autre chose que t'excuser ? Jake est un adulte, et j'ai renoncé depuis longtemps à me soucier de sa vie sexuelle, une fois que je lui avais enfoncé dans le crâne que nous ne souhaitions vraiment pas qu'il reproduise ma situation. Il vit dans un appartement insonorisé au-dessus du garage, et ce que je n'entends pas ne m'atteint pas. Et toi ? Tu as un garçon, n'est-ce pas ? Ta mère était si fière de lui.

— Oui. Joe. Il a seize ans. Je suppose donc que je vais bientôt devoir commencer à m'inquiéter de sa vie sexuelle. Et… merci. D'être si gentille.

— Pourquoi ne le serais-je pas ? s'étonne-t-elle, l'air confus.

— Parce que nous ne sommes pas revenues ici depuis si longtemps. Parce qu'on n'a pas beaucoup passé de temps avec notre mère, et que vous auriez pu considérer qu'on était des connasses infréquentables.

Tasmin pousse un profond soupir, en adressant un petit geste de la main à Poppy qui se décide enfin à mettre le cap vers nous.

— Ne sois pas idiote. La vie se complique, on le sait tous. Ta mère était heureuse ici, et elle n'a jamais prononcé un mot désagréable sur l'une de vous. Elle était toujours intarissable sur ses week-ends à l'extérieur et ses escapades pour vous voir, honnêtement.

Je sais qu'elle essaie de se montrer bienveillante, mais je ne peux m'empêcher d'être frappée par l'ironie de la situation ; l'idée de ma mère assise ici, racontant des histoires sur ses merveilleuses filles, et comment elles ont veillé sur elle, alors que la réalité était si différente. Peut-être essayait-elle de les duper, ou peut-être essayait-elle de se duper, elle, qui sait ? Mais la vérité, c'est que nous lui avons brisé le cœur, peu importe combien de virées spa Poppy l'a emmenée faire, ou combien de dîners j'ai carbonisés pour elle à Liverpool. Elle était obligée de mener deux existences – trois en fait : une pour moi, une pour Poppy, et une pour elle-même –, à cause de notre refus obstiné d'enterrer le passé. C'est incroyablement triste, et je n'ai pas la moindre envie de me lancer dans un karaoké. Je jette un coup d'œil circulaire et vois tous les visages familiers de mon enfance, rire et bavarder au pub qui est une faille temporelle, et je sais que tout ceci était une grande part de la vie de maman… que j'ai choisi de ne pas partager avec elle. Tout ce temps perdu.

Poppy pose les boissons sur la table et échange des banalités avec Tasmin jusqu'à ce que celle-ci s'en aille, en me faisant promettre de rester en contact.

— Je suis TasXL99 sur Instagram, dit-elle en remuant les sourcils vers moi. N'hésite pas à me faire signe !

Poppy a bu la moitié de son vin pendant qu'elle était au bar à jouer les cougars, et s'est débrouillée pour mettre la main sur le catalogue où sont répertoriées toutes les chansons du karaoké. Elle le feuillette, oubliant manifestement tout ce qui, autour de nous, me plonge dans un tel malaise. Ce qui est une bonne chose, la vie sera plus simple si nous pouvons alterner nos phases de dépression.

— C'était le fils de Tasmin que tu draguais, dis-je en avalant mon Coca Light en regrettant qu'il ne contienne pas de Jack Daniel's. Il a tout juste vingt-sept ans.

— Eh bien, c'est donc un âge parfaitement respectable, non ? Il est chouette. Il a de bonnes idées sur la façon de promouvoir cet endroit, et il était aussi contrarié par cette faute d'accord. En plus, il est foutu comme un dieu. Qu'est-ce que tu vas chanter ?

— *Big Spender*, réponds-je sans même y réfléchir.

— Cool ! Mets le paquet. Moi, je crois que je vais opter pour un peu de Girls Aloud. J'adore cette chanson, *Sound of the Underground*. Ça va ? Tu as l'air d'avoir un coup de barre…

J'utilise le mouchoir de nichons de Tasmin pour m'essuyer les joues et essaie de me ressaisir.

— Ça ne te vrille pas le cerveau d'être ici ? demande-t-elle en fermant le catalogue pour m'accorder toute son attention.

Je hoche la tête, ne désirant pas vraiment m'épancher là-dessus auprès d'elle. Nous nous retrouvons dans cette situation singulière, où nous sommes mieux placées que quiconque pour comprendre ce que l'autre traverse, mais aucune de nous n'est tout à fait en mesure d'apporter du réconfort à l'autre. Nous sommes encore des cactus hérissés d'épines, faisant de notre mieux, mais nous piquant sans cesse par accident.

— Je comprends ça, reprend-elle tandis qu'elle tend la main pour toucher la mienne, mais se ravise au dernier moment et la retire. C'est dur. Passer dans tous les endroits où elle a été, voir ses amis, faire finalement partie de sa vie, mais avec un temps de retard. Ça me donne l'impression qu'on marche sur ses pas et qu'elle pourrait apparaître à tout moment. Dès que je suis entrée ici, je me suis souvenue de ce réveillon du Nouvel An que nous avons passé ensemble… Bref. Je ne me sens pas capable d'affronter tout ça maintenant. J'ai besoin de me mettre en pilote automatique si je veux éviter la combustion spontanée. Je compte juste venir à bout de cette soirée en buvant et en flirtant.

Je suis jalouse de sa capacité à faire l'une ou l'autre de ces deux choses, mais suis sauvée de toute conversation approfondie sur le sujet par l'arrivée de Lewis, qui nous domine de toute sa corpulence. Il est vraiment immense, et porte encore un costume et un gilet, même au pub un vendredi soir.

— Mesdames, dit-il en nous saluant d'un signe de tête. C'est un plaisir de vous revoir. Je suis ravi que vous soyez au moins parvenues jusqu'à la lettre K. Vous allez bien ?

— Si par « bien » vous entendez « au bord de la crise de nerfs », alors oui, merci, Lewis, nous allons bien, répond Poppy, en relevant les sourcils dans sa direction, le ton légèrement brusque.

Je ne pense toujours pas qu'elle lui ait pardonné de m'avoir confié les clés du cottage.

— Oui, merci, Lewis, m'empressé-je d'ajouter. Merci pour tout, pour avoir veillé sur notre mère comme vous l'avez fait. Nous vous en sommes très reconnaissantes.

— Il n'y a pas de quoi me remercier, déclare-t-il en souriant. Chaque instant que j'ai passé en compagnie de votre mère a été un privilège. J'ai hâte de voir vos performances au karaoké.

Avec un hochement de tête poli, il s'éloigne d'un pas tranquille, se frayant un chemin dans la foule pour s'asseoir dans un coin isolé. Celui où maman s'asseyait toujours. C'est probablement mon imagination, mais il me semble que Lewis est affreusement triste et seul, exilé dans son recoin sans son autre moitié.

— Bien. Je vais draguer encore un peu Jake, prendre un autre verre et me mettre au karaoké. Tu me suis ? dit Poppy en se levant d'un air déterminé.

— Non, réponds-je simplement, mais vas-y, fonce.

Elle hausse les épaules, et je l'observe tandis qu'elle traverse le pub en se déhanchant, faisant tourner les têtes sur son passage. Toujours ravissante, comme elle l'était adolescente, sauf qu'aujourd'hui elle le sait.

Je reste assise, presque tout le temps seule, pour le restant de la soirée, discutant avec quelques personnes qui s'arrêtent pour me présenter leurs condoléances, puis de nouveau avec Tasmin, ainsi que Gloria Lubbock, notre ancienne directrice d'école, qui paraît atrocement déçue que je n'aie jamais obtenu mon doctorat. Elle espérait avoir son « premier docteur ».

Poppy chante le morceau des Girls Aloud, qui casse la baraque, Tasmin reprend *Like A Virgin*, et même Lewis apporte sa pierre à l'édifice, en interprétant une splendide version de *My Way*. J'arrive à aller au bout de *Big Spender* grâce à l'adrénaline, jouant comme ma mère l'aurait joué, faisant comme si je n'étais pas moi, mais une femme beaucoup plus sexy, que les fermiers aimeraient voir se trémousser avec ses énormes hanches. Ça se passe étonnamment bien, et quelqu'un crie « Tu peux aller te rhabiller, Shirley Bassey ! » tandis que je retourne à ma place en chancelant. Personne n'a montré la moindre hostilité à notre égard, tout le monde a été incroyablement gentil, et d'une certaine manière, ça ne fait qu'accentuer mon malaise ; j'ai l'impression de ne pas mériter leur gentillesse. Peut-être que je me sentirais mieux si ces gens me pourchassaient jusqu'à la place du village en me donnant des coups de bâton.

Deux heures plus tard, j'ai désespérément envie de repartir au cottage et de me blottir sous la couette, mais

Poppy semble euphorique, et n'a visiblement aucune intention de rentrer. On dirait que c'est devenu une règle tacite de l'abécédaire qu'au moins l'une de nous soit bourrée en permanence.

— On ne va pas tarder à rentrer, hein ? demandé-je alors qu'elle m'apporte encore un autre verre de Coca.

— Pas encore, Rose… S'il te plaît ! Je nous ai inscrites pour une dernière chanson. Après ça, je te promets qu'on rentre. Ou du moins, tu peux partir, et je me débrouillerai pour rentrer.

— Par « te débrouiller pour rentrer », tu veux dire passer la nuit avec le fils de Tasmin Hugues et faire la marche de la honte à travers le village demain matin ?

— Peut-être que oui, et peut-être que oui…, répond-elle en souriant.

Elle a l'air heureuse, et même si je voudrais lui en tenir rigueur, il semble que je n'ai pas ça en moi. Il y a du progrès.

— Une dernière chanson, dis-je comme une mère sévère cédant sur une bataille dans une longue guerre.

— Une dernière, acquiesce-t-elle, pour maman. On chantera *Summer Nights*. Prem's pour faire Danny…

Chapitre 43

Poppy

Quand je rentre au cottage le lendemain matin, je trouve Rose déjà debout – peu surprenant puisqu'il est presque midi –, à s'affairer dans le jardin, un chiffon à la main.

— Qu'est-ce que tu fabriques ? demandé-je en marchant pieds nus vers elle, mes sandales pendant de mes doigts. Tu astiques les géraniums ?

Elle relève les yeux vers moi, comme si je l'avais surprise au cours d'une activité honteuse, et répond :

— Non. Je dépoussiérais les têtes des nains de jardin. Tu n'as pas marché comme ça depuis le village, si ?

— Nan, réponds-je tandis que je m'effondre sur l'herbe et m'étire.

Le soleil est chaud sur mon visage, et les mésanges bleues et leurs amis gazouillent si inlassablement qu'on se croirait au beau milieu d'un Disney.

— Jake m'a déposée au bout de l'allée, précisé-je.

Je mets ma main en visière et plisse les yeux vers Rose. Tout ce que je remarque, ce sont les siens, ces beaux yeux immenses qui ressemblent tant à ceux de ma mère. Cette image va parfaitement avec son expression désapprobatrice, et sa voix austère quand elle demande :

— Est-ce que tu as couché avec le fils de Tasmin Hugues ?

— Non, on a juste passé la nuit à écouter de la musique et à parler pendant des heures… C'était vraiment génial. Comme si on était des âmes sœurs.

— Vraiment ? s'étonne-t-elle, d'un ton mi-optimiste, mi-incrédule.

— Nan. On a baisé à s'en cramer la cervelle. Et ce n'est pas parce qu'il est le fils de Tasmin Hugues que c'est un gamin. Je t'assure que son modèle est livré avec toutes les options d'adulte mâle en parfait état de fonctionnement.

— Je ne tiens pas à en savoir plus sur ses options de mâle, merci bien.

— J'ai comme l'impression que tu es jalouse, dis-je en m'asseyant pour être moins aveuglée.

Elle me fusille du regard et me lance le torchon à la figure.

— Peut-être, répond-elle en prenant place à côté de moi. Dans un esprit d'honnêteté et de transparence, ça fait… eh bien, quelques années, dirons-nous, que je n'ai pas couché avec un homme. Je ne les repousse pas non plus avec un bâton merdeux, à Liverpool.

— Ça, dis-je en lui renvoyant le torchon et en espérant ne pas avoir attrapé quelque maladie rare, c'est parce que tu dégages ces ondes de mémé pas sexy. Rien à voir avec ton apparence, c'est ton comportement le problème. Tu dois renouer avec ton Irene Cara intérieure.

— Hein ? Aller travailler dans une usine de soudure, comme dans *Flashdance* ?

— Non, andouille ! Je veux dire que tu dois recommencer à te sentir séduisante. À avoir l'impression que les gens vont se souvenir de ton nom. Tente une danse torride entre les arroseurs automatiques la prochaine fois que ton voisin et son petit cul sont dehors à tondre la pelouse.

— Je ne crois pas, dit Rose tout en essayant d'imaginer la scène. Non, ça ne marchera jamais. D'autant que nous n'avons pas d'arrosage automatique ; j'utilise un arrosoir géant que j'ai acheté au magasin discount.

— Alors tu devras improviser. Je le tiendrai au-dessus de ta tête pendant que tu danseras.

— Merci, mais non merci. Bref. J'ai regardé dans la boîte.

Ça me désarçonne furtivement, son intrusion dans ce que j'avais commencé à considérer comme mon territoire. Je me rappelle que maman a laissé ces boîtes pour nous deux, et que je peux être une épouvantable bonne femme obsédée du contrôle par moments.

— Je sais qu'on en est au L, et je sais que ça signifie qu'on avance, mais qu'est-ce que c'est, précisément ?

— Viens, on rentre. Je vais nous chercher du café, et tu verras ça par toi-même. Et puis il faut que tu prépares tes affaires. Je me suis déjà occupée des miennes, et j'imagine que ça ne te prendra pas des plombes pour fourrer tous tes strings de lap dance dans un sac plastique… Ce sont deux photos : une de maman dans ma maison, et une d'elle dans ton appart. Avec des consignes notées au dos.

— OK, OK, je viens, marmonné-je tandis que je me redresse péniblement sur mes pieds assez douloureux, à présent. Seigneur, je suis fatiguée… J'ai mal à des endroits dont j'ignorais même l'existence…

— Je ne veux pas savoir.

Chapitre 44

Andrea : L pour Lieu

« Bonjour mes chéries !

J'espère que vous allez bien, et que mon plan machiavélique fonctionne, ne serait-ce qu'un tout petit peu. Si vous lisez ceci, je dois en conclure que c'est le cas, et que vous vous trouvez toujours au cottage. J'espère que vous vous êtes bien amusées à la soirée karaoké. Est-ce que Lewis a fait son *My Way* ? Quel cabotin !

Bref, pas beaucoup de place pour écrire sur ces cartes, alors je vais être brève. Aujourd'hui, j'aimerais que vous repreniez la route. Vous allez visiter deux endroits, qui commencent tous les deux par un L : Liverpool et Londres.

J'ai séjourné à vos deux domiciles, et j'y ai passé de merveilleux moments avec vous, mais vous n'avez jamais mis un pied sur vos territoires respectifs, si ? Maintenant, il est temps de quitter l'environnement

protégé du cottage et de s'aventurer dans le vaste monde. Rose, tu dois rester une nuit dans l'appartement de Poppy ; et Poppy, tu monteras aussi dans le Nord pour voir où habitent Rose et Joe.
Ça ne paraît pas grand-chose, mais je pense que c'est important. Je ne veux pas que vous alliez au bout de cet abécédaire comme une simple tâche à accomplir, pour ensuite tout remballer sans que cela ait fait la moindre différence. Chacune doit voir la véritable existence de l'autre pour la première fois et, espérons-le, pas la dernière.

Bon voyage, Rosehip et Popcorn, et pensez à prévenir Lewis que vous partez, afin qu'il puisse venir s'occuper des mésanges !

Des tonnes d'amour,
Maman xxx »

Chapitre 45

Rose

Un road trip avec ma sœur dont j'ai été séparée ne s'avère pas être tout à fait le calvaire auquel je m'étais attendue. Nous décidons de voyager dans sa voiture, avec nos boîtes d'abécédaire entassées dans le coffre. D'une part, c'est parce que je suis stressée à l'idée de faire tout le trajet jusqu'à Londres dans mon bac de recyclage *McDo* rafistolé au chatterton, mais aussi parce que je veux laisser un peu de moi au cottage. De cette façon, je sais que je devrai revenir, ne serait-ce que pour récupérer ma poubelle mobile.

Au cours de cette dernière semaine, j'ai commencé d'une certaine manière à me sentir chez moi. Une fois passé le choc d'y être sans ma mère, et avec Poppy, la vie y est devenue supportable. J'y ai même trouvé quelque chose de réconfortant. Je fonds encore en larmes quand je tombe sur un précieux objet lié à maman – ses ciseaux à ongles, en particulier, ouvrent mes vannes –, mais je le vis de moins en moins comme un traumatisme, et de plus en plus comme une consolation. D'être ici, et de toucher les objets qui lui ont appartenu, dans un cadre si familier.

La perspective du départ me déstabilise ; j'ai l'impression qu'on me force à sortir de ma bulle. Je suppose que c'est pour cette raison qu'elle nous a demandé de prendre la route, mais pour l'instant je dois me faire violence.

Je verrouille l'endroit, vérifie encore et encore, comme une cinglée, que les lumières sont bien éteintes et que l'abreuvoir des oiseaux est rempli à ras bord. Je traîne dans l'entrée pour ranger ses manteaux, dévorée par la nervosité. J'ai l'impression qu'en quittant le cottage je vais laisser ma mère derrière moi et que je ne pourrai jamais plus la retrouver.

Je pense que Poppy éprouve un peu la même appréhension, et qu'elle essaie de rendre tout ça moins difficile en me donnant le vieux magnétophone pour le trajet, ainsi que l'ancien sac de courses plein de cassettes. Certaines d'entre elles sont mes propres compilations, d'autres sont de maman. Un mélange bizarre d'Ultravox, Fleetwood Mac, Michael Jackson et je ne sais plus quel album de Tracy Chapman. Nous nous décidons sur quelques cassettes de la fin des années 1980, quand je traversais une phase où j'enregistrais les singles du Top 40 en direct à la radio le dimanche. Oui, je trouvais ça cool à l'époque.

Au moment où nous arrivons à Islington, naviguant dans Oxford et la banlieue étendue de Londres, nous n'avons pas parlé, mais nous avons entonné avec entrain

The Only Way Is Up de Yazz, *Push It* de Salt-N-Pepa et *Sweet Child O'Mine* des Guns N'Roses.

Elle gare la voiture dans le parking souterrain, et je la suis dans l'ascenseur pour monter à son appartement. Elle est devenue très silencieuse, et agite nerveusement ses clés, le visage froncé comme le cul d'un chat. Elle ne cesse de repousser ses cheveux derrière ses oreilles, de taper du pied, et toute son insouciance de ces derniers jours s'est dissipée. Je ne sais pas vraiment si c'est ma présence qui la stresse à ce point, si elle vit l'un de ces effondrements « Mon Dieu, maman est morte ! » que nous avons en permanence à des moments inattendus, ou si elle remet juste sa panoplie de Poppy la Londonienne. Si cette hypothèse-là est juste, alors je la plains sincèrement, car Poppy la Londonienne paraît au bord de la crise de nerfs.

Son appart est situé dans l'un de ces vieux bâtiments qu'on a fait pousser à toute vitesse pour les jeunes professionnels, tout en couleurs neutres dans les couloirs, avec une salle de sport au sous-sol, et à peu près autant de personnalité qu'un hareng mort. Je suis sûre que ça coûte un bras, et peut-être même les deux jambes d'habiter ici, mais ce ne serait pas mon premier choix, et me voilà déjà en train de juger. Je me rappelle que ce n'est pas l'esprit de l'abécédaire, et que je n'ai pas de quoi critiquer ; une petite maison mitoyenne dans le quartier chic de Liverpool ne casse pas non plus trois pattes à un canard.

Elle déverrouille la porte, me fait signe d'entrer la première, me suit sans un mot et lâche lourdement ses sacs par terre. Elle ramasse son courrier, le feuillette et appuie aussitôt sur un bouton qui active la remontée rapide des stores. La lumière du soleil se déverse et me permet de voir convenablement l'endroit pour la première fois. C'est si net et rangé que personne ne semble habiter là. Tout le mobilier est en cuir noir ou chromé, ou une combinaison des deux, et la seule pièce unique dans ce salon est un bureau, où je suppose qu'elle exécute un travail vital à la survie de l'industrie des accessoires de luxe pour animaux domestiques. Il y a une photo encadrée d'elle avec maman – une photo vraiment marrante où elles posent avec des masques faciaux verts et des serviettes nouées en turban – et une étagère bourrée de manuels de marketing et de bouquins de développement personnel. Cela me surprend, car la Poppy que je connaissais était une lectrice vorace. Avant, sa bibliothèque était pleine à craquer, mais vous pouviez y trouver Thomas Hardy s'encanailler à côté de Judith Krantz, et Harry Potter devenir intime avec Daphne du Maurier.

— Café ? propose-t-elle avec une courtoisie professionnelle.

— S'il te plaît, réponds-je tandis que j'observe l'appart en essayant, sans y parvenir, d'imaginer que c'est le domicile de ma sœur qui fut un jour prodigieusement créative.

L'appartement est décloisonné, et je la vois entrer dans la cuisine et ouvrir quelques portes de placard en les claquant, avant d'afficher un air profondément contrarié.

— Désolée ! me crie-t-elle. Je suis tombée en panne de café le soir où Lewis a appelé, et j'oublie régulièrement d'en racheter depuis... J'ai du vin ou de l'eau.

— Si tu as du pain et du poisson, on pourrait inviter cinq mille personnes et se faire une soirée multiplication.

Elle me gratifie d'une grimace, manifestement aussi en panne d'humour, et fait couler le robinet un moment. Elle sort du frigo l'une de ces carafes pour filtrer l'eau et commence à la remplir. Je remarque la vieille boîte à tabac en fer sur le bureau et je souris. Je ne l'ai pas du tout vue fumer récemment, elle a donc dû arrêter, mais c'est agréable de voir ça là ; encore une dérouillée du passé, une piqûre de rappel de la Poppy plus fantaisiste d'autrefois.

J'ai du mal à imaginer cette Poppy-là vivre dans cet environnement immaculé. Difficile de la visualiser dans cette pièce, avec ses murs aux cinquante nuances de beige, son cuir noir et son chrome, en train de se rouler un joint et de se laisser aller à un moment de détente.

Je m'assois sur le canapé, qui est en fait plus confortable qu'il n'en a l'air, et me demande ce qu'on va bien pouvoir foutre de toute la journée et de la soirée. Je suis stressée parce qu'elle l'est, et j'ai hâte de déguerpir de là pour rentrer à Liverpool ; je regrette simplement qu'elle m'y accompagne.

— Je n'ai rien à manger, désolée, dit-elle en me tendant un verre d'eau avant de se percher sur son bureau. C'est juste que... enfin, je n'ai rien.

— Ce n'est pas grave. On peut se faire livrer un plat, ou alors sortir. Tiens d'ailleurs, sortons. On peut prendre un thé de bonne heure, et boire un coup. Est-ce qu'il y a des endroits sympas dans le coin ?

— Des tas ! répond-elle en se mordant la lèvre, les sourcils froncés. Si tu as environ vingt-cinq ans. Je ne sais pas… C'est bizarre, non ? Je vis ici depuis des années, et ce n'est que maintenant, assise là avec toi, que ça commence à m'énerver. Comme beaucoup de choses.

— Qu'est-ce que tu veux dire ? C'est très chouette ! Ton appartement est ravissant.

Elle s'esclaffe, mais son éclat de rire sonne faux.

— Oui, c'est ravissant, mais ça aurait dû me passer, depuis le temps. Un paquet de trucs auraient dû me passer. Comme partir en chasse le soir avec des nanas de vingt piges, et n'avoir jamais rien à bouffer dans le frigo. Je parie que tu n'es jamais à court de nourriture, pas vrai ?

— En permanence, réponds-je en souriant gentiment. Parce que je me déchaîne dans la cuisine comme si c'était un épisode de *Homme vs Aliments*, et je dévore tout. À part la salade de quinoa. Elle finit toujours à la poubelle parce qu'elle est périmée.

Elle pianote avec ses ongles sur le verre, et le son résonne dans la pièce à l'atmosphère épurée, froide et impersonnelle. Je déteste ces lieux, mais je me garde bien de le lui dire. Je ne pense pas que maman nous ait amenées ici afin que j'enfonce le clou. Poppy semble assez bien s'en charger elle-même.

— Je ne sais pas, Rose. Je me sentais mieux au cottage… Plus heureuse, même si les circonstances étaient terribles, et même si elle nous y faisait sauter à travers toutes sortes de cerceaux enflammés… J'avais l'impression d'être chez moi. Ici, c'est comme un hôtel. Un endroit où je devrais séjourner quelques nuits pendant que je suis en réunion professionnelle, pas un endroit où une adulte devrait vivre. Non pas que j'y passe énormément de temps, en général je suis au travail. Et quand je ne suis pas au travail, je suis à ce bureau, où je travaille encore. C'est tout ce que j'ai dans ma vie, à part maman… Et elle n'est plus là, pas vrai ? Et je sais que tu essaies d'être sympa, mais j'ai l'impression de redécouvrir cet appart à travers tes yeux. Ça me paraît vide, non ?

— Eh bien, dis-je, pas vraiment certaine de la façon dont je vais me tirer d'affaire. On peut dire que c'est rangé. Comme tu vas le constater, c'est un vrai dépotoir chez moi. Mais tu pourrais peut-être accrocher un peu plus de photos ? Acheter plus de livres ? Ajouter une petite touche de bordel ? Tu aimais qu'il y en ait un peu, avant.

— Je sais, répond-elle en esquissant un petit sourire. J'étais un vrai cochon dans sa porcherie ! Mais après avoir été virée de ce premier job, et avoir ensuite décidé de retenter ma chance à Londres, je me suis obligée à changer. Il fallait que je m'organise, que je me concentre, et que je bosse dur. Je ne pouvais pas m'autoriser à rester comme j'étais – à rêvasser après toi, à me complaire dans ma crasse, évoluant dans un tel chaos que j'oubliais de me brosser les dents la moitié du temps. Je devais être différente – et c'est avec tout ceci que j'ai fini. C'est clairement différent. Seulement, je ne suis pas persuadée que ce soit mieux.

— Oh, allez, ce n'est pas si mal, hein ? Je veux dire, tu dois avoir des amis, non ? J'imagine que tu sors presque tous les soirs.

— Ouais, répond-elle sans grand enthousiasme. Il y a cette fille, Kristin, avec qui je vais boire un coup de temps en temps. Et ce type, Josh, que j'ai rencontré à la salle de sport, mais c'est juste un plan cul.

J'ai un mouvement de recul à cette phrase, et elle s'en aperçoit, bien entendu.

— C'est la vérité ! Désolée d'infliger ça à tes chastes oreilles. Nous ne vivons pas toutes comme des bonnes sœurs.

J'écarte sa remarque d'un geste de la main – ce qu'elle fait avec son vagin ne me regarde pas – et demande :

— Et sinon ? Est-ce que tu as d'autres jolies photos que nous pourrions encadrer ?

Elle y réfléchit, se mordille le doigt et affiche une moue hésitante.

— Eh bien, j'en ai de maman. Et… hum, il y a celles des enfants.

— Quels enfants ?

— Je vais te montrer.

Elle bondit et passe à toute allure de l'autre côté du bureau, visiblement animée d'un nouvel enthousiasme. Elle revient en portant un album photo en vinyle noir, qu'elle me tend, en restant près de moi tandis que je l'ouvre. Il est entièrement rempli de petits visages souriants, certains à l'évidence africains, d'autres asiatiques, que des dents éclatantes et de grands yeux. Des pages et des pages.

— Mais qui diable sont ces enfants ? l'interrogé-je, confuse.

— Ce sont mes filleuls. Tu sais, comme dans ces pubs à la télé, où tu paies une somme chaque mois afin que le petit Jimmy puisse boire de l'eau propre, ce genre de trucs ?

— Mais il y en a des tonnes !

— Il y en a… vingt-sept, je crois. Je reçois des lettres d'eux, et des photos, et des nouvelles fraîches, et je leur envoie des cadeaux de Noël… C'est sympa.

Je parcours les pages, en regardant ces scènes aux couleurs vives tout droit sorties du tiers-monde rural, et secoue la tête.

— Tu parraines vingt-sept enfants ?

Elle acquiesce, sans avoir l'air de penser une seule seconde que c'est bizarre, et je prends conscience que c'est l'un de ses nombreux mécanismes de survie. La culpabilité et la douleur des dix-sept dernières années nous ont laissé à chacune des séquelles. Je m'en accommode en mangeant, et en investissant toute mon énergie dans la vie de Joe, au détriment de la mienne. Quant à Poppy, elle range, travaille, trouve des potes de baise et parraine des enfants du tiers-monde. C'est absolument insensé.

Je referme l'album et me lève.

— Allez, dis-je. On sort. On a toutes les deux besoin d'un verre. Je vais prendre une salade de quinoa, et tu prendras des pâtes, et on va au moins essayer de s'amuser, OK ? Puis on rentrera, et je passerai la soirée à faire comme si j'étais dans un hôtel de bourges, et demain, on pourra aller à Liverpool, et je te montrerai mon humble demeure. Qu'est-ce que tu en dis ?

— J'ai été conquise quand tu as prononcé le mot « pâtes », dit-elle avec un sourire.

Chapitre 46

Poppy

Ma séance d'apitoiement sur mon sort est bel et bien terminée quand nous nous arrêtons dans l'allée de la maison de Rose, au nord de Liverpool. J'ai eu droit à des commentaires sur le chemin, j'ai vu les *Liver birds*[1], le fleuve et la plage. Elle ne cesse de bavarder, parce qu'à mon avis elle est un peu affolée par tout ça. Par le fait d'amener l'ennemi sur son territoire, de laisser le sniper passer le portail.

Je ne sais pas si elle m'accordera de nouveau sa confiance un jour, mais ce dont je ne doute pas, c'est que maman était un génie. Elle a dû comprendre que ceci, cet échange d'expériences personnelles, cette confrontation des existences que nous avions construites l'une sans l'autre, se révélait une épreuve difficile à surmonter, mais essentielle. Bravo, maman chérie !

1. Le Liver bird est le symbole de Liverpool. Mi-cormoran, mi-aigle, cet oiseau mythique est représenté avec un brin de genêt dans le bec en hommage aux Plantagenêts.

Rose éteint la musique quand nous arrivons – Lisa Stansfield était numéro un avec *All Around the World*–, et nous restons toutes les deux assises à regarder la maison. Elle est assez petite, avec un carré de jardin devant, située dans un quartier agréable de propriétés similaires, toutes impeccablement alignées, comme celles de Stepford. L'impasse est tranquille, et il y a des enfants dehors, qui font du vélo, jouent au foot, et se pourchassent d'un bout à l'autre de la rue. Des adultes sont en train de jardiner, et dans chaque allée il y a un break familial et des poubelles à roulettes attendant l'heure du ramassage en rang comme des soldats en plastique.

— Bien, dit-elle d'un ton déterminé. On ferait mieux d'entrer. Je te préviens, ça ne ressemble pas du tout à un hôtel. Ou si c'en était un, j'aurais les pires critiques sur TripAdvisor.

Elle remonte l'allée en portant ses sacs, et je la suis en silence. Elle déverrouille la porte et pénètre à l'intérieur. Après quelques secondes, elle regarde autour d'elle, renifle, le visage soucieux. Les rideaux sont fermés, et il y a juste assez de soleil qui filtre pour laisser apparaître un vestibule avec un escalier qui mène aux chambres, et elle semble légèrement déstabilisée tandis qu'elle me guide vers le salon.

— Qu'est-ce qui se passe ? dis-je en jetant un coup d'œil curieux sur ce qui nous entoure. Est-ce qu'on t'a cambriolée ou un truc comme ça ?

— Non, à moins que les voleurs aient décidé de commander une pizza et d'apporter des bières, dit-elle en désignant une boîte *Domino's* vide et des canettes de Heineken éparpillées. Je veux dire, je ne suis pas la meilleure maîtresse de maison de la planète, mais je n'ai pas laissé ça dans cet état…

Elle se tient là, les mains sur les hanches, et sourcille, en essayant de reconstituer les événements, avant de retourner dans l'entrée et de brailler :

— Joe ! Est-ce que tu es là ?

C'est un mugissement d'une force impressionnante, et poussé d'un certain ton que seules les mères semblent capables d'adopter. Même moi, j'ai automatiquement l'impression que j'ai fait une connerie.

— Je le croyais chez son père, dis-je en ouvrant les rideaux afin que nous ne nous sentions pas comme dans une chambre funéraire.

Le salon est petit, douillet, et loin du taudis auquel je m'attendais, à part les ordures qui traînent par terre.

— Il est censé y être, répond-elle en se dirigeant d'un pas lourd dans la cuisine pour mettre machinalement la bouilloire en route. Mais mon petit doigt me dit qu'il n'y est pas.

Elle effectue la chorégraphie habituelle pour nous préparer une tasse – et, de façon assez prévisible, elle n'est pas en panne de café – pendant que je flâne. C'est une pièce ravissante, qui donne sur le jardin arrière, avec exactement le même niveau de désordre habité dont notre mère s'entourait. Des courriers scolaires sont maintenus sur la porte du frigo avec des magnets ; un calendrier au mur informe de tous les divers matchs de foot et leçons de guitare de Joe ; la table de salle à manger pliable est recouverte d'une nappe à pois verts.

— Tu es en retard pour ton frottis, dis-je en montrant le calendrier.

— Mon obligation sociale la plus excitante du mois, répond-elle en ouvrant le frigo pour prendre le lait.

Je remarque une salade de quinoa flétrie sur l'une des étagères, et je sais qu'elle a rendez-vous avec la poubelle.

— Il est là, c'est clair, déclare-t-elle en sortant une grosse bouteille de demi-écrémé, parce qu'il y a cinq briques de lait dans le frigo. J'ai oublié d'annuler le laitier, à l'évidence.

— Il est sexy ? demandé-je, en tentant d'alléger l'ambiance tandis qu'elle me tend mon café.

— À peu près autant que Fred.

Elle marque une pause, puis émet un autre de ses phénoménaux mugissements, en hurlant le prénom de Joe. J'en ai les yeux qui s'écarquillent, et je suis assez certaine que l'un de mes tympans vient d'exploser. Elle incline la tête sur le côté, prête l'oreille, et au bout de quelques secondes, nous entendons des pas descendre l'escalier avec fracas. Mon neveu entre en titubant dans la pièce et ricoche sur les murs d'une manière impliquant qu'au moins une partie de son cerveau est encore endormie. Ses longs cheveux bruns font des épis dans tous les sens, et il est torse nu, vêtu d'un bas de pyjama laineux avec des ballons de foot orange. Il paraît encore plus grand que la dernière fois où je l'ai vu, super maigre, et d'une ressemblance déconcertante avec son père.

— Maman ! dit-il en frottant ses yeux ensommeillés. Je ne m'attendais pas à ce que tu rentres !

— Ça se voit, réplique-t-elle en s'appuyant contre l'évier, les bras croisés dans une pose classique de maman ours en rogne. Pourquoi est-ce que tu n'es pas chez ton père ? Et c'est toi qui as bu toute cette bière ?

Il semble un peu coupable, je le suspecte donc d'avoir vidé au moins quelques canettes, mais il se redresse de toute sa hauteur pour jouer au dur. Échec monumental, le pyjama de foot gâche tout.

— C'est devenu le bordel chez papa. Sylvie refusait de laisser Amber et Ariel venir, comme quoi elles auraient la varicelle, mais j'en doute. En plus, entre Heather et lui… Eh bien, ça ne roule pas vraiment. Elle est debout toute la nuit avec Charlie, et papa avait l'air d'en avoir carrément marre, et d'être crevé, et… bon, j'ai décidé de rentrer à la maison. Il m'a mis dans le train hier depuis Londres. J'allais t'appeler.

— Alors pourquoi tu ne l'as pas fait ? insiste-t-elle en lui jetant des coups d'œil comme pour chercher d'éventuels dommages.

— J'ai perdu mon chargeur de téléphone.

— Tu aurais pu utiliser la ligne fixe.

— Ton numéro était sur mon portable, et je ne le connaissais pas par cœur, et je ne connais pas celui du fixe de grand-mère, et papa a dit qu'il allait t'envoyer un texto de toute façon.

— Waouh ! dit-elle en s'appliquant à masquer son hilarité, tu as réponse à tout, hein ?

— Non, répond-il avec un sourire, en sachant qu'elle lui pardonnera n'importe quoi, je ne connais pas la capitale de l'Uruguay.

Rose le rejoint et lui donne une petite claque sur le crâne, avant de le prendre dans ses bras. C'est une longue étreinte, et je le vois se tortiller légèrement. Je garde le silence. Ce n'est pas ma scène dramatique, je ne vais pas m'immiscer. Par ailleurs, j'ignore totalement qui sont Sylvie et Amber et Ariel et Heather et Charlie. Joe m'adresse un hochement de tête amical par-dessus l'épaule de sa mère avant de parvenir à s'échapper.

— Sylvie est la deuxième femme de Gareth, explique Rose, comme si elle avait lu dans mes pensées. Amber et Ariel sont leurs enfants. Heather est la troisième épouse, et Charlie est leur fille de deux ans.

Elle reporte son attention sur Joe, qui se glisse vers un placard rempli de céréales au chocolat tandis qu'elle poursuit son examen approfondi.

— Et la bière ? l'interroge-t-elle sèchement.

— Oh… Ouais. Ce n'était pas moi, promis. Enfin, pas que, en tout cas. Simon a vu les lumières allumées hier soir, et il est venu vérifier. Il avait une batte de base-ball et il m'a foutu une trouille de malade… Tu sais comme il peut avoir l'air d'une brute, même s'il est grave sympa. Quand il a vu que j'étais tout seul ici, on a chopé la pizza, et les bières. Et je n'en ai pris qu'une. Peut-être deux.

Il se verse le plus gros bol de Coco Pops du monde et fait gicler dessus deux litres de lait.

— Il a aussi conservé tout le lait chez lui, ajoute-t-il. Je pense que tu as oublié d'annuler… Au fait, tu es belle, maman. Tes cheveux sont différents.

Elle oscille entre le regard noir et le rire devant sa tentative de diversion, et semble prête à lui passer un autre savon, quand on frappe fermement à la porte. À ce bruit, nous sursautons tous un peu, mais Joe se ressaisit le premier.

— Ça doit être lui, dit-il en traversant tranquillement le salon pour s'affaler sur un canapé qui a connu de meilleurs jours et caler ses pieds nus sur la petite table basse.

Rose semble légèrement décontenancée et fait un truc avec ses seins dont elle ne se rend probablement même pas compte. Elle va à la porte quasiment en courant, et apparaît alors le fameux Simon : super voisin et tondeur de pelouse au cul de haute voltige. Imposant, vêtu d'habits de travail, il a les cheveux coupés court et le visage un peu du genre marqué. Ses yeux, toutefois, sont d'un bleu vif, et empreints de gentillesse. Le genre de brave type qui sauverait votre lait et veillerait sur votre gamin en votre absence.

Ils arrivent, et Rose nous présente. Elle paraît troublée, son regard faisant constamment des allers et retours furtifs entre Simon et moi, comme si elle attendait une réaction de ma part. Je prends conscience avec une horreur absolue que ce qu'elle attend, c'est que je flirte avec lui. Peut-être que je le baise sur la table de la cuisine. Parce qu'après tout, c'est un mâle, et c'est comme ça que je fonctionne. Je ne peux pas lui en vouloir d'avoir des soupçons, mais ça me contrarie quand même, cette propension qu'elle a d'imaginer automatiquement le pire. Je sais que je n'ai pas de bons antécédents – les plus abjects, en réalité –, mais je ne ferais jamais, jamais ça. Pas même dans un million d'années. Je suis une personne différente maintenant, et ça me blesse profondément qu'elle ne le sache pas encore.

— Ravie de vous rencontrer, Simon, dis-je en lui serrant poliment la main. Je vais juste m'éclipser à l'étage pour me rafraîchir. Ensuite, peut-être que Joe pourra m'accorder une visite guidée.

L'intéressé m'adresse un petit signe d'acquiescement, des Coco Pops dégoulinant le long de son menton, et je disparais vers l'escalier. J'ai besoin de me retrouver hors de vue, et vite, parce que je crois que je m'apprête à céder à une affreuse crise de larmes.

Chapitre 47

Rose

Je sonne chez Simon, très brièvement, en espérant à moitié qu'il n'entendra pas et que je pourrai de nouveau m'esquiver. J'ai laissé Poppy et Joe à la maison, après une journée à montrer les environs à ma sœur. Elle a feint relativement bien l'enthousiasme, mais semble beaucoup plus intéressée par Joe que par moi. En fait, ils s'entendent à un point tel que je crains que la maison ne soit réduite en cendres d'ici mon retour. Ça me fait tiquer, de les voir ainsi, côte à côte sur le canapé, comme s'ils se connaissaient depuis toujours. J'aime mon garçon plus que tout au monde, et je m'inquiète qu'il mette un pied dans le chaudron toxique que Poppy et moi semblons habiter. Elle m'a aussi parlé de son livret Joe le Neveu, et de la somme franchement inepte qu'elle a épargnée pour lui. C'est une intention bienveillante, mais d'une certaine manière, je me sens vaguement menacée par son geste. Par son intrusion dans ma vie. Par l'ensemble. J'ai eu besoin de fuir un moment, et Simon m'a semblé l'option la plus sensée.

Je voulais le remercier d'avoir veillé sur Joe, et sur notre lait, de toute façon.

Il ouvre la porte et paraît sincèrement content de me voir.

— Entre, entre… Excuse le bazar…, dit-il tandis que je le suis dans le salon.

L'agencement de la maison est exactement le même que dans la nôtre, mais la ressemblance s'arrête là. Il n'a emménagé que l'année dernière, et on dirait qu'il n'a encore rien déballé. Tout est parfaitement rangé et épuré, l'unique signe de luxe étant une énooorme télé et des consoles de jeux vidéo. La porte menant dans la cuisine est ouverte, et j'aperçois une tasse, une assiette, un couteau et une fourchette sur l'égouttoir, alignés avec une précision militaire.

— Est-ce que tu étais dans les commandos de marine ? laissé-je échapper tandis qu'il me conduit vers le canapé.

— Heu, non…, répond-il d'un air confus. Ils sont américains. Moi, j'étais dans l'infanterie de marine.

— Oh ! C'est… bah, c'est bien. Bref, je voulais te remercier d'avoir veillé sur Joe.

— Pas de problème, dit-il en s'asseyant en face de moi dans un fauteuil qui semble n'avoir jamais servi. Comment ça se passe ? Avec ta sœur ? Et l'abécédaire de ta maman, Joe m'en a parlé. Tu vas bien depuis ?

— Parfois, je vais bien, réponds-je en toute honnêteté. Et parfois, non. Parfois, j'ai envie de mourir, à dire vrai… Et, bon, c'est compliqué, toute cette affaire avec Poppy.

— J'imagine. J'étais surpris de la voir ici.

— Je suis moi-même surprise qu'elle soit là. Et je crois qu'elle l'est aussi. Mais qu'est-ce que je peux dire, notre défunte mère nous y a amenées ! Qu'est-ce que tu as pensé d'elle ? Elle est vraiment jolie, non ?

J'ignore pourquoi je lui demande ça. C'est parfaitement ridicule, et ça me donne l'air stupide. C'est comme si une part de moi insistait, creusait, souhaitait qu'il réponde « Oh, oui, elle est ravissante, est-ce qu'elle est célibataire ? », afin que je puisse dire « Oui », et qu'il puisse lui proposer de sortir, et que ces deux-là puissent se marier, et que je puisse détester Poppy encore plus. Je me rappelle les propos de maman nous exhortant à ne pas gratter la croûte, et soupçonne que c'est exactement ce que je suis en train de faire ; je veux que Poppy se comporte mal, pour être excusée de ne jamais plus la revoir.

— Je suppose, dit Simon sans suivre le script, si tu apprécies ce genre de silhouette. Je préfère les femmes qui ont un peu plus de formes.

Ces mots, m'aperçois-je quand il les prononce, sont sacrés pour toutes les femmes rondelettes de par le monde, et je mentirais en affirmant qu'ils n'ont pas déclenché un tout petit feu sous ma ceinture. À un endroit où les flammes se sont depuis longtemps éteintes. Je le dévisage un moment, incapable de songer à une réponse, alors il continue de parler.

— Est-ce que ça fait donc partie de votre abécédaire, de venir chez toi ?

— Ouais, réponds-je en regardant autour de moi sans voir une seule photo dans la pièce. L, c'est pour Lieu, Lieu, Lieu. Je suis allée chez Poppy hier. La prochaine lettre est M pour *Magical Mystery Tour*, qui semble être une espèce de chasse au trésor. Je ne sais pas, ma mère ne manquait jamais d'imagination.

— C'est ce qu'on dirait. Je suis désolé d'avoir eu seulement l'occasion de lui adresser un signe de tête depuis le seuil de ma porte. Alors, comment ça se passe avec Poppy ? Est-ce que vous avez réglé vos différends ?

— Eh bien, c'est une question compliquée. Peut-être qu'on essaie, je ne sais pas. Mais elle a baisé avec le père de Joe, tu vois, ce qui est un coup dont il est assez dur de se remettre.

Il reste silencieux un instant, et je me demande si je ne me suis pas un peu trop épanchée.

— Exact. Enfin, ça le fera chaque fois, je suppose. Bref. Si tu repars, est-ce que Joe restera à la maison ? Ça ne me dérange pas de garder un œil sur lui si besoin. Je vais peut-être même l'embaucher pour de la main-d'œuvre.

— Merci, mais je pense que si je peux, je l'emmènerai… Je sais qu'il a seize ans, mais… bon. Merci en tout cas. Je ferais mieux d'y retourner. Poppy et moi devons nous pencher sur la prochaine lettre. Et je dois me plonger la tête dans un seau d'eau froide.

Il accepte mon rejet sans ciller – c'est un homme difficile à cerner – et me raccompagne à la porte. Je sens son regard sur moi tandis que j'effectue le trente-deuxième trajet jusqu'à ma propre porte, en supposant qu'il s'assure que je ne me fais pas enlever par des extraterrestres ni que je trébuche sur un pot de fleurs.

À l'intérieur, je constate que Joe est monté se coucher, et Poppy est assise sur le canapé, les jambes calées sous elle, en train de feuilleter l'un de nos vieux albums photos. Je relève un air triste sur son visage, comme si elle rattrapait le temps perdu, mais elle s'efforce de le masquer dès qu'elle me voit.

— Ça va ? demande-t-elle en mettant l'album de côté.

Je crois que c'en est un qui remonte à l'époque où Joe avait à peu près cinq ans, première année à l'école, super mignon.

— Ouais, bien, réponds-je en m'affaissant auprès d'elle sur le canapé. Je suis juste crevée. La présence de Joe m'a un peu déboussolée, et je ne suis pas vraiment ravie que son père l'ait laissé rentrer à la maison tout seul sans m'en avertir.

— Ce n'est effectivement pas terrible. Est-ce que Joe… Il pense qu'il s'est passé quoi, entre vous deux ? Je veux dire, j'ai vu ton expression quand il t'a raconté pourquoi il était revenu ici, mais tu n'as pas lâché un mot. Tu n'as jamais envie de simplement lui hurler : « Ton père est un connard ! » ?

— Bien sûr que si, réponds-je en parcourant l'album et souriant devant une image de Joe habillé en chameau lors de son premier spectacle de la Nativité. Mais ça n'aiderait pas Joe, si ? Je lui ai toujours juste dit qu'il s'agissait d'une de ces choses qui arrivent, que ce n'était la faute de personne, qu'on s'est juste éloignés. Je ne voulais pas qu'il grandisse en détestant son père, quoi que je ressente. Mon boulot est de le protéger, pas de le traumatiser. Et je pense qu'en prenant de l'âge… eh bien, il constate la situation par lui-même, non ? Du moins, c'est ce que j'ai toujours espéré.

— Et qu'est-ce que tu lui as raconté sur moi ? demande-t-elle calmement.

— Eh bien, je ne lui ai pas dit que tu avais niqué avec son père, si c'est ce que tu insinues. Encore une fois, mon boulot, c'est de le protéger.

Je la sens se crisper à côté de moi, et je devine qu'elle est contrariée. Nous le sommes toutes les deux. Nous tournons autour du pot l'une avec l'autre, sentons les icebergs fondre autour de nous petit bout par petit bout, craignant toutes les deux de nous noyer dans le déluge qui en résultera. Cela s'est avéré si intense, tout ça : perdre notre mère de façon si brutale, le découvrir de cette manière, traverser l'épreuve des funérailles. Nous affrontons le deuil, la perte, et tout un abécédaire d'émotions à la con.

Je tourne la page de l'album et désigne une photo où Joe brandit l'une de ses incisives de lait, l'air fier comme jamais, son sourire exhibant le trou tout frais.

— Tu vois ça ? dis-je en souriant à ce souvenir. Il a conservé toutes ses dents dans un petit bocal, chaque fois qu'il en avait une qui tombait. Il ne voulait pas de l'argent de la Petite Souris ; il disait qu'il préférait les garder plutôt que de récupérer une livre. Pour ce que j'en sais, il les a toujours là-haut.

Elle sourit et caresse la photo du bout de son long doigt, comme si elle caressait en réalité un Joe à l'âge du primaire.

— J'ai raté tant de choses…, murmure Poppy. Et je sais, avant que tu le dises, que j'ai mérité de les rater. Je ne cherche pas à te faire culpabiliser. C'est juste que… enfin, ça me rend si triste. J'aurais dû être présente dans sa vie, dans votre vie. J'aurais bien aimé. Je regrette de n'avoir pas pu t'aider, Rose, ni venir à tous ces spectacles scolaires, ni voir son bocal à dents. Je sais que c'est ma faute, mais je regrette tellement tout ça. Je suis contente de le connaître maintenant, mais je ne rattraperai jamais rien. Tout ce temps précieux, gâché.

Elle a l'air épuisée. Complètement vidée. Et Dieu sait que c'est exactement ce que j'éprouve aussi. Nous restons silencieuses un instant, en regardant d'autres photos, puis je dis :

— Je pense que nous avons peut-être besoin d'une pause, pas toi ? Mettre tout ça entre parenthèses ? J'ai conscience que nous devons nous occuper du M, et j'y suis carrément disposée, mais peut-être qu'on devrait s'accorder quelques jours ? Qu'est-ce que tu en penses ? Je ne serais pas contre passer un peu de temps à la maison avec Joe, à faire des trucs normaux, et je suis sûre que tu as un paquet de travail en retard à mettre à jour. Ça irait ? Nous faisons des progrès, mais… Seigneur, je suis claquée !

Poppy acquiesce, ferme l'album et se lève sans un mot. Je l'entends aller dans la cuisine et se servir un verre d'eau, et quand elle revient, elle bâille et s'étire dans un parfait pantomime sur le thème « ouh là là, j'ai vraiment sommeil ».

— Bonne idée, dit-elle, en reprenant son ton sec et professionnel.

J'apprécie. La Poppy sèche et professionnelle est beaucoup plus facile à affronter que la Poppy vulnérable.

— Quelques jours de pause. J'irai au bureau rendre la vie de plusieurs personnes infernale. Toi, tu vois Joe. Ensuite, nous pouvons nous retrouver au cottage pour la lettre M. J'ai consulté l'index tout à l'heure, et les notes de Lewis indiquent qu'il nous faudra deux jours. C'est une espèce de carte géographique sous forme de poème. Je parie que ça rime et tout.

— Cool ! Peut-être même que ce sera drôle.

Poppy hoche la tête et marche vers la porte qui mène dans l'entrée, où elle s'arrête et se retourne vers moi. Il me semble voir des larmes briller dans ses yeux, mais c'est peut-être la lumière qui me joue des tours.

— Et au fait ? ajoute-t-elle. Juste pour info : je ne baiserais jamais, jamais avec ton voisin.

Chapitre 48

Andrea : M pour Magical Mystery Tour

1

Je suis courbe et fraîche et loin d'être sans fortune,
Je suis une porte, sans en être une,
Montez mes marches et plongez,
Mais prière de ne pas glisser !

2

Ma bouche est brûlée, oh, quelle misère !
Je vais la rafraîchir dans la mer.
Peut-être y dénicherai-je quelque chose de vieux,
Pour que ma langue refroidisse et se sente mieux.

3

Étendue autour de la baie,
Des couleurs de barbe à papa, toutes si gaies !

Servez-vous de ma clé, passez du temps,
Orange, ça ne rimerait pas autant !

4

En moi vous trouverez une bouilloire
Et une pelle, pas un arrosoir,
Creusez profond et peut-être vous trouverez
Ce que vous portiez quand vous étiez bébés.

Chapitre 49

Poppy

— Plus personne n'utilise le terme *gai* dans ce sens-là, dit Joe, en rivant de nouveau les yeux sur le poème.

Il semble être fasciné et ne cesse de le toucher. Pauvre créature, sa grand-mère lui manque, je pense. Maman a accompli un boulot remarquable pour rédiger cette lettre, en s'appliquant à employer une écriture vieillotte, ce qui, je le sais, a dû lui prendre une éternité, et à décorer les bords de la carte avec de petites images de fleurs et d'oiseaux. C'est la définition même de *gai* – dans son acception désuète –, et j'envisage éventuellement de la faire encadrer pour l'accrocher dans l'entrée.

— Les grands-mères, si, répond Rose en regardant par la fenêtre dans le jardin.

Elle observe en sourcillant la pelouse impeccablement tondue, l'abreuvoir à oiseaux rempli et la cuisine dont on s'est manifestement servi. Je la soupçonne de vite arriver à la conclusion logique.

— Est-ce que tu séjournes ici ? lance-t-elle, en plissant les yeux comme si elle m'accusait d'avoir sacrifié des vierges sur un autel satanique.

— Oui. J'avais posé des congés, et j'ai estimé que je ne voulais pas interrompre le processus en retournant au travail. Est-ce que vous êtes d'accord avec ça, madame Pète-sec ?

Joe fait dériver son regard de mon visage à celui de sa mère, évaluant les risques de quelconque bagarre, et décide de partir explorer le cottage. Sage, ce garçon.

— Eh bien… J'aurais préféré que tu me préviennes, c'est tout. Mais je ne peux plus y faire grand-chose à présent, si ? réplique-t-elle, l'attention portée sur la silhouette dégingandée de son fils qui disparaît vers l'escalier.

Je peux comprendre, peut-être, pourquoi ça la dérange légèrement. Comme si, d'une certaine manière, j'avais fait un truc illégal et que j'étais parvenue à m'approprier le cottage. Que je m'étais cachée ici en douce et avais commis un acte profondément indigne de confiance. En réalité, je ne l'avais pas du tout prévu. J'avais quitté sa maison à Liverpool si abattue que ma voiture a simplement refusé de prendre la route du retour vers Londres. J'étais juste incapable de me retrouver de nouveau face à mon existence désolante : l'appart vide, le job assommant, les placards qui sonnent creux. Les filleuls trop joyeux qui ne serviraient jamais de substituts à de vrais enfants.

Ironiquement, c'était Rose elle-même qui m'avait poussée à bout. Nous nous tenions sur le pas de sa porte, et tandis que je m'apprêtais à partir, elle m'avait prise dans ses bras. Il ne s'agissait pas d'une étreinte spécialement longue ni affectueuse, mais c'était un premier contact physique. Et elle l'avait couronné de ces mots touchants : « Ne finis pas dans le fossé, OK ? »

Ça m'a fait réaliser combien je n'avais pas envie de la quitter, pour retourner à l'appartement toute seule. Elle avait Joe, et sa petite maison douillette, et un canon de la marine royale comme voisin. Je commençais à prendre conscience que moi je n'avais rien, et l'unique endroit où j'étais susceptible de me sentir moins misérable, c'était le cottage.

Je suis ici depuis ces deux derniers jours, à errer en traînant les pieds, à fouiner dans les tiroirs, cuisiner et jardiner, et, pire encore (à ses yeux), dormir dans le lit de maman. Je n'avais pas prévu ça non plus, mais quelque part, ça m'a paru naturel. Ma chambre, celle de la Poppy ado et névrosée, me rappelait trop un passé douloureux, tout comme celle de Rose. Celle de maman, par contre, eh bien, ça convenait parfaitement à Boucles d'or. J'y ai dormi si paisiblement, entourée de ses livres et de ses photos, de ses vêtements suspendus dans l'armoire embaumant la lavande ; nichée dans des draps qui sentaient encore son parfum, reposant ma tête sur des oreillers où elle avait dormi. C'était comme si elle était toujours avec moi, même de manière infime, et ça m'a aidée à réfléchir, me détendre, et méditer tout ce qui s'était passé et tout ce qui allait arriver.

Il fallait que je me repose, et je ne vais pas commencer à m'excuser pour ça. De toute façon, Rose est juste de mauvais poil parce qu'elle est descendue en train aux aurores, et qu'elle n'a pas mangé de gâteaux depuis deux jours. Nouveau coup de fouet santé, dit-elle, ce qui, vu l'expression sur le visage de Joe, est quelque chose qui se produit avec une certaine régularité, et ne doit pas être pris trop au sérieux. Je suppose que ça n'a pas vraiment aidé que j'aie préparé un énorme cheesecake avec des fraises du jardin pour l'accueillir.

— Eh, non. Tu ne peux plus y faire grand-chose à présent, réponds-je en coupant des parts de dessert. Cheesecake ?

Je sais que c'est cruel de le proposer, mais je ne peux pas vraiment m'en empêcher.

— Non. Merci. Bref. Joe vient avec nous. Je suppose que ça ne pose pas de problème ?

— Aucun, loin de là. Nous devrons juste veiller à bien nous tenir, OK ? Est-ce qu'on y va avec ma voiture ?

— Il vaudrait mieux. Quand est-ce qu'on décolle ? Je suis prête quand tu veux.

Nous savons toutes les deux où nous allons, parce que, malgré la magnifique tentative de notre mère d'être sibylline, il nous a fallu environ une minute pile pour déchiffrer son code d'Enigma. Mais ça m'amuse beaucoup d'imaginer son petit visage jubilant pendant qu'elle essayait de trouver des rimes astucieuses, en cherchant à nous dérouter.

Nous allons dans le Dorset, qui est l'endroit où elle nous amenait toujours en vacances quand nous étions enfants. Cela nous semblait le lieu le plus mystérieux et excitant du monde à l'époque, mais avec du recul, je me rends compte que ce n'était qu'à quelques heures d'ici, et surtout bien plus abordable que les forfaits tout compris en Espagne et en Turquie où nos camarades de classe commençaient à aller.

J'acquiesce et me prépare. Elle a déjà des bagages pour elle et Joe, et ça ne me prend pas longtemps non plus pour rassembler mes affaires. Au bout d'une heure, j'ai envoyé un texto à Lewis pour qu'il puisse gérer la patrouille mésanges bleues, et nous sommes dans la voiture en direction de notre première étape : Durdle Door.

Chapitre 50

Rose

Nous nous tenons sur la plage à Lyme Regis dans le Dorset, qui reste l'un des plus beaux endroits de toute la planète.

Il est tôt le matin, et les seules personnes dehors sont les promeneurs de chiens et les parents avec des enfants en bas âge qui les ont clairement gardés debout toute la nuit, des papas à l'air fatigué construisant des châteaux de sable avec un œil fermé, des mamans sirotant leur café dans des gobelets en carton entre deux bâillements. C'est déjà ensoleillé, et la mer est un horizon bleu scintillant qui s'étend à perte de vue. La journée s'annonce belle, et je me fais le serment de ne pas la gâcher.

Je tire une tronche terrible depuis que nous avons entamé notre *Mystery Tour* pas si *Magical*, et il faut que je me secoue. Personne n'est fan d'une bouderie, surtout venant de quelqu'un qui a quarante-deux ans. Je me suis réveillée ce matin dans l'environnement inconnu d'une petite maison d'hôtes, où nous avons tous passé la nuit. Les ronflements de Joe ont atteint des niveaux quasi nucléaires, et je ne me sens pas vraiment reposée, mais aujourd'hui est un autre jour, et je vais essayer d'être moins chiante. Ces derniers jours ont été bizarres. Après avoir vécu presque l'une sur l'autre avec Poppy depuis que cet abécédaire a démarré, je m'attendais à me sentir libérée quand elle est partie de Liverpool dans son Audi. Soulagée. Mais, en fait, je me suis juste sentie un peu à plat et triste, ce qui était carrément troublant.

Joe a eu les rotules littéralement brisées par la carte que ma mère a aussi laissée pour lui, refusant de me révéler ce qu'elle disait, mais cédant à une crise de larmes pas du tout virile après l'avoir lue. Il l'a toujours, je le sais, pliée dans la poche de son jean, cette carte avec l'image d'un renard sur le devant. J'ai tenté de le réconforter, mais qu'est-ce que je pouvais faire ? Lui dire que tout va bien se passer ? Que tout va devenir plus facile ? Les gens me le rabâchent, et parfois, selon l'humeur dans laquelle je suis, ça me donne envie de leur balancer un coup de poêle à frire sur le crâne. Je pense que le meilleur conseil que j'aie reçu venait de Tasmin ; juste laisser la douleur me prendre de la manière perverse qu'elle veut. Quand les larmes arrivent, ne pas les combattre, car elles gagnent toujours.

Malgré sa crise de sanglots, Joe était excité de retourner au cottage, revoir Poppy, et peut-être se mettre en route pour une nouvelle aventure alphabétique. J'étais moins excitée, surtout quand j'ai réalisé qu'elle avait séjourné là-bas. C'est mesquin d'éprouver de la rancune à son encontre, mais oui, je lui en ai voulu. J'ai eu l'impression que, d'une certaine façon, elle avait eu plus de temps avec maman que moi, revendiqué l'endroit comme sien, pris ses habitudes. Bref, qu'elle était devenue la meilleure des deux filles. Rien de très reluisant, mais conjugué à ma privation de sucre, cela ne m'a pas vraiment mise dans l'état d'esprit optimal pour notre virée nostalgie familiale.

Maman avait à l'évidence imaginé une espèce de séquence émotion où nous revivrions une belle époque révolue. En essayant de nous amener à nous rappeler ces joyeuses vacances en famille ; à jouer pieds nus dans le sable, chercher des coquillages, faire voler des cerfs-volants en haut des collines. Des jours plus simples. Elle nous avait laissé un paquet en plus du poème, qui contenait une clé avec un numéro étiqueté dessus, et une pile de photos. Elles étaient toutes de nous quand nous étions enfants, à faire des grimaces, exhiber fièrement des châteaux de sable et manger des glaces. Elles donnaient l'impression que chaque jour était merveilleusement ensoleillé, et que chaque plage était notre terrain de jeu privé.

Elles ont fasciné Joe, qui ne cessait de river les yeux sur moi, et sur Poppy, puis sur les photos, comme pour essayer de tout aligner dans son cerveau. Les enfants ne partent jamais du principe que leurs parents ont été petits, pas vrai ? J'ai ressenti la même confusion quand j'ai vu cette photo de notre mère bébé. Elle était forcément arrivée sur terre déjà à taille adulte et prête à préparer mon thé, non ?

Nous avons expliqué le poème à Joe sur le chemin ; le premier vers évoquait Durdle Door, une magnifique arche en roche calcaire qui s'élève de la mer sur la côte du Dorset. Il y a environ un million de marches sculptées dans la falaise pour y descendre, et au moment où nous sommes arrivés, l'heure du déjeuner était passée, et l'endroit grouillait de gens, qui allaient et venaient lentement comme de petites fourmis touristes. C'était une journée merveilleusement ensoleillée, et l'eau chatoyante faisait danser des gamins qui pataugeaient et des chiens qui nageaient comme de petites barques.

J'ai eu du mal avec le dénivelé – à la fois sur la montée et la descente –, et j'ai remarqué que Poppy et Joe feignaient d'éprouver les mêmes difficultés, s'arrêtant toutes les cinq minutes et soufflant de manière théâtrale, alors que je savais qu'ils allaient bien. J'ai compris qu'ils essayaient d'être gentils, mais j'en étais encore plus renfrognée. Comme un hippopotame déprimé qui s'efforce de suivre le rythme de gracieuses gazelles. Entièrement ma faute, et au moins, ça m'a rendue d'autant plus déterminée à maintenir mon dernier coup de fouet santé en date.

C'est un bel endroit, mais pas tout à fait comme dans mes souvenirs. C'est plus… bondé. Avec du recul, je pense que maman devait prévoir nos excursions dans cette partie de la côte en début de matinée ou en fin d'après-midi, quand il y avait moins de monde dans les parages. Futée, maman. Notre étape suivante était Charmouth – la « bouche brûlée » du poème –, une plage où vous pouvez creuser à la recherche de fossiles et manger des glaces, ce qui est également évoqué dans l'énigme diablement subtile de notre mère. Un autre endroit où nous adorions aller enfants ; nous louions des marteaux à la boutique locale et taillions les pierres, dans l'espoir de dénicher quelques rares bélemnites. Maman traitait chaque trouvaille comme une incroyable et précieuse découverte scientifique, et les conservait toutes dans de petits sacs à monnaie pour que nous les rapportions à la maison.

Joe et Poppy se sont mis dans l'ambiance, à creuser et piquer sur les parois de la falaise, se servant tous les deux de leurs portables pour prendre des photos de leurs découvertes, Poppy courant dans les magasins pour trouver un sac afin que Joe puisse stocker ses fossiles. J'étais contente de voir Joe heureux, mais pas assez contente pour m'extirper de ma bouderie. En toute honnêteté, je me sens toujours menacée par leur relation ; Joe n'est pas idiot, il sait qu'un incident fâcheux a dû se produire pour nous séparer, mais il ignore quoi, et espérons qu'il ne le saura jamais. Sa tante Poppy fraîchement rencontrée ne représente que du rire en barres pour ce qui le concerne, et je me sens comme une vioque assommante et mal fagotée en comparaison.

Après notre virée à Charmouth, nous avons mangé des *fish & chips* (j'ai retiré la friture), et Poppy a appelé plusieurs endroits dans les environs jusqu'à ce qu'elle en déniche un où nous pourrions passer la nuit. J'étais motivée pour tout faire en un seul jour, mais elle a souligné qu'il commençait à être tard, et que nous ne serions pas en mesure d'aller creuser sur une plage en pleine nuit sans risquer de nous faire arrêter. À présent, alors que je regarde les boutiques aux tons pastel qui ouvrent tout juste, et le croissant de cabanes aux peintures vives qui s'étend sur la courbe de la plage, je me réjouis d'avoir écouté la voix de la raison. La journée d'hier a peut-être été un échec sur le plan des joyeux souvenirs, mais cet endroit a toujours été mon préféré. Il fait déjà assez chaud, et je suis pieds nus sur le sable, appréciant le contact entre mes orteils tandis que nous flânons le long de la rive.

— Eh bien, maintenant je vois ce qu'elle veut dire au sujet des couleurs gaies, dit Joe en regardant un café à la devanture rose bonbon. Mais je ne suis pas certain de comprendre cette histoire d'orange ?

— C'était une blague, explique Poppy. Parce qu'orange est censé être le seul mot que tu ne peux pas faire rimer correctement, et c'est aussi un agrume, comme le lime, tu sais le petit citron vert, et ici, on est à Lyme Regis. Tu piges ?

— J'imagine, oui. C'est assez spirituel, mais grand-mère n'était pas non plus Ricky Gervais, si ?

— Non, heureusement, réponds-je. Ce serait bizarre, surtout avec la barbe. Maintenant, on cherche le numéro… Qu'est-ce qu'il y a sur la clé, déjà, Poppy ?

Elle vérifie l'étiquette et pointe du doigt droit devant. Les cabanes sont l'une des plus ravissantes caractéristiques de ces lieux, et nous en louions toujours une quand nous venions. Les gens les adorent, les peignent, et les remplissent de tout le nécessaire vital pour des vacances sur le littoral britannique : bouilloire, coupe-vent, imperméables, parapluies, ce genre d'accessoires.

Nous arrivons à notre cabane en question, et nous apercevons qu'elle est d'un bleu éclatant absolument adorable, presque coordonné à celui de la mer. Poppy hausse un sourcil interrogateur, et je lui fais signe d'entrer. Je suppose que c'est l'une de ces sorties pédagogiques qu'a évoquées Lewis, et je me retrouve à me demander si maman venait avec lui. Si elle allait assez bien à ce stade. S'ils y descendaient ensemble en voiture, se baladaient sur l'esplanade, mangeaient du crabe fraîchement pêché et regardaient le coucher de soleil. J'espère sincèrement que c'était le cas.

Poppy ouvre la porte de la cabane, et nous tendons tous le cou pour voir à l'intérieur. Sans surprise, il y a une bouilloire, comme promis. Des boîtes de thé et de café. Deux transats rayés. Une pile de ces couvertures en tartan que maman adorait. Et, soigneusement disposée sur une petite étagère en bois, une vaste collection de fossiles, tout à fait semblables à ceux que Joe et Poppy récoltaient hier. Je sais que ceux-ci, toutefois, sont légitimement anciens ; ils ont été récupérés par deux petites brunettes dans les années 1970 et 1980, rapportés triomphalement à la maison, et immédiatement oubliés par les intéressées. Sauf qu'elle ne les a pas oubliés, elle n'oubliait jamais rien. Elle a gardé nos trésors, les a chéris pour nous, et maintenant, elle essaie de nous les rendre. Ce spectacle inattendu suscite la vive brûlure des larmes qui me montent aux yeux. Je suis moi-même mère à présent, et je sais que je fais pareil ; j'ai accumulé les précieux souvenirs d'enfance de Joe, les certificats, les récompenses et les peintures aux doigts, en les conservant à l'abri bien après qu'il en a oublié l'existence. Ma mère nous aimait avec ce même dévouement inébranlable, et ça me tue qu'il ait fallu attendre sa mort pour que je le mesure enfin.

Joe me presse doucement les épaules, et je cligne des yeux pour chasser les larmes. Poppy me regarde, comme pour vérifier que je vais bien, puis, quand je hoche la tête, elle entre dans la cabane et reparaît en brandissant une énorme bêche. Une étiquette à bagage est attachée à son manche métallique – l'une de ces étiquettes démodées en carton, comme avait l'ours Paddington –, et elle la tient bien droite dans la brise afin de la lire à haute voix.

— « Vous pouvez creuser autre chose que vos méninges ? Regardez donc derrière la cabane ! », dit-elle en fronçant les sourcils.

Elle est sortie sans maquillage ce matin, ses cheveux sont défaits, pas brossés et rebelles, et ça faisait longtemps qu'elle n'avait pas autant ressemblé à la petite fille avec qui je jouais sur cette plage. Séjourner au cottage l'a clairement détendue, et j'ai honte de lui avoir reproché le temps qu'elle a passé là-bas. Joe qui se considère comme un adulte, mais qui n'est encore qu'un enfant géant dans un corps d'homme, est enchanté à l'idée de creuser à la recherche d'un trésor, et disparaît aussitôt derrière la cabane. Il n'y a pas beaucoup de place, juste quelques centimètres carrés, et il manque de glisser dans le trou. Poppy lui passe la bêche, et il commence à creuser, dans un mouvement de bras raide et maladroit à cause de la position inconfortable dans laquelle il est coincé.

— C'est plus compliqué que ça n'en a l'air, dit-il en jetant des pelletées de sable sur le côté.

— Je suppose qu'elle a loué cette cabane, entreposé les affaires à l'intérieur, et a ensuite dû enterrer quoi que cela puisse être là où personne n'irait, et où un chien ne le déterrerait pas, dis-je en essayant d'imaginer la logistique mise en œuvre, et m'émerveillant de la manière dont une femme en train de mourir d'un cancer a pu trouver la détermination nécessaire pour accomplir un tel exploit. Mais bon, ma mère n'était pas une vieille dame, si ? Elle était l'illustre Andrea Barnard, rien de moins.

Finalement, tandis que nous attendons assises au soleil, un bruit mat retentit, et Joe, à bout de souffle, se fige en plein effort. Il baisse les yeux, pousse encore un peu de sable du pied et annonce triomphalement :

— J'ai trouvé quelque chose ! Merde... Désolé pour mon langage, je sais... C'est une espèce de coffre...

Il arrive à se contorsionner suffisamment pour enlever le reste du sable et extirpe le coffre du sol. Je n'ai aucune idée de la façon dont elle y est parvenue – elle n'aurait pas été assez en forme, et la carcasse de Lewis rentrerait à peine dans la cabane, alors derrière... Elle a probablement convaincu quelque pêcheur innocent qui passait par là de l'aider, en jouant de ses charmes et d'un furtif sourire à la Penny Peabody.

Joe apparaît devant la cabane et pose le coffre en bois sur le sable, où nous nous asseyons tous autour de lui. Pendant quelques instants, nous nous contentons de river les yeux dessus, comme s'il pouvait appartenir à une nana appelée Pandore, jusqu'à ce que Poppy finisse par tendre le bras et défasse le fermoir. À l'intérieur, emballé dans du papier de soie, se trouve un vêtement tout en fanfreluches que je reconnais immédiatement des photos de Poppy et moi bébés. Elle le prend, tient le tissu dans ses mains et le renifle, comme elle a tendance à le faire, puis le lève en l'air dans toute sa splendeur.

— C'est notre robe de baptême, dit-elle en écarquillant les yeux. Celle dont maman disait qu'elle avait été transmise dans sa famille sur trois générations. On ressemblait à des petits cochons enveloppés dans de la soie, non ?

Joe tend la main et touche le tissu avec une expression horrifiée.

— Je n'ai pas porté ça, si ? demande-t-il, donnant l'impression manifeste que sa virilité naissante est menacée.

— Non, dis-je en secouant la tête. Maman le souhaitait, la tradition, tout ça, mais la famille de ton père avait un costume marin tout aussi écœurant… Waouh ! En fait, c'est plutôt joli, sous un angle poupée victorienne maléfique, non ?

— Je n'arrive pas à croire que vous ayez été aussi minuscules, dit Joe d'un ton stupéfait. Peut-être que je peux le garder, et si j'ai des enfants, ils pourront le porter. Ce serait assez cool. Ou peut-être, tata P, que tu auras un bébé, et qu'il pourra le mettre.

Poppy s'esclaffe, mais son rire semble très légèrement cassant.

— Non, je suis trop vieille. Je pense que cette porte s'est bel et bien fermée, déclare-t-elle.

— Ne sois pas idiote, réplique Joe en lui donnant un coup de coude, tu as seulement, quoi, trente ans et quelques ? Encore largement le temps. Bref. Qu'est-ce qu'on fait maintenant ?

Une guêpe choisit cet instant pour foncer vers ma jambe, et j'éprouve mon habituelle montée d'angoisse qui me comprime la poitrine. Exactement au même moment, Poppy et Joe la chassent, puis se font un tape-m'en cinq. Il semble que j'aie à présent deux combattants intrépides pour me protéger. Je les regarde tous les deux, sourire et rire ensemble, le soleil se reflétant dans leurs cheveux bruns et luisants, et me sens soudain submergée de chaleur, de bonheur et… eh bien, de sérénité. Pour la première fois depuis bien longtemps. La sensation que, malgré les probabilités, tout va finir par s'arranger, d'une façon ou d'une autre.

Ma mère. Ce génie diabolique.

Chapitre 51

Andrea : N pour Nudité

« Bonjour mes chéries ! Me voici de retour en vidéo, honorant de ma personne votre télévision, téléphone, ordinateur portable ou quoi que vous utilisiez. Ça fait un moment que je ne vous ai pas fait de petit film, et je me disais que mon visage souriant vous manquait peut-être.

Lewis est là avec moi, en partie pour tenir la caméra, et en partie pour veiller à ce que je me comporte comme une bonne fille et que je prenne tous les cachets et remèdes que les docteurs m'ont prescrits. J'ai passé deux fois la nuit à l'hôpital, mais rien de trop stressant ; en vérité, ça m'a bien reposée, et je me sens beaucoup mieux.

J'espère que vous avez apprécié votre petite excursion dans le Dorset, et que le mystère n'a pas tourné à la misère. En supposant, évidemment, que vous avez réussi à déchiffrer ces satanées énigmes ! Je me suis drôlement amusée à tout préparer, visiter la cabane et enterrer votre précieux trésor. À ce propos, nous avons payé le loyer pour le reste de l'été, alors n'hésitez pas à y repasser si vous êtes d'humeur.

Lewis m'y a conduite pour la journée, en faisant tout un pataquès comme la vieille folle qu'il est pendant le trajet, visiblement convaincu que j'allais casser ma pipe quelque part sur la M5 ! Mais ma pipe a résisté, et nous avons passé un moment charmant. Il m'a fait le plaisir d'écouter mes histoires sur nos vacances là-bas, et m'a même emmenée manger dans ce ravissant restaurant à Lulworth Cove. Il me gâte vraiment, même si je me moque souvent de lui.

J'espère que cela vous a rappelé autant de joyeux souvenirs qu'à moi, et bien que j'essaie toujours de rester enjouée pour ces petites vidéos, les filles, je dois admettre que ça m'attriste terriblement de penser que je ne suis pas là avec vous. Que je ne peux pas vous revoir ensemble, sur ces magnifiques plages, à profiter de ces incroyables couchers de soleil. Je donnerais n'importe quoi pour être là, pour partager ça avec vous, fabriquer quelques précieux souvenirs de plus, mais ce n'est pas censé arriver.

Bref, je ne veux pas devenir larmoyante. Ou, si c'est le cas, je ne veux certainement pas que ce soit capturé pour la postérité, parce que c'est le principe des films, non ? Ça ne disparaît simplement jamais, surtout à cette époque digitale plus que dingue dans laquelle vous vivez, vous les jeunes.

J'ai découvert cela assez récemment, à mon grand amusement, et c'est pourquoi j'ai décidé que N, ce serait pour Nudité. Maintenant, en tant qu'actrice des années 1970, je peux dire qu'on montrait pas mal de chair ; mais je n'ai fait qu'une scène de nu. Je vous en prie, ne reculez pas d'horreur, c'était de très bon goût ! En réalité, ça ne l'était pas… Mais quelle importance ?

Je jouais une jeune fille qui souffrait d'amnésie après avoir été attaquée par un forcené armé d'un marteau dans une fête foraine. Elle avait de la chance d'avoir survécu, mais ne se rappelait rien de sa vie, même pas son prénom. Elle finit dans un foyer résidentiel qui ressemble un petit peu à un asile de fous, et toutes les nuits, elle fait des crises de somnambulisme, en retournant dans des endroits qu'elle a connus, laissant des indices derrière elle pour le jeune et beau docteur obsédé par l'idée de résoudre le mystère… Je sais, ça semble merveilleux, non ?

Maintenant, pour une certaine raison, le réalisateur a estimé judicieux que notre héroïne aille se trimballer dans son sommeil complètement à poil. Et, pour une raison encore plus inexplicable, j'ai accepté. Que puis-je dire ? Je n'avais que dix-neuf ans, et j'étais plutôt satisfaite de mon corps, merci beaucoup ! Alors me voilà – de toute mon enveloppe charnelle – à rôder dans des couloirs d'hôpital et frapper aux portes de bâtiments à l'abandon, et même à me retrouver une fois à califourchon sur un cheval du carrousel d'une fête foraine dans une séquence de rêve !

C'était très artistique et petit budget, et je pensais sincèrement ne jamais le revoir… jusqu'à récemment, après en avoir parlé avec Lewis, qui a réussi à en trouver un extrait sur YouTube ! Honnêtement, il y a des gens bizarres là-dessus… Bref, il s'agit, évidemment, de la scène dans le carrousel, et j'admets avoir à la fois ri et pleuré un peu en la revoyant.

Ri parce que c'est sacrément drôle – ces films d'art et d'essai des années 1970 avaient vraiment tendance à se prendre au sérieux –, et pleuré parce que c'était étrange, de me voir là, comme ça. Si jeune, forte, svelte et en bonne santé, ce qui est à peu près l'inverse de ce que je ressens ces temps-ci.

Mais j'ai promis de ne pas être larmoyante, alors je ne le serai pas. Le lien vers l'extrait est sur le compte de partage, alors si ça vous intéresse, sentez-vous libres de regarder… si vous pouvez le supporter !

Bon, je me sens un peu paresseuse, là, mais je n'ai rien trouvé de fabuleux pour la lettre O. Pas de blagues grossières, s'il te plaît, Lewis, je vois cet air de vilain potache sur ton visage ! Je suis un peu fatiguée aujourd'hui, à dire vrai, et je pense qu'il est peut-être temps de passer au P. Si, bien entendu, vous avez décidé d'aller dans cette direction.

Donc, je vais faire simple pour le O. O, c'est pour Oh, mon Dieu, est-ce bien le cul nul de ma mère sur un cheval de carrousel dans une séquence de rêve ?

Et la réponse est : "Oui, très certainement !" Bon visionnage, les filles ! »

Chapitre 52

Poppy

Elle n'avait pas l'air au top dans cette dernière vidéo – la récente, pas le nu des années 1970 –, et la tristesse de ce constat me plombe l'estomac comme de la nourriture indigeste. Malgré ses tentatives d'être joviale, vous pouviez voir qu'elle souffrait, et ses allusions décontractées à ses séjours à l'hôpital étaient déchirantes. Nous aurions dû être là, l'aider à traverser ça. C'est comme regarder la rediffusion d'un horrible accident de voiture, en sachant ce qui va se produire, mais en étant incapable de l'empêcher.

Nous sommes à Euston Station, assis en mezzanine à regarder le panneau des départs, attendant que le train de Joe pour Liverpool soit annoncé. Puis nous irons toutes les deux à St Pancras prendre l'Eurostar vers Paris, parce qu'il est temps pour la lettre la plus mystérieuse de toutes, le P.

Tout cela me rend extrêmement nerveuse, et je soupçonne Rose de l'être aussi, car elle radote comme une folle, s'assurant que Joe connaît toutes les règles de la maison, dispose de suffisamment d'argent, n'oublie pas de manger, se couche à l'heure, et ne met pas le feu à la rue. Quant à lui, pour être honnête, il semble résigné et indulgent face à sa tirade.

— Simon a dit qu'il passerait ce soir et garderait un œil sur toi. Et, en fait, tu peux aller dormir chez lui si tu préfères.

— Je sais, maman, dit Joe, qui accomplit l'effort fabuleux de ne pas lever les yeux au ciel, tu me l'as déjà dit. Je vais me débrouiller, vraiment. Je laisserai courir si qui que ce soit frappe à la porte, je n'inviterai aucun dealer, et veillerai à prendre mes vitamines. Je vais m'en sortir, ne t'inquiète pas.

— Je pense, dis-je avec un œil sur le panneau et l'autre sur ma sœur, que Simon t'aime bien.

— Bon, oui, confirme Rose. C'est un chouette type, il apprécie probablement la plupart des gens.

— Non, je veux dire, il t'aime bien bien.

— Bien bien ? Tu as quel âge, seize ans ?

— Excusez-moi ! interrompt Joe, en levant la main en l'air. Je tiens à souligner que j'ai seize ans, et même moi, je ne dirais jamais ça. Mais… je pense qu'elle a peut-être raison, maman. Ça me donne un peu la gerbe de le prononcer, mais en effet, Simon te regarde bien bien.

Rose nous observe bouche bée un instant, puis secoue si énergiquement la tête que ses boucles rebondissent autour de sa figure.

— N'importe quoi. Et, de toute façon, je suis trop vieille pour ce genre de choses.

Joe me regarde furtivement, levant les yeux au ciel, comme pour dire : *Tu vois ce que je dois me farcir ?*

Un mouvement soudain anime la foule de gens en dessous, un exode groupé vers un quai qui nous laisse deviner que le train a été annoncé ; nous nous levons tous et attrapons nos sacs.

Nous accompagnons Joe à son train, et Rose insiste ensuite pour rester jusqu'à ce que le logo Virgin rouge vif ait disparu au loin. Elle a les larmes aux yeux, et je ne suis pas sûre que ce soit seulement parce que son fils s'en va. Après avoir cessé de rire devant l'extrait de YouTube, celui où maman se pavane complètement à poil sur le cheval de fête foraine, nous étions toutes les deux un peu mélancoliques.

— C'était d'assez bon goût, avait-elle déclaré, après avoir averti Joe de ne pas regarder à moins qu'il veuille se retrouver avec les rétines brûlées par la vision du cul nul de sa grand-mère. La manière dont ils ont couvert une partie de ses seins avec ses cheveux ?

— Ouais, avais-je répondu, consultant la rubrique commentaires et reculant d'horreur devant le nombre de fans inconditionnels que ma mère avait dans certains cercles. Elle ressemblait un peu à la Khaleesi de *Game of Thrones*, non ? Je parie qu'elle y aurait figuré si elle avait continué d'être actrice. Elle aurait pu décrocher ce rôle que joue Diana Rigg.

— Mais… l'autre vidéo. Elle n'avait pas l'air très en forme dans celle-ci, n'est-ce pas ?

— Non, avais-je répondu, avec le même sentiment. Elle paraissait… vulnérable. Je ne pense pas l'avoir connue un jour aussi vulnérable. Ce n'était pas agréable à voir. Peut-être était-ce la perspective d'élaborer la lettre P qui l'abattait aussi. Ça a dû être difficile.

Si difficile, en fait, qu'à la fin elle s'est de nouveau dégonflée ; pas pour nous le dire, mais pour nous le dire elle-même. À la place, elle avait transmis toutes les informations à Lewis, qui avait tapé une série de notes et de souvenirs pour nous mettre en route. Et fidèle à lui-même, le protecteur dévoué de ma mère avait ajouté sa touche personnelle à l'ensemble.

Nous avons lu la lettre, qui nous a toutes les deux secouées. Je sais que je tenais tout juste le coup pour le bien de Joe, et j'étais à cent pour cent certaine que c'était le cas aussi pour Rose. Elle contenait des vérités pesantes, et je commence à penser qu'une version fantasmée de notre père serait peut-être au final moins bouleversante que la vraie.

À présent, nous avons notre séjour à attendre, et un nouvel enregistrement sur cassette rempli de réponses à nos questions… ou du moins celles auxquelles Lewis, un vieux monsieur homosexuel, pense que nous souhaiterions des réponses.

Nous allons devoir écouter ça sur un ancien walkman que Rose a ressorti, assises l'une à côté de l'autre dans le train avec un écouteur chacune, exactement comme nous le faisions enfants et que maman pouvait seulement se permettre de nous en acheter un pour deux. Ça finissait invariablement en bagarre. Je ne peux qu'espérer que cela ne se produira pas pendant que nous cheminons vers Paris, pour éventuellement rencontrer notre géniteur. Rose ne l'a pas évoqué, mais après avoir lu la lettre de Lewis, elle doit aussi se demander si nous ne commettons pas une terrible erreur.

Nous flânons vers la sortie, irritant les autres usagers avec notre lenteur, tirant nos valises à roulettes derrière nous tandis que nous entamons notre marche pour St Pancras.

— Poppy, dit Rose quand nous émergeons dans le bruit et l'agitation d'Euston Road.

— Oui ?

— Tu sais, n'est-ce pas, que cette lettre signifie que notre père n'est définitivement pas Dumbledore ?

J'acquiesce. Elle a raison, malheureusement. Sauf si Dumbledore avait un côté beaucoup plus obscur que ce que nous suspections tous.

Chapitre 53

Lewis : P pour Paris

Chères Rose et Poppy,

Votre mère ne se sent pas très bien aujourd'hui, d'une part à cause de sa maladie, qui commence à la diminuer physiquement, et aussi, je crois, parce que cette entrée de son abécédaire l'inquiète.
Elle n'était pas d'attaque pour une vidéo ; je suis sûr que vous aurez remarqué qu'elle n'était pas au mieux de sa forme dans la dernière. Nous avons essayé d'enregistrer une cassette, mais elle s'est effondrée au beau milieu. Comme vous le savez, ça ne ressemble pas à votre mère, je l'ai donc persuadée de me charger de ceci à sa place.
Ses inquiétudes, je pense, sont doubles ; elle est contrariée de vous laisser gérer seules cette situation, en voulant malgré tout, même dans ses heures les plus sombres, vous protéger. Elle a également honte de certains éléments du passé, bien que personnellement

je ne voie aucune raison pour qu'elle le soit : tout ce qu'elle a fait, elle l'a fait pour votre bien. C'est vital de vous en souvenir.

Elle m'a maintes fois parlé de votre père, et à partir de ces conversations, je vais reconstituer ce que vous avez besoin de savoir. Je vais aussi, dans un paquet séparé, laisser quelques photos et sa dernière adresse connue, même si je dois souligner, en guise d'avertissement, que tout cela n'est plus d'actualité depuis longtemps, et aucun de nous deux ne sait vraiment où il est, ni même s'il est encore en vie. J'ai proposé d'engager un détective privé pour en découvrir davantage, mais rien que l'idée la secouait manifestement ; on aurait dit que si elle donnait un coup de doigt dans ce nid de guêpes-là, elle se ferait piquer à mort.

Bref, le nom de votre père est François Henri Martin, mais je crois qu'il avait pris pour nom de scène Franky Martin. Ses grands-parents étaient français, et votre mère l'a rencontré durant une production de *Roméo et Juliette*. Ils sont allés en tournée à Paris avec cette pièce, et c'est là que leur histoire d'amour semble être née.

D'après ce que j'ai entendu, et vu sur les photos, il était très bel homme, profondément charismatique et charmant. Votre mère, qui était sa cadette de quelques années, est tombée folle amoureuse de lui, et s'est précipitée dans ce qui est devenu sa première relation sérieuse.

Après une phase de lune de miel passionnée et idyllique, pendant laquelle vous avez été conçue, Rose, votre mère a commencé à voir les défauts du maquillage de Franky. Son personnage public était celui d'un mondain cool des années 1970, mais votre père s'avérait secrètement consumé par le manque d'assurance, et il est devenu de plus en plus amer vis-à-vis de ce qu'il percevait comme un manque de reconnaissance dans le milieu. Quand il n'obtenait pas les rôles pour lesquels il passait une audition, il s'enflammait de colère et de rancune, et cherchait le réconfort dans les drogues.

D'après ce que votre mère m'a dit, c'était récréatif au départ, dans l'esprit de l'époque : marijuana et LSD pour commencer, qui étaient tous les deux très à la mode dans certains cercles. Mais, au fil de leur relation, elle a progressivement pris conscience que c'était plus que récréatif pour Franky ; c'était une addiction.

Elle a essayé de s'accommoder de la situation le mieux possible, et vous avez fini par arriver, Poppy. Elle avait espéré que l'augmentation de ses responsabilités et les joies de la paternité l'aideraient à changer, et l'a même soutenu au cours du processus qu'on appellerait aujourd'hui la désintox.

Cependant, comme beaucoup de drogués, il a été incapable de s'arrêter. Et peu de temps après votre naissance, Poppy, il a aussi découvert l'héroïne, qui commençait à s'infiltrer dans le pays, surtout par le biais de leurs amis du show-biz américains.

Je suis persuadé que ce n'est pas agréable à lire pour vous deux, mais je reste convaincu que ça l'était encore moins pour elle à vivre. Votre mère, comme vous le savez, est une femme incroyablement forte et aimante, mais elle était également jeune, essayant de bâtir sa propre carrière, en s'occupant de deux petits enfants toute seule. Je pense que le point critique est survenu à peu près en même temps que la mort de la mère d'Andrea, et elle a pris la décision qui, elle le pense toujours, a sauvé votre famille. Elle a utilisé son petit héritage afin de verser un acompte pour le cottage, vous a emmenées habiter à la campagne, et a rayé Franky de sa vie. Et, bien entendu, des vôtres aussi.

Il en a toujours résulté des émotions très contradictoires pour elle, mais je lui fais assez confiance pour croire qu'elle a fait le bon choix. J'espère que vous lui faites assez confiance pour le croire aussi.

Elle m'a demandé de l'aider à compiler une série de questions pour la prochaine lettre de l'abécédaire, en pensant, à juste titre j'en suis sûr, que vous en auriez beaucoup. Elle veut que ce soit personnel, mais elle est à mon avis trop fragile pour être filmée, je vais donc tenter d'y procéder au moyen de l'enregistreur cassette. Je vais lui poser les questions, et elle fera de son mieux pour y répondre.

Elles ne satisferont peut-être pas entièrement votre curiosité, mais il faudra vous en contenter. Je vous ferai remarquer à ce stade que les choses se seraient peut-être passées autrement si vous étiez venues toutes les deux un peu plus par ici, et qu'elle avait senti que vous étiez assez fortes pour entendre de vive voix cette partie plutôt désagréable de son histoire.

Je vais être aussi rigoureux que sa santé le permettra, et j'essaierai d'anticiper vos questions, mais je dois préciser que je ne la pousserai pas au-delà de la limite que j'estimerai supportable pour elle. Si sa loyauté va avant tout vers vous, la mienne va et ira toujours vers elle.

Si vous êtes en route pour Paris, alors je vous souhaite bonne chance. Vous préférerez peut-être écouter les questions avant ou après votre voyage, je vous laisse en décider. Mais, s'il vous plaît, gardez toujours en tête que votre mère vous aime plus que je n'ai jamais vu un être humain aimer quiconque auparavant, cela a été une révélation. Elle endure une telle souffrance, un tel calvaire personnel, et pourtant, votre bien-être reste d'une importance capitale pour elle.

J'ose espérer que toute question restée sans réponse ou tout doute subsistant chez vous seront compensés par la conscience de ce sacrifice.

Meilleures salutations,
Lewis Clarke-Smith

Chapitre 54

Lewis et Andrea : Q pour Questions

Lewis : Alors, on pourrait peut-être commencer par les bases. Pourquoi François Martin n'est-il pas inscrit sur les certificats de naissance des filles ?

Andrea : Seigneur, Lewis ! Tu la joues complètement Jeremy Paxman, non ? On a un peu trop regardé *Newsnight* avec le chocolat chaud, hein ? Mais… très bien. C'est le point évident par lequel un avocat commence, j'imagine. La première fois, avec Rose, c'était surtout par colère. De ma part.

Franky était parti à un casting – quelque chose à voir avec l'un de ces programmes policiers à l'époque ; peut-être *The Sweeney*, je ne me rappelle pas vraiment –, et j'avais convenu avec lui de le rejoindre au service d'état civil. Nous avions tous les deux passé une nuit blanche ; moi avec le bébé, lui avec une bouteille de Jack Daniel's.

Je suis arrivée là-bas à l'heure pour notre rendez-vous, et il n'est simplement jamais venu. J'étais coincée là dans la salle d'attente, à essayer de m'occuper toute seule d'un nourrisson de deux semaines, c'était tellement humiliant.

J'ai découvert plus tard qu'il n'avait pas décroché le rôle, et était allé directement à Soho retrouver ses amis douteux. Il nous a complètement oubliées. Ce n'était pas inhabituel, surtout à mesure que le temps est passé, mais à ce moment-là, ça m'a fait mal. Très mal.

J'adorais tellement ma petite fille chérie, tu vois, et ça m'a blessée qu'il ne prenne même pas la peine de la reconnaître officiellement. Alors je l'ai laissé à l'écart, par colère. Avec Poppy… eh bien, à cette période, les choses étaient devenues intolérables, pour être honnête. Sa vie n'était qu'une longue fête morbide, les drogues le dominaient entièrement, et je commençais à me rendre compte que tout allait effroyablement mal. Alors, cette fois-là, c'était volontaire.

J'ignorais s'il serait même toujours vivant quand elle grandirait, encore plus s'il serait toujours dans nos vies. Je me sentais comme si… comme si ça allait me revenir d'élever ces filles, et qu'il ne méritait même pas d'être cité. Mon Dieu ! Ça donne l'impression que des deux, c'est moi qui suis amère, non ?

Lewis : Pas du tout. Ça donne l'impression que tu es humaine. Maintenant, sans transition, raconte-nous un peu comment vous vous êtes rencontrés ; et quelles étaient ses qualités.

Andrea : Excellente question, Lewis ! Parce que je ne veux pas que vous pensiez, les filles, qu'il était un minable bon à rien. Bien sûr que non ! Il a été partiellement responsable de votre conception !

Bon, évidemment, il était beau. Tout à fait irrésistible, avec de grands yeux marron, des pommettes de Français ténébreux et des cheveux longs à la mode. Un peu comme un jeune Alain Delon, ce dont il tirait profit. Mais il était aussi très drôle, vraiment, plein de charme et d'humour. Il était l'un de ces hommes qui vous donnent la sensation d'être spéciale, comme si vous étiez la seule femme de son univers.

Il était effroyablement intelligent, et un merveilleux acteur. Nous nous sommes rencontrés quand il jouait Mercutio, et moi Juliette. Le type qui incarnait le rôle de Roméo ne s'intéressait absolument pas à la gent féminine, je dois dire. Tu l'aurais adoré, Lewis ! Bref, nous faisions une tournée régionale, avec une semaine à Paris, et au bout de cette série de représentations, nous étions en couple. C'était merveilleux au départ, quoi qu'il se soit produit par la suite. Vraiment merveilleux. Aucun homme ne m'a jamais coupé le souffle de cette manière.

Je me souviens encore, si clairement, de lui me faisant visiter Paris, si séduisant et fort… nous tenant la main sous la tour Eiffel, buvant un café devant Notre-Dame… Ça paraissait tiré d'un film, pour être honnête. C'est peut-être pourquoi ça n'a pas duré, je ne sais pas… Mais je l'aimais, tellement. Et je suis obligée de croire qu'il m'aimait. Et peu importe ce que notre histoire a fini par devenir, cet amour était une chose si précieuse. Je ne veux peut-être pas que mes filles connaissent une issue aussi malheureuse, mais l'amour ? Ça, je le souhaite ardemment pour elles, toutes les deux.

Lewis : Bien sûr. Maintenant, donne-nous des informations sur l'endroit où vous viviez, et à quoi ressemblait votre vie ensemble.

Andrea : Nous avions un petit nid d'amour à Notting Hill. Ce n'était pas un quartier aussi chic à l'époque, mais c'était tout ce que nous pouvions nous permettre. Pour commencer, c'était très bobo, nous traînions avec une faune artistique, et il y avait beaucoup de soirées et de nuits à l'extérieur. C'était très convivial, très animé. C'était comme ça, les années 1970. Je peux laisser aussi l'adresse, Lewis. Transmets-la aux filles, veux-tu ? Comme ça, si elles le désirent, elles pourront y passer. Bref, les choses étaient déjà en train de changer au moment où Rose est née, mais je refuse que vous pensiez que vous êtes responsables de quoi que ce soit dans tout ça, les filles. Le ver était déjà bel et bien dans la pomme.

Il sortait de plus en plus tard, il lui arrivait même de ne pas rentrer pendant des jours entiers, et quand il finissait par réapparaître, je ne savais jamais quelle version de Franky j'allais récupérer. Parfois, il était merveilleux ; il vous adorait sincèrement, les filles, quand il était en forme, c'était un tel papa gâteau ! Il revenait dans nos vies comme un tourbillon d'énergie, et pendant plusieurs jours d'affilée, nous allions au parc, nous prenions le petit déjeuner au lit – tous ensemble –, nous faisions de charmantes promenades à pied, et c'était si plaisant.

Le problème, c'est qu'il n'était pas en forme si souvent… Il traînait avec une bande de gens débridés, et on considérait les drogues comme normales. Bien entendu, elles l'ont peut-être été pour d'autres, mais avec sa personnalité, ses sautes d'humeur que je trouvais avant si éblouissantes, ça donnait un désastre. Pour nous tous. J'ai essayé de l'aider, mais sans y parvenir. Je crois que s'il avait décroché tous les rôles qu'il convoitait, remporté tous les Oscars et les BAFTA, il serait quand même resté un tout petit peu… cassé. Je ne sais pas pourquoi. Peut-être qu'une femme plus mature aurait réussi à le déchiffrer, mais j'étais loin de l'être. Je pense que je ne le suis toujours pas.

Lewis : Tu es parfaitement mature, ma chérie, mais seulement quand tu le veux ! Vous voyez, un bon exemple : votre mère me tire la langue, les filles ! Bref. Passons. Pourquoi avez-vous finalement décidé de tout arrêter ?

Andrea : Oh… oh, bon sang ! C'est plus dur que je ne l'avais imaginé, tu sais. Je me sens un peu au bord des larmes. J'ai l'impression que tout ça, c'est de l'histoire ancienne, mais en même temps, c'est encore si net, comme si c'était arrivé hier…

Lewis : Est-ce que tu veux t'interrompre ? Faire une petite pause ? Tu dois reprendre des antalgiques à tout moment.

Andrea : Non ! Arrachons le pansement, d'accord ? Eh bien, c'était après la mort de ma mère. Sa maladie a été longue, interminable, et profondément déplaisante. J'étais enfant unique, toute la pression m'est donc tombée dessus, et je crains de m'être plutôt apitoyée sur mon sort. C'est l'une des raisons, comme je l'ai précisé, pour lesquelles j'ai choisi de ne pas vous révéler mon état actuel. J'ai Lewis, béni soit-il, et il n'y a simplement rien à gagner en vous attirant aussi dans mon malheur.

Mais bon… là n'est pas la question. J'ai toujours essayé de vous emmener quand je le pouvais, pour lui rendre visite et s'asseoir avec elle, mais c'était très difficile à la fin. Un lit de mort n'est pas un endroit pour des bébés. Alors, le jour où elle a fini par décéder, je vous avais laissées à la maison avec votre père. Il s'était comporté le mieux possible depuis un certain temps, s'efforçant d'être un bon soldat pendant que je traversais mon épreuve. C'est ça le truc avec Franky : il n'a jamais été un mauvais individu, les filles. Jamais malveillant ni cruel. La seule personne qu'il n'aimait pas, c'était lui-même ; il n'avait pas vraiment de méchanceté en lui. Il était juste faible. Si faible qu'il ne pouvait pas tenir longtemps sans un petit soutien chimique.

Je suis retournée à la maison, ce jour-là, littéralement vidée. Vous pouvez imaginer ce que j'éprouvais, j'en suis persuadée, mes chéries, puisque vous traversez vous-mêmes quelque chose de semblable. Le deuil peut s'avérer sacrément épuisant.

Quand je suis enfin rentrée, désespérément impatiente de vous voir, ainsi que Franky, je vous ai trouvées toutes les deux, en train de vous surveiller toutes seules, en gros, pendant qu'il était étendu sur le canapé. Rose, tu n'avais que deux ans, mais tu avais essayé de nourrir Poppy en lui versant du lait dans la bouche ! Vous en étiez recouvertes, et trempées parce qu'aucune couche n'avait été changée de la journée, et vous hurliez à en faire trembler les murs. Il était juste allongé là, à écouter Led Zeppelin à fond, pour couvrir le bruit.

Ça a été, je le crains, la goutte d'eau qui a fait déborder le vase. Je suppose que j'étais endeuillée, traumatisée par la mort de maman et toute la période qui l'a précédée, et que je ne pouvais simplement rien supporter de plus. J'ai su, à cet instant précis, que cet homme n'allait jamais changer, ou du moins pas suffisamment pour que nous ne courions aucun risque en restant dans son entourage. Et quelques semaines plus tard, nous étions parties. Je ne peux pas prétendre que ça a été facile toute seule, et quelque part, il me manquait, mais… bon, il fallait le faire.

Lewis : Est-ce que vous avez été en contact après ça ?

Andrea : Eh bien, j'entendais parler de lui par le bouche-à-oreille, vous voyez ? Des amis communs, notre vieille bande. Je le voyais apparaître à la télé de temps à autre. Je me demandais si je tomberais un jour sur lui les fois où j'étais à Londres pour travailler, avec mes deux canetons derrière moi, mais ce n'est jamais arrivé. D'après ce qu'on m'a dit, les choses ont empiré avant de s'améliorer, et il a fini par faire un tout petit passage en prison. Ensuite, autour de 1982, 1983, environ, il s'est effectivement manifesté, il m'a transmis une lettre par le biais de mon agent. Il racontait qu'il avait déménagé à Paris, arrêté les bêtises, qu'il faisait du théâtre français et reconstruisait sa vie. Qu'il était désolé pour tout, et qu'il adorerait savoir comment évoluaient ses petites filles.

Lewis : Et… qu'as-tu dit à ça ?

Andrea : J'ai fini par répondre. Ça m'a pris deux semaines pour me décider, mais la vie est trop courte, non, pour être rancunière ? Ce n'est pas comme si je lui proposais de venir habiter avec nous, ou que j'envoyais les filles là-bas pour visiter le Louvre avec lui. Je lui ai donc écrit, en lui disant quelles merveilleuses enfants ses filles étaient, et je lui ai envoyé une photo récente. Mais… eh bien, je n'ai jamais eu de nouvelles. Je suppose qu'il n'était pas aussi clean qu'il le prétendait, ou peut-être qu'il n'a jamais reçu la lettre. Je ne sais pas vraiment. C'est la dernière fois que j'ai entendu parler de lui.

Lewis : Et pourquoi n'as-tu jamais rien raconté de tout cela à Rose et Poppy, au moins quand elles étaient plus grandes ?

Andrea : Oh, Lewis ! Tu sais pourquoi ! J'étais… J'étais gênée. Et j'avais honte. Et j'avais peur qu'elles m'en veuillent, et je ne pouvais simplement pas le supporter. Par ailleurs… eh bien, je n'ai jamais été une fervente croyante de l'inné contre l'acquis, mais je suppose qu'une part de moi craignait que si je les exposais à la vérité, à son style de vie, même, ça pourrait alors peut-être leur nuire de quelque façon.

Poppy, ma chérie, pardonne-moi de dire ça, mais au fil des années, j'ai nourri des inquiétudes à propos de toi… et de Rose. Enfin, vous aviez vos propres addictions, n'est-ce pas ? Mais à présent, je dois dire que je suis extrêmement fière de vous, et même si vous avez peut-être hérité en partie de son physique et de ses traits, vous ne lui ressemblez en rien, vraiment. Tout comme Joe n'a rien à voir avec Gareth.

Cependant, je suis désolée, vous savez… Je suis désolée que tout se soit terminé ainsi. Je suis désolée pour vous d'avoir grandi sans père, et pour moi-même d'avoir été obligée de vous élever toute seule. Et je suis surtout désolée pour lui, d'être passé à côté de vous.

Lewis : Je pense que ça suffit maintenant, Andrea. Tu as l'air éreintée.

Andrea : Non, non, ça va… Je pourrais continuer toute la journée !

Lewis : Non, tu ne pourrais pas, et je ne te le permettrai pas. Il est temps de faire une sieste, et inutile de protester ; ne m'oblige pas encore à te donner la fessée…

Andrea : Ne dis pas ça, mes filles vont croire que je pratique le SM… OK, OK… Je capitule… au revoir, les filles. J'ai essayé de vous aimer assez pour deux. Je vous en prie, pardonnez-moi si ça n'a pas parfaitement fonctionné…

Chapitre 55

Rose

J'IGNORE COMMENT J'AVAIS IMAGINÉ L'APPARENCE DE mon père perdu de vue depuis des siècles, mais ce n'était certainement pas celle d'une prostituée de cinquante ans habillée en Rihanna.

Même si, après avoir écouté cette session de questions-réponses déchirantes que ma mère a faite avec Lewis, rien ne me choquerait. Elle avait essayé de se montrer gentille à son sujet, mais vous perceviez encore la douleur dans sa voix tandis qu'elle évoquait cette période de sa vie.

Je m'en étais à peine sortie seule avec un bébé... Ma mère en avait deux ; sa mère était mourante, et elle avait affaire à un partenaire toxicomane. Je l'ai toujours considérée comme une femme forte, mais je n'avais pas idée à quel point elle l'était. Le quitter avait laissé des séquelles, mais elle l'avait fait quand même, et nous avait magnifiquement élevées.

Toutefois, ses réponses n'avaient rien d'une musique douce dans le train, et ni Poppy ni moi ne sommes vraiment pleines de *joie de vivre** en arrivant à Paris.

Nous avons deux photos, et l'une d'elles est particulièrement poignante : un vieux Polaroïd sur lequel on les voit tous les deux avec la tour Eiffel en toile de fond. Notre père avait écrit au dos : « *Andrea, je t'aime !** » Et c'est si facile de les imaginer ici, jeunes et amoureux.

Nous traversons la ville dans un silence sidéré, flânant dans les grands boulevards et les jolies petites rues, et longeant la rive de la Seine jusqu'à notre hôtel dans le Marais.

Il fait aussi chaud qu'en Angleterre, et l'endroit est bondé de touristes munis de sacs à dos. Au moment où nous atteignons le IIIe arrondissement, nous sommes toutes les deux en nage et accablées.

Poppy semble bien connaître la ville, nous guide avec aisance, mais moi, c'est la première fois que je viens, sauf si on compte un week-end à Disneyland quand Joe avait huit ans.

Après nous être enregistrées à l'hôtel et avoir déjeuné dans un café en bord de rue, elle m'amène dans le bruit et la cohue du métro. Je la suis comme un mouton égaré, m'émerveillant de la facilité avec laquelle elle s'intègre ici ; elle a même l'air française, avec ses longs cheveux bruns, ses vêtements stylés et ses grands yeux marron.

Nous ressortons dans un quartier qui constitue d'une part un rêve touristique, de l'autre un cauchemar, et marchons depuis l'arrêt des Abbesses pour voir des endroits que je n'ai vus que dans des films : le Sacré-Cœur, Montmartre, le Moulin-Rouge. Il y a des rues pavées, des places pittoresques et des artistes avec des chevalets devant ; des vues glorieuses de la ville, des cafés minuscules qui servent du jus de chaussettes dans des tasses encore plus minuscules ; le son des bavardages, des rires et de la musique live.

Mais il y a aussi, tandis que nous déambulons place Pigalle, des sex-shops, des salles annonçant des spectacles de nu, et des femmes de tous âges et genres qui traînent aux angles. C'est l'un de ces coins fascinants où vous pouvez marcher deux minutes et vous retrouver dans un monde différent, en laissant derrière vous la splendeur de la bohème artistique pour pénétrer dans un décor sordide de sexe et de commerce.

Sans surprise, peut-être, l'adresse qui est notée concernant notre père se situe dans ce second quartier, et nous nous engouffrons dans une ruelle bordée d'arbres, que l'on pourrait qualifier de « sombre » dans tous les sens du terme.

Nous devons appuyer plusieurs fois sur la sonnette de l'appartement avant de finalement entendre à l'intérieur des pas descendre l'escalier avec fracas, ainsi qu'un flot de paroles qui s'avèrent contrariées dans quelque langue que ce soit. Je suis si nerveuse que j'ai la bouche sèche, et je serre et desserre mes poings en laissant de petites marques d'ongle sur ma peau.

Poppy, par contre, a l'air super cool. Je connais désormais assez bien la Poppy d'aujourd'hui pour deviner qu'elle n'éprouve pas forcément ce calme qu'elle montre, et je suis persuadée qu'elle est aussi tendue que moi. Je veux dire, c'est énorme de revoir votre père pour la première fois depuis l'époque où vous faisiez pipi dans votre couche-culotte.

J'ai la très légère sensation que ça pourrait m'arriver à cet instant précis.

Quand la porte s'ouvre, ce n'est clairement pas notre père. À moins qu'il ait subi des changements radicaux, comme perdre l'une de ses incisives, et se faire greffer des nibards bonnet D ainsi qu'une perruque en pétard.

La femme sur le seuil nous dévisage d'un air hostile, avec toutes sortes de bourrelets de chair qui débordent de la tenue de soirée hip-hop moulante dans laquelle elle s'est entassée. Elle lâche une rafale de français, que je suis soulagée de ne pas avoir à traduire. Poppy m'a expliqué plus tôt qu'elle avait passé six mois à travailler ici pour la division européenne de son entreprise d'accessoires pour animaux, et se révèle mieux armée que moi pour gérer cette situation à tous les niveaux.

Elles s'engagent toutes les deux dans un échange inintelligible d'informations, où la femme finit par s'adoucir pour se transformer en quelque chose de moins effrayant, de plus humain, plus triste, pour être honnête, probablement quand elle commence à comprendre pourquoi nous sommes là et qui nous cherchons. De temps à autre, au cours de ce déluge verbal, j'entends des mots qui sonnent comme en anglais : papa, drogue, photo.

Il y a beaucoup de gestes avec les mains, d'acquiescements, et elle finit par disparaître en remontant l'escalier. L'odeur d'épices et de légumes qui cuisent émane de l'immeuble jusqu'à nos narines, ce qui me donne immédiatement faim, en dépit des circonstances.

— Qu'est-ce qui se passe ? demandé-je à Poppy. Il est mort ?

— Non, répond-elle en secouant la tête et en jetant un coup d'œil à sa montre. Mais il n'est pas là. Il a déménagé il y a environ trois ans. Il vivait ici, avec Anne-Marie et deux autres personnes, mais il est parti parce qu'il voulait arrêter les excès. Elle sait qui nous sommes et dit qu'il parlait en permanence de ses filles en Angleterre. Elle connaissait même nos prénoms. Il avait une photo de nous – prise à l'école, ce doit être celle que maman a envoyée – qu'il portait tout le temps sur lui. Elle essaie de trouver des infos en ce moment, sur l'endroit où nous pourrions le trouver.

— Est-ce qu'il est encore à Paris, alors ?

— Non, répond-elle en me souriant. Mais il y a bien une tour. Elle pense qu'il est à Blackpool. Il travaillait ici, il faisait du théâtre de rue pour récolter un peu de monnaie, et elle dit qu'il a eu un plan pour faire quelque chose de semblable en Angleterre.

Anne-Marie reparaît et fourre un morceau de papier froissé dans la main de Poppy. Elle est à présent très démonstrative, visiblement contente d'avoir pu nous aider, mais ça ne l'empêche pas d'accepter le billet de vingt euros que Poppy lui glisse. Je suppose qu'une fille doit payer ses satanées factures. J'essaie lamentablement de dire au revoir en français, et nous partons, en la saluant de la main.

J'ignore si je suis soulagée ou contrariée. Une part de moi envisageait le pire, qu'il avait disparu de la manière dont le font tous les drogués du monde, emporté par une mort précoce ; et vraiment, aurait-ce été aussi terrible que ça ? Sommes-nous juste en train de rouvrir des plaies qui devraient plutôt rester fermées, pour notre bien à tous ? Notre mère avait de très bonnes raisons de nous tenir à l'écart de lui, et elles sont peut-être encore toutes valables. De plus, pourquoi partirions-nous du principe qu'après tout ce temps il voudrait même nous voir ?

Mais une part de moi, si je suis honnête – celle qui est sans doute encore une petite fille qui se demande pourquoi elle n'a pas de papa –, s'attendait à des retrouvailles merveilleusement touchantes. Je veux dire, nous sommes dans la Ville Lumière, et tout ressemble un peu à un décor de cinéma de toute façon. Peut-être ai-je été contaminée par la sensiblerie.

Tandis que nous retournons dans les rues moins sinistres du Montmartre touristique, je me dis que bon, Paris était un fiasco, mais il se peut que Blackpool ne soit pas plus mal, enfin si nous décidons d'y aller.

Chapitre 56

Poppy

Nous avons pris notre décision, et elle n'implique aucun voyage à Blackpool. Je pense que ça a été plus facile pour moi que pour Rose, parce que je n'ai résolument pas le cœur à cent pour cent dans toute cette histoire de père perdu de vue.

Peut-être est-ce parce que je suis plus dure qu'elle, ou parce que je suis plus faible, qui sait ? Mais le sentiment qui me submerge pour l'instant, alors que nous débouchons une bouteille de vin dans notre chambre d'hôtel, c'est le soulagement. J'encaisse à peine la perte de ma mère, et introduire un père dans l'équation, pour moi ce serait l'étape de trop.

Je vis sans père depuis tant d'années, qu'il n'existe pas vraiment dans mon univers mental. Entendre ma mère, avec le cœur tellement brisé par tout cela sur la cassette, évoquer les décisions difficiles qu'elle avait dû prendre n'a d'autant pas rendu l'idée des retrouvailles plus séduisante.

J'ai juste regretté qu'elle ne soit plus là, afin que je puisse lui dire que tout allait bien, qu'elle avait fait les bons choix. Qu'elle nous avait protégées. Qu'elle avait été la meilleure de toutes les mamans, et nous avait indubitablement assez aimées pour deux.

Il ne pourrait en aucun cas la remplacer un jour, et, en toute honnêteté, je suis en colère qu'il soit toujours en vie, et pas elle. Notre mère a tout fait comme il fallait, et elle est partie. Il a tout fait de travers, et il est encore là. Ça me paraît anormal à tant de niveaux, et mon seul et véritable souhait serait qu'ils puissent échanger leurs places.

Nous l'avons, toutefois, cherché sur le Net. Anne-Marie nous avait donné une adresse de site Web, et il nous a été relativement facile de localiser Franky Foutraque. Tandis que nous attendions que la page se charge sur mon téléphone, nous ignorions complètement à quoi nous attendre ; mais la réalité s'est révélée encore plus bizarre que nous ne l'avions imaginé.

Nous sommes confrontées à la photo d'un homme grand habillé en clown, avec le visage tragique, blanchi et taché de larmes, du Pierrot classique tout droit sorti d'un livre d'images. Il a une rose en plastique qui retombe de la poche de sa veste, une ruche rouge à froufrous autour du cou, et porte des chaussures en forme de baguettes de pain.

Waouh ! me dis-je, en l'observant bouche bée. Notre père est littéralement un clown triste.

— J'aimerais le rencontrer, un jour, dit Rose en regardant la photo avec une pitié mêlée de nostalgie. Quand tout ça sera terminé. Lui donner une chance, au moins.

Puisqu'il est question de deuxième chance avec cet abécédaire, je ne peux pas vraiment m'y opposer, mais je ne le sens pas. Je hausse les épaules et bois, sans un mot.

Je sors du site pour aller dans mes photos. Nous sommes passées devant la tour Eiffel en revenant ici, et avons recréé ce cliché de maman avec Franky, qui remonte à si longtemps. Il représente une part de moi, je le sais, tout comme maman, et ma sœur. Mais pas nécessairement une part avec laquelle je veux me connecter. Pas encore, en tout cas, et peut-être jamais.

C'est compliqué de l'expliquer à Rose, mais je me sens un peu comme si mon armure se fissurait et fuyait. Trop de pluie émotionnelle y pénètre, du coup je suis trempée.

Alors je gère ça de la seule manière que je connaisse : en faisant comme si ce n'était pas en train de se produire.

Chapitre 57

Rose

— Tu ne veux pas ? demandé-je en remplissant mon verre de vin.

J'étudie Poppy ; elle a mis son téléphone de côté, et fouille dans sa valise, très silencieuse.

Nous avons emporté les deux prochains épisodes de l'abécédaire, au cas où. Ça semblait mal de les sortir de leur cocon de fleurs dans la boîte à choses spéciales – nous sommes maintenant passées à celle avec les coquelicots –, mais ce n'est pas facile à trimballer quand on voyage à l'international.

Je sais que Poppy n'a jamais été aussi partante que moi pour cette mission « Doutes paternels », et je souhaite comprendre pourquoi. Elle paraît, cependant, plus disposée à se soûler et ouvrir l'enveloppe suivante.

— Je suis… partagée, finit-elle par répondre en plissant le visage comme si elle essayait d'estimer si c'est ou non le terme correct.

— OK. Eh bien, tu n'es pas obligée de venir avec moi.

Elle se contente d'acquiescer, et je ne suis pas sûre de ce qu'elle pense. Elle met son fameux masque, celui qui dit que rien ne la dérange. Qui dit : « Je vais bien, merci, vous pouvez aller vous faire foutre ! » Celui qu'elle affichait tout le temps quand nous avons commencé cette aventure ; celui dans lequel j'avais toujours envie d'envoyer mon poing. Maintenant, par contre, j'ai plus de discernement. Je sais que ça signifie qu'elle est affectée, et qu'elle essaie de ne pas le montrer. Parce que le montrer – devant n'importe qui, mais peut-être surtout devant moi – rend Poppy vulnérable, et elle déteste l'être.

Paradoxalement, ce masque d'indifférence me donne à présent envie de la prendre dans mes bras plutôt que de lui donner un coup de poing, et pour une fois, je ne refoule pas ce constat. Il n'y a pas si longtemps, dès que j'avais des pensées gentilles au sujet de Poppy, je me remémorais des fautes passées, et invoquais toute ma rage et mon amertume pour tenir ces pensées à distance. Maintenant – après toute cette affaire –, je n'ai simplement plus ça en moi. Ma mère est morte, et mon père est un clown triste avec une dépendance aux drogues et une existence gâchée. Ils sont tous les deux la preuve que la vie passe bien trop vite ; et qu'il y a plus qu'assez de moments malheureux pour tout le monde sans les provoquer.

— Mais tu peux venir si tu veux…, dis-je, en insistant sur le problème, même si son langage corporel me laisse deviner qu'elle voudrait que je m'en abstienne.

— Peut-être. Probablement. Écoute, je ne sais pas, OK? C'est juste que… Eh bien, je n'ai pas de pensées spécialement bienveillantes à son égard, pas pour l'instant. Je n'arrête pas de me dire que je préférerais qu'il soit mort et que maman soit toujours en vie. Je sais que ce n'est pas sa faute, mais c'est ce que je ressens. Je suis consciente d'être une ignoble personne, et j'essaie de m'améliorer, mais… Je ne veux pas mentir et avoir d'un coup l'œil qui suinte à l'idée de rencontrer enfin notre père, d'accord?

— D'accord. Je pige. J'imagine que je me sens juste… désolée pour lui, à dire vrai. Je n'ai pas l'impression que sa vie ait été un marathon du rire, si?

— Et je sais que je devrais être désolée pour lui aussi. Plus que je ne le suis, en tout cas. Mais je ne cesse de penser à maman, et à la façon dont sa voix se brisait sur cette cassette, comme si elle essayait de ne pas pleurer, en racontant tout ce qu'elle avait traversé. Tout ce qu'il lui avait fait subir. Quelque part, j'ai la sensation de la trahir si j'oublie tout ça et que je commence à jouer aux familles heureuses.

— Maman a dit qu'elle lui avait pardonné, répliqué-je en sourcillant vers le plafond. Et je pense que c'est ce qu'elle aurait attendu de nous aussi.

— Eh bien, maman voulait que nous nous pardonnions aussi, n'est-ce pas – c'était tout le propos de F – et je ne suis pas certaine que cela arrive… bref. Ne fais pas attention à moi. C'est la fatigue qui me rend cassante, et j'ai bu trop de café. Il est préférable de ne pas me prêter attention quand je suis dans une telle humeur, j'essaie de ne pas le faire. Bon. J'ai le R, là. Ça dit « R pour Rhonda », et il s'agit d'une photo avec une note au dos.

Poppy tient la photo en l'air, et c'est celle d'une femme blonde souriante et rondelette vêtue d'un uniforme médical bleu.

—Ça indique qu'il s'agit de Rhonda, et elle était l'infirmière Macmillan de maman…, marmonne Poppy, fronçant les sourcils tandis qu'elle tente de déchiffrer l'écriture de moins en moins lisible de notre mère. Elle veut que nous lui achetions un bouquet de fleurs et que nous lâchions « quelques shillings dans la boîte à dons », c'est écrit là. Encore quelqu'un qui a fait plus que nous pour maman pendant qu'elle mourait.

Elle jette la photo par terre, et s'affaisse sur le lit dans une pile de longs membres et de cheveux bruns emmêlés, les bras croisés sur son visage. Elle lutte, je le vois bien, et retire ses chaussures à coups de talon si violemment qu'elles cognent contre le mur.

Je tends le bras depuis mon lit jusqu'au sien et lui prends une main. Elle réagit avec hésitation au départ, mais enroule ensuite ses doigts autour des miens et s'agrippe fermement. Je soupçonne qu'elle pleure derrière son bouclier, et lui laisse quelques instants de répit.

—Ça va aller, dis-je calmement. On a presque fini maintenant. L'abécédaire sera terminé, et on pourra reprendre nos vies normales.

Ces propos semblent l'accabler davantage, et j'entends un sanglot gonfler avant d'être contenu.

— C'est ce qui me fait peur ! finit-elle par avouer, la voix saccadée et rêche de chagrin. Je ne veux pas retourner à ma vie normale. En fait, je déteste ma vie normale. Tu vas repartir gaiement à Liverpool, et je ne vous reverrai sans doute jamais Joe et toi, et moi je vais superviser des jingles pour des arbres à chat, et notre père va récolter des pièces dans un seau sur cette foutue jetée à Blackpool… Et maman sera toujours morte. C'est tellement la merde de tous les côtés.

Elle se mettait dans ces états-là quand on était petites ; toute en drame et larmes inconsolables. Elle a des raisons beaucoup plus justifiées aujourd'hui, mais ça m'amuse toujours à moitié. Je fais ce que je faisais systématiquement à l'époque : des sons réconfortants en attendant que l'orage passe.

Quand c'est enfin le cas, elle émerge de son nid de cheveux avec les yeux humides et un air gêné.

— Désolée, grommelle-t-elle, toute penaude. Je suis qu'une conne. Tu veux faire le S ? Nous sommes ici pour la nuit de toute façon, et on dirait que c'en est une bonne. C'est une autre vidéo. On pourrait la regarder sur mon téléphone.

— Qu'est-ce que c'est ?

J'espère que ce n'est pas encore une tâche pesante ; d'après le sourire en coin sur le visage à présent calme de Poppy, il semblerait que non.

— S, annonce-t-elle d'un ton solennel, c'est pour Sexe.

Chapitre 58

Andrea : S pour Sexe

Let's talk about sex, baby!

Vous vous rappelez quand cette chanson est sortie, les filles, et que je pensais qu'elle était un peu grossière ? Je vous faisais chanter « six » à la place !

Eh bien, vous êtes beaucoup plus vieilles aujourd'hui, et il n'y a plus aucune raison d'être gênées, même si j'espère secrètement que vous l'êtes. Je me sens assez mal à cet instant, pour tout dire, et quand je ne suis pas dans les vapes ou gavée jusqu'aux yeux de médicaments, je souffre. Ce n'est pas agréable, et tout ce qui peut me faire glousser – comme vous imaginer grimacer pendant que vous regardez ça, en vous demandant si je vous ai laissé un exemplaire écorné du *Kama-sutra* – est plus que bienvenu, merci !

Poppy, tu ne t'es heureusement jamais confiée à moi sur tes histoires de cœur – ou de toute autre partie du corps –, mais je me doute que tu ne vis pas comme mère Teresa. Je ne suis pas idiote, j'ai vu comment tu te comportais en présence d'hommes, espèce d'allumeuse !

Alors bravo à toi ! Essaie juste de te rappeler qu'une relation ne se résume pas à savoir où mettre quoi et à quelle vitesse le remuer. La vie serait misérable sans amour, et il n'est jamais trop tard pour le trouver, mon ange.

Rose, tu es une tout autre affaire. Je sais que tu as eu ce désastreux flirt en ligne il y a quelques années, avec le type qui prétendait être inspecteur détective, et qui était en réalité un agent municipal faisant traverser les enfants, mais je ne pense pas que tu aies vécu beaucoup d'autres aventures depuis.

C'est dommage, car tu es une femme dans la fleur de l'âge, même s'il te plaît de déclarer que tu es une espèce de vieille chouette post-ménopause toute desséchée. La quarantaine est une période merveilleuse pour ta vie sexuelle ; je ne vais pas entrer dans les détails de peur de vous provoquer une crise cardiaque, mais la mienne a été splendide !

Donc, voici votre mission, si vous l'acceptez. J'aimerais ajouter que ce message s'autodétruira, mais je crains que ce soit trop difficile à organiser, même pour l'ingénieux Lewis. Les filles, sortez draguer : pomponnez-vous, buvez quelques verres de vin et faites savoir au monde que vous existez !

J'ignore, à ce stade, si vous avez opté pour une aventure à l'étranger afin de dénicher votre père, ou si vous l'avez trouvé, et comment ça s'est passé pour vous. Eh bien, je l'espère. S'il vous plaît, pensez à lui aussi gentiment que vous le pouvez. C'est un être humain qui a ses failles, mais j'ai tourné la page sur ces vieilles blessures, et je souhaite que vous en soyez aussi capables.
Dans les deux cas, je me disais que vous auriez peut-être besoin de vous remonter le moral, et quoi de mieux pour ça qu'une soirée en ville avec un léger petit flirt pour s'amuser ?

Bonne chasse et, comme toujours,
des tonnes d'amour,

Maman.

Chapitre 59

Poppy

Rose ne pourrait paraître plus nerveuse si elle s'y efforçait. Par ailleurs, elle est superbe –j'y ai veillé–, mais elle a les mains qui tremblent et son souffle sort en de petits sifflements paniqués. C'est tellement mignon ; on croirait une adolescente avant sa première soirée dehors.

— C'est facile, dis-je en la menant dans le bar bondé où le niveau sonore est si élevé que je dois crier. On donnera de faux noms et on s'inventera des métiers bidon. Je le fais en permanence. En général, je raconte que je suis infirmière ; ça rend les mecs dingues, les infirmières. Écoute juste comment je fais, et joue le jeu.

Elle me dévisage, de ses yeux maquillés scintillants, et je soupçonne que si elle avait des pouvoirs bibliques, je viendrais d'être transformée en statue de sel.

Nous avons décidé, après avoir ri tout au long de la dernière vidéo de maman, qu'elle avait raison : nous avions effectivement besoin de nous remonter le moral. Nous avions parcouru le monde, franchi des étapes pour rencontrer notre père disparu, et j'avais légèrement craqué. Puis, après tout cela, nous avions dû regarder notre mère, en visible dépérissement, faire semblant d'être joviale pour notre bien. C'était vachement dur, et nous avions toutes les deux besoin d'une cure d'intox éthylique.

Le bar est sombre, étouffant et palpitant de vie. On passe du R'N'B et à l'occasion des rythmes hip-hop français, et je souris tandis que la chaleur et le potentiel des lieux nous enveloppent. Ce genre d'endroits constitue mon environnement naturel, mais la pauvre Rose a l'air terrifiée.

— Je ne parle pas français, avait-elle dit sans conviction pendant que nous nous préparions. À part les trucs que je connais de titres de chansons.

— Pas grave. En fait, c'est encore mieux, personne n'attendra grand-chose de toi. De toute façon, ce sont des Français, Rose. Draguer n'importe quelle femme qu'ils rencontrent est inscrit dans leurs gènes.

Je ne suis pas certaine que mes paroles d'encouragement se soient avérées utiles, mais les trois verres de vin qu'elle a descendus l'ont sûrement été. Je tends une somme exorbitante d'euros pour en avoir d'autres, et regarde autour de nous jusqu'à ce que je repère une table. Il y en a une presque entièrement occupée par des hommes, qui à l'évidence sont venus directement du bureau, et décompressent. Il reste deux chaises vacantes au bout, et je me dirige vers elles d'un pas décidé. Je ne prends pas la peine de demander si elles sont prises – c'est une tradition très anglaise –, et me contente plutôt de m'asseoir, en adressant un large sourire au groupe. Les âges varient, de la petite vingtaine à la cinquantaine passée, et ils sont tous assez soûls. Parfait.

— *Bonsoir tout le monde!* dis-je en les saluant. *Je m'appelle Millie.**

C'est un faux prénom dont je me suis déjà servie – Millie est infirmière en service de pédiatrie –, et avec lequel je me sens à l'aise. Je regarde Rose et hausse les sourcils en attendant sa réplique. Elle sursaute de manière visible, comme si elle venait de se rappeler qu'elle doit parler, et dit :

— *Je m'appelle… euh… Vanilli !**

Je cligne des yeux en essayant de ne pas rire. Ce qu'on ne peut pas dire de nos nouveaux potes, qui pensent manifestement que c'est la chose la plus drôle qu'ils aient jamais entendue. Même Rose, une fois qu'elle a pris conscience de sa bévue, commence à glousser. On ne pouvait rêver mieux, et ça brise la glace avec un succès qu'un millier d'anecdotes sur mon temps imaginaire passé au bloc des urgences pédiatriques n'aurait pas atteint. Au bout de quelques secondes, nous bavardons tous ensemble. Enfin, pour être exacte, je bavarde. Rose sourit comme ma sœur simplette, et boit. Beaucoup. Un homme en particulier semble très épris d'elle. Ou du moins de certaines parties d'elle. Il est probablement en fin de trentaine, les yeux pépites de chocolat, les cheveux brun foncé, et un bouc limite bizarre. À dire vrai, il ressemble un peu à un magicien en repos ; collez-lui une cape, et abracadabra ! Il se prénomme Patrice et n'arrive pas à détacher son regard de la poitrine de Rose. Il est carrément plus ivre que nous, et me déclare en français qu'elle a de beaux nichons.

— Qu'est-ce qu'il a dit ? demande Rose en chuchotant à mon oreille. J'ai entendu « beau ». Il parlait de mes yeux ? Est-ce qu'il pense que j'ai de beaux yeux ?

Je glousse, puis me retiens. Elle paraît tellement excitée.

— Oui, on va dire que c'est ça, OK ? Bref… Regarde autour de toi. Cet endroit est rempli de partenaires S potentiels. Peut-être est-il temps que tu fasses usage de ton français ?

— Mais je vais avoir l'air stupide !

— Non, ils apprécieront l'effort. Et maman regarde. Allez, finis ce verre, et ensuite va nous en chercher d'autres. Prends donc une bouteille. Et sur le chemin, parle à des hommes, d'accord ?

Elle siffle presque un verre de vin entier d'un trait, et se met debout. Elle chancelle un peu, mais semble déterminée tandis qu'elle se fraie un passage à travers la foule. Je garde un œil sur elle, prête à bondir à son secours si nécessaire, et souris quand elle rencontre un large troupeau de types. Je n'entends pas ce qu'elle dit par-dessus le vacarme ambiant, mais le groupe lâche un grand cri de ravissement, et l'acclame quand elle passe. L'un d'eux l'accompagne au bar, et je suspecte qu'elle ne paie pas ses boissons.

Quand elle revient vers nous, elle est écarlate, mais affiche un air légèrement triomphal. Les hommes lui font un signe de la main, qu'elle leur renvoie.

— Mais qu'est-ce que tu leur as dit ? demandé-je, sincèrement intriguée.

— Eh bien… Tu sais, je t'ai dit que je ne connaissais le français que par le biais de titres de chansons ?

— Oui.

— J'en ai utilisé un.

— Lequel ? dis-je, incapable de réprimer mon sourire devant son expression choquée.

Je ne sais pas vraiment si elle est choquée par leur réaction, ou par son propre comportement.

— J'ai dit… *voulez-vous coucher avec moi, ce soir ?**

Il ne m'en faut pas plus. Je suis partie pour les cinq minutes qui suivent, à rire si fort que j'en ai le visage ruisselant de larmes, et que je me sens au bord d'une espèce de crise cardiaque. Absolument parfait.

— Seigneur, Rose ! parviens-je enfin à marmonner, c'est… génial. Où est-ce que tu cachais ta salope intérieure ces dernières semaines ?

— Ces dernières années, pour être honnête. Et c'était marrant, je dois avouer. En plus, ils ont tous répondu oui, sauf un, qui n'avait pas l'air spécialement amateur du corps féminin en général. Alors, ensuite ?

— Essaie sur lui, réponds-je avec un geste vers Patrice, qui discute à présent avec ses amis – probablement au sujet de ces foldingues d'Anglaises qui se prennent pour un boys band des années 1980.

— Je ne suis pas sûre de le vouloir, chuchote-t-elle, en avalant un autre demi-verre de *vin rouge**. On dirait un peu le père de Dynamo.

— Eh bien, tu n'as pas forcément à *coucher** avec lui, si ? C'est juste pour se marrer !

Elle acquiesce, cale ses boucles derrière ses oreilles, et bombe la poitrine pour faire ressortir ses seins. Elle tapote l'épaule de Patrice, et il se retourne aussitôt. Elle se penche vers lui, murmure, et la réaction est immédiate. Il se lève et lui offre sa main dans un geste du genre *allons-y*, qui la laisse littéralement terrifiée.

C'est si bêtement drôle – l'expression réjouie du type, l'horreur qu'affiche ma sœur – que je crains de ne plus jamais reprendre ma respiration. Rose, en revanche, rive des yeux désespérés sur moi, ayant manifestement besoin de secours.

— *Un moment, s'il vous plaît**, dis-je à Patrice, qui attend toujours.

Ses amis ne cessent de sourire, et ont l'équivalent français d'une conversation à base de *ramasse ton manteau, tu as emballé*. Je mène une Rose furieusement empourprée vers les toilettes des dames, où nous nous écroulons tout de suite de rire, en nous appuyant contre les lavabos, à bout de souffle.

— Oh, non ! s'exclame-t-elle une fois que nous nous sommes calmées. Qu'est-ce que je fais, maintenant ?

— Eh bien, est-ce que tu veux baiser Patrice ? Je suis persuadée qu'il serait ravi de te montrer sa baguette magique !

Je retouche mon rouge à lèvres en attendant qu'elle y réfléchisse. Je n'ai pas à patienter longtemps.

— Non ! couine-t-elle d'un air offusqué. Bien sûr que non ! Je viens à peine de le rencontrer !

— C'est un peu l'idée, non ? fais-je remarquer en sourcillant vers elle dans le miroir. Maman voulait qu'on sorte chasser.

— Eh bien, on a trouvé du gibier. Elle n'a pas précisé qu'on devait aussi se le taper. Ce… n'est pas moi, Poppy. Ça ne l'a jamais été, et ne le sera sans doute jamais. C'est en effet agréable de penser que quelqu'un de moins de quatre-vingts ans ait peut-être envie de me sauter, mais… non. Merci.

— OK, dis-je en rangeant mon maquillage dans mon sac. Pas de problème. Ce n'est pas grave, dans les deux cas.

Elle paraît complètement interloquée, mais je ne suis pas certaine de savoir pourquoi. Je suis de nouveau frappée de constater combien nos vies sont devenues différentes. Ce genre de choses est classique pour moi. Ça arrive la plupart des week-ends, même si j'avoue qu'en général ce n'est pas à Paris. Pour elle, cependant, tout cela est un peu une révélation. Peut-être qu'à nous deux nous formons un être humain normal.

Nous nous faufilons hors des toilettes et nous cachons derrière la foule palpitante de danseurs en nous dirigeant lentement vers la porte. Rose, qui semble avoir des instincts maternels même envers des hommes adultes, s'inquiète que nous heurtions les sentiments de Patrice, mais je lui assure qu'il s'en remettra.

— Alors, dis-je tandis que nous sortons pour nous retrouver dans la rue.

Des gens se tiennent là, à fumer et bavarder, et l'air est encore chaud. L'été à Paris. Divin.

— Je suis contente que tu aies passé un bon moment, poursuis-je. Et je suis ravie que tu aies demandé à tout un bar rempli de mâles français de coucher avec toi. Maman serait fière. Des regrets ?

Il est clair que je la baratine, et elle pige aussitôt.

— *Non*, gazouille-t-elle, honorablement juste et s'attirant d'étranges regards des fumeurs, *je ne regrette rien !**

Je lève ma paume vers Rose, et elle me donne un puissant tape-m'en cinq. Nous commençons à marcher tranquillement sur le trottoir, entièrement dans la mauvaise direction, mais en appréciant de voir la ville de nuit.

— C'était bien, non ? dit-elle en passant son bras sous le mien. D'être dehors, et de ne rien faire de pesant ni sérieux ?

— Je vois ce que tu veux dire, réponds-je en repensant, un peu gênée, au mélodrame que j'ai joué plus tôt. Et je suis vraiment désolée de t'avoir infligé mon numéro de Poppy la mutante ado angoissée tout à l'heure.

— Ce n'est rien, dit Rose en me tapotant la main. Poppy la mutante ado angoissée me manque en quelque sorte. Elle est plus authentique que la Poppy parfaitement posée. Et tu sais ce que tu as dit, sur le fait que je retourne à Liverpool, et que tu ne nous reverrais jamais avec Joe ?

— Ouais ?

— Eh bien, j'espère sincèrement que ce n'est pas vrai.

Je serre ses doigts et prie furtivement pour qu'elle ait raison. Que tout ceci se termine bien.

— OK. Bon. Je l'espère aussi. Est-ce que tu veux aller ailleurs ?

Rose y réfléchit, puis répond :

— Je ne crois pas. Si je bois encore du vin, je vais me couvrir de honte dans les caniveaux du Gay Paris.

— Dans ce cas, tu sais ce qu'il nous reste à faire ?

Elle secoue la tête, sans cesser de sourire.

— C'est l'heure de *Joe le Taxi**…

Chapitre 60

Rose

Nous sommes de retour au cottage, ce qui donne le sentiment de rentrer à la maison d'une façon que je n'aurais jamais imaginée possible. Nous sommes allées au village pour nous ravitailler, en croisant Tasmin Hugues et Fred le laitier, et sommes désormais entièrement prêtes pour un long séjour destiné à achever l'abécédaire. J'ai appelé Joe pour vérifier qu'il est toujours en vie, et parlé à Simon, qui me le confirme. J'ai même envoyé un mail succinct à notre père. C'est un premier pas hésitant, et je n'ai aucune idée de ce qui finira par en découler. J'aimerais apprendre à le connaître, et peut-être qu'il fasse partie de la vie de Joe, mais avant que de telles choses se produisent, j'ai besoin de m'assurer qu'il est bel et bien affranchi de ses vieux démons. Les figures paternelles ont assez cafouillé avec Joe – avec nous tous –, et je ne souhaite pas apporter davantage de chaos dans son monde. Je ne pense pas que Poppy partage mon enthousiasme à la perspective de mieux connaître notre père, et je dois l'accepter. Peut-être est-ce le fait que je sois moi-même parent qui me rend plus ouverte d'esprit ; il a raté toute la vie de ses filles, et ne semble pas vraiment vivre un rêve, dans son job de clown triste à Blackpool. À mon avis, c'est peut-être parce que, profondément enfoui sous des couches d'événements plus récents, il me reste des souvenirs de l'époque où il vivait avec nous, contrairement à elle. Je n'avais que deux ans, mais j'ai l'impression que c'est là, enfoui en moi, un sentiment fantôme, la sensation intangible de quelqu'un qui me faisait rebondir sur son genou jusqu'à ce que je rie, sautait dans les flaques de boue, me bordait le soir, et dégageait un parfum d'épices. Ce n'est peut-être même pas réel, et si je m'efforce trop de le capturer, ça disparaît au détour d'un virage dans le temps. C'est comme voir quelque chose du coin de votre œil. Quoi que ce soit, je me sens plus connectée à cet homme que ma sœur, et j'espère qu'il me contactera.

Poppy a passé la matinée à envoyer des mails professionnels et à sourciller vers son téléphone comme s'il s'agissait du rejeton de Satan, grommelant dans sa barbe et jurant à l'occasion, très fort. Pour une fois, je suis contente de ne pas avoir une carrière de haute volée ; je ne manquerais à personne, même si je prenais un mois de congé en période scolaire, encore moins pendant les vacances d'été. Être une fourmi ouvrière anonyme a ses avantages.

Elle finit par jeter violemment le portable sur le canapé, où il rebondit quelques secondes, avant de disparaître dans le côté, entre les coussins et l'accoudoir.

— Tu vas devoir fourrer ta main pour aller le repêcher, comme tu le faisais enfant quand tu cherchais de la monnaie, dis-je en désignant le canapé. Nous trouvions toutes sortes de trucs là-dedans, hein ? Maman disait que ce n'était pas un canapé, mais un trou noir.

— Ouais. Je me souviens. Un jour, j'y ai trouvé un de ces anciens bouquins érotiques osés. *Dentelle noire*, je crois ? Je n'ai pas posé de questions. Bref… Vu comme je me sens, là, ça ne me dérange pas si je ne le revois plus jamais. J'en ai ras le bol du travail. Au départ, je n'ai jamais voulu faire de marketing… Je pense que je vais les obliger à me licencier.

— Vraiment ? Comment est-ce que tu vas y parvenir ?

— J'ai mes méthodes… Peut-être que j'irai vivre sur une île déserte, que je mangerai des noix de coco, et que je séduirai de jeunes hommes basanés. Ou peut-être que je viendrai vivre ici, et que j'écrirai ce livre que j'ai toujours rêvé d'écrire.

— Mais comment est-ce que tu vas entretenir tous tes filleuls ?

— L'appart vaut une fortune. Et je peux pondre un best-seller. Je le situerai à Paris, et ça pourrait parler d'une belle héritière qui est une vraie salope en salle de conférences, et dans la chambre… Je ne sais pas. Toute cette histoire – la mort de maman, nous deux réunies, l'abécédaire – a été affreuse sous de nombreux aspects. Je ne sais pas toi, mais pour ma part, j'ai l'impression d'être une grande brûlée à cet instant, je suis tellement à vif. Mais ça m'a au moins amenée à réfléchir, sur ma vie, et ce que j'en attends.

Je ne sais pas trop ce que j'éprouve à l'idée que Poppy habite ici, pour fonder les bases de son nouveau départ, et quand j'oblige mes sentiments à cesser de se tortiller pour les examiner, je m'aperçois que je suis légèrement jalouse, mais pas d'une jalousie ingérable. Je veux dire, ce n'est pas comme si je pouvais déménager ; les amis de Joe, son éducation, toute sa vie, sont fermement ancrés à Liverpool. Alors pourquoi l'une de nous ne devrait-elle pas maintenir son cap ?

— Eh bien, je te souhaite bonne chance, dis-je, sans rien ajouter.

J'ai peur que la partie jalousie ressorte en douce et prenne ma voix en embuscade, et nous sommes toutes les deux encore hypersensibles au moindre commentaire négatif l'une de l'autre.

— Est-ce qu'on fait le T ? Ça dit que c'est une nouvelle lettre, et que nous devons écouter *Time* de David Bowie. Je vais le trouver sur mon téléphone, puisque le tien semble avoir d'autres engagements. J'ai l'impression que les entrées de l'abécédaire sont de plus en plus courtes, non ? Je suppose qu'elle essayait de s'en charger alors qu'elle allait de moins en moins bien.

S'ensuit un silence de quelques secondes tandis que nous méditons cette ignoble pensée, interrompu seulement par le bruit de mails et de textos qui arrivent sur le portable enterré de Poppy.

— Tu penses qu'il se tairait si je mettais le feu au canapé ? demande-t-elle, d'un ton à demi sérieux.

— Je pense que tu pourrais réduire le cottage en cendres. Il va finir par se décharger. Bref, j'ai trouvé la chanson, alors passons simplement l'album *Aladdin Sane* très fort pour ne pas l'entendre. Nous pouvons nous asseoir ensemble sur le canapé et lire la lettre en même temps.

Je pose mon téléphone sur la petite table, et la musique commence. La voix mélancolique et envoûtante de feu le grand David emplit la pièce. Le temps, nous dit-il, attend en coulisse.

Chapitre 61

Andrea : T pour Temps

J'espère que vous écoutez la chanson, les filles. Pauvre David ! Quand cet album est sorti, je n'étais qu'une gamine, en fait. J'étais tellement amoureuse de lui, et de son étrangeté ; il était le roi des marginaux par excellence. Je n'arrivais pas à le croire quand il est mort, et si jeune. À présent, je me retrouve – encore plus jeune – confrontée à la même situation, et en train d'écouter ces vieux morceaux pour tenter de m'apaiser.

Tout d'abord, je vous présente mes excuses, car je sais que mon écriture devient terrible. J'ai désormais du mal à tenir le stylo, j'ai du mal à rester éveillée sur de longues périodes, et j'ai du mal avec toute cette histoire de mort, pour être honnête.

J'ai essayé de garder le ton de cet abécédaire le plus enjoué possible, mais je me rends compte que, ce soir, je m'épuise, et j'ai clairement égaré mon sourire. Peut-être est-il tombé dans le côté du canapé ? Bref,

U est la prochaine lettre, et je ne pourrais dénicher une once d'enthousiasme pour un long sermon sur l'Union, ou l'Ulcère que j'aurais pu développer de vous voir vous déchirer. Alors je décide que U, c'est pour Ultime départ, parce que demain, les filles, je quitte le cottage pour aller à l'hôpital, et en toute lucidité, je sais que je ne reviendrai pas.

J'ai fait mes bagages tout à l'heure, et c'était assez épineux. Comment diable prévoyez-vous une tenue pour la fin du monde tel que vous le connaissez ? Et comment est-ce possible que je finisse ma vie avec seulement quelques bricoles jetées dans une valise à roulettes ? Comment puis-je réduire tout ce dont j'aurai besoin à quelques biens choisis au hasard ? Ça me donne l'impression d'être si petite, si insignifiante, comme si tout le travail, tous les efforts, toutes les batailles que j'ai menées, se résumaient au néant.

Bref, j'ai réglé autant de derniers détails que je pouvais, en espérant n'avoir rien laissé de gênant dans la maison susceptible de vous choquer. Je sais que Lewis m'aidera jusqu'au bout pour le reste de ce projet, et je sais qu'il veillera sur mes mésanges bleues, et qu'il m'accompagnera dans ce qu'il me reste à affronter. C'est mon merveilleux et fidèle ami, et le jour où je l'ai rencontré est probablement le plus chanceux de ma vie. Il est comme mon ange gardien en tweed, et je sais qu'il prendra soin de moi.

Mais bon. Je me sens quand même d'une tristesse presque intolérable à cet instant. J'ai sauté mes antalgiques du soir, parce que je veux être pleinement consciente de ma dernière nuit ici, dans cet endroit où je me suis créé tant de souvenirs. J'ai renvoyé Lewis chez lui, car je veux me retrouver seule avec ces souvenirs, pour faire mes adieux. Je suppose que j'avais une image théâtrale de moi, flottant dans le cottage, telle une créature éthérée, revivant des gloires passées, faisant la paix avec l'avenir.

Mais pour une fois, mon côté reine du drame m'a lâchée. Difficile de paraître éthérée quand vous êtes nouée de souffrance, et je ne peux simplement pas faire la paix avec ça. Je ne puis dire au revoir avec le moindre sentiment de bien-fondé, de justice, ni de sérénité. Je ne veux pas y aller, les filles. Je ne veux pas partir. Je préférerais m'agripper ici, juste m'endormir sur le canapé et ne jamais me réveiller. Si j'étais assez courageuse, peut-être que je me contenterais de ça.

Ces adorables infirmières Macmillan m'ont proposé de m'installer à la maison, mais je ne peux pas affronter ça non plus. Ce cottage a vu son lot de tristesse, mais je ne souhaite pas le transformer en service hospitalier. Je veux vous le laisser, tel un refuge, un lieu sûr. Un souvenir de ce que nous avons vécu un jour toutes ensemble. Je refuse qu'il sente la mort et le désinfectant ; ça souillerait tout ce qu'il a représenté pour nous.

Alors j'ai déambulé dans les chambres, puis j'ai pris le plus long des bains, et à présent je suis assise ici, seule, en peignoir, écoutant David, avec la sensation d'avoir à peu près trois cents ans. Trois cents ans, et pourtant toujours une enfant, parce que je suis arrivée au bout de mon temps, et que je n'ai aucune idée de ce qui m'attend après et que, pour une fois, j'ai peur.

J'ai peur et j'éprouve toutes sortes de douleurs, et je me sens tellement seule. Je sais que ce n'est pas très juste de vous dire ça, mais je ne me sens pas très juste à cet instant précis. Je commence à me demander si tout cet abécédaire – cette noblesse de grande dame qu'est la mienne – n'a pas été une folie pure. La prétention idiote d'une vieille mourante, qui pense encore pouvoir contrôler le monde. En vérité, je ne peux même pas contrôler mon propre corps, et je me dis que j'ai peut-être commis une erreur. Peut-être aurais-je dû vous en parler.

Peut-être aurais-je dû vous faire appeler ici, et vous avoir auprès de moi en ce moment, pour un dernier adieu. Une dernière étreinte. Même une dernière dispute… n'importe quoi, pour avoir une autre chance de voir vos sourires ; vous tenir les mains ; entendre votre rire. Caresser la peau douce de vos visages, exactement comme je le faisais quand vous

étiez toutes petites, et que le monde était un endroit simple.
Si je ferme les yeux, et que je laisse mon esprit dériver, je parviens presque à entendre vos rires enfantins résonner dans la pièce, écouter le son de vos pieds qui courent à l'étage pendant que vous faites un jeu. Entendre l'une de vous compter pendant que l'autre se cache. Je sais que ce ne sont que des fantômes, des fantômes de ces jours insouciants où nous formions un tout.
C'est égoïste, mais vous me manquez tant, mes précieuses filles. Je regrette que vous ne soyez pas là avec moi maintenant, à me tenir la main et veiller sur moi et me dire que tout va bien se passer, même si nous savons que ce ne sera pas le cas. Je ne veux pas être seule, et pourtant je le suis.
Mais peut-être me sentirai-je différemment demain. Je l'ignore. Je suis saisie d'une crise de cafard aiguë, et je ne semble pas pouvoir m'en débarrasser. Ce cottage a été mon foyer – notre foyer – pendant si longtemps qu'il est devenu une part de moi. En le quittant demain, j'aurai l'impression d'accepter l'inévitable, et ça me brise le cœur. L'inimaginable commence à devenir réel, et je me sens faible, vieille et inutile.
Je donnerais n'importe quoi pour avoir plus de temps. Plus de temps ici, plus de temps dans mon jardin. Plus de temps avec vous, les filles. Plus de

temps avec Lewis. Plus de temps sur cette belle, si belle planète. J'ai le sentiment que ma vie entière a été si insignifiante, si dénuée de sens, et je n'ai plus le temps de changer ça.

Alors mes chéries, s'il vous plaît, ne faites pas de cette déprimante pensée une vérité. Donnez-lui du sens. Profitez un maximum de votre temps, parce que avant que vous le réalisiez, il vous aura glissé entre les doigts.

Je vous aime, plus que je ne pourrais l'exprimer avec des mots,

Maman xxx

Chapitre 62

Lewis

Je n'avais pas l'intention d'être ici, au cottage d'Andrea. Je n'avais pas l'intention d'être planté dehors, comme un voyeur, à regarder ces deux jeunes femmes traverser leur enfer personnel.

Je n'avais rien prévu de tout ça. C'est juste arrivé. J'étais sorti marcher avec Betty, une activité triste et solitaire sans Andrea, et mes pieds ont semblé m'amener ici de leur propre chef. Ça fait maintenant plusieurs fois que cela se produit, comme si j'entrais un peu dans un état de fugue mentale, et quand j'émerge, je m'aperçois que je suis là, devant sa porte d'entrée. Observant par les fenêtres une vie qui n'est plus. Un foyer qui a perdu son cœur.

Betty, comme elle le fait à présent, sait qu'il s'agit d'un endroit spécial, un endroit où son amie humaine ouvrira la porte et lui donnera un bol d'eau fraîche, et éventuellement une bonne saucisse. Elle gémit et tâtonne sur le gravier de l'allée, avec une folle envie d'entrer et de se lover sur le canapé d'Andrea. Tout comme moi, Betty n'a pas encore vraiment accepté l'idée qu'Andrea n'est plus là.

D'abord, je ne suis pas sûr de ce qui s'est passé pour susciter la peine que je vois par la fenêtre, jusqu'à ce que je perçoive le son funèbre de la chanson de David Bowie qu'elle aimait tant. Et alors, je sais. Elles sont rendues au T, et viennent de lire cette lettre déchirante qu'elle leur a griffonnée la veille de son ultime départ du cottage.

Elle avait voulu la retirer le lendemain, la remplacer par quelque chose de plus enjoué. « T pour Tom Cruise, chéri, elles pourraient regarder *Cocktail* en balançant des verres partout dans la cuisine ! Ce serait tellement plus drôle ! » Mais j'avais insisté pour qu'elle la laisse, et affiché mon masque d'homme de loi inflexible jusqu'à ce qu'elle accepte enfin. Je trouvais que c'était important. Qu'elles avaient besoin de savoir ; savoir combien elle souffrait, et comprendre à quel point tout cela était dur pour elle. Il leur fallait savoir qu'il ne s'agissait pas seulement de leur propre douleur, mais de la sienne, aussi.

À présent, tandis que j'observe nerveusement par la vitre, je vois le résultat final de ce constat. Les deux filles – adultes, je le sais, mais toujours des filles pour moi – sont blotties sur le canapé, les bras de l'une autour de l'autre, comme de petits enfants qui se câlinent, et pleurent de manière incontrôlable. Leur tristesse, leur détresse est si tangible que vous pourriez presque tendre la main et la toucher. Je suis un voyeur, m'immisçant dans leur douleur intime, un spectateur de leur souffrance, dont je n'arrive pas à me détourner.

Elles me sont étrangères, et pourtant, elles font partie d'Andrea ; et j'observe depuis l'extérieur, je les regarde sangloter, incapable d'apporter mon aide.

Je sens moi-même de brûlantes larmes me piquer les yeux et les laisse venir. Je suis assez vieux et affreux pour autoriser mes émotions à prendre le dessus dans des moments pareils. Des moments où le sentiment de perte est si immense que tout ce qu'on peut faire, c'est se renverser, les jambes en l'air, et capituler.

Est-ce que je devrais frapper à la porte ? Passer prendre une tasse de thé. Voir comment elles avancent. Je me demande si nous pourrions nous consoler mutuellement, nous les pauvres âmes perdues essayant de reconstruire une vie que la mort d'Andrea a dévastée. Mais je décide que non. Pas tout de suite. Elles se réconfortent, ou du moins partagent leur malheur, et c'est après tout ce qu'Andrea avait voulu. Les voir là ainsi, le visage à vif et tordu par le chagrin, ne donne pas vraiment une impression de victoire, mais je prends conscience, sous un certain angle, que c'en est une. Et qu'il leur reste encore quelques pas à faire.

Je sais, l'abécédaire devient dans l'ensemble plus incohérent vers la fin. Elle était à court d'énergie, de temps, de tout, et je me suis souvent retrouvé à aller ouvrir la porte à des livreurs chargés de boîtes de films et d'autres curieux articles. Ces derniers jours ont été terribles, tout simplement terribles. Comment elle est parvenue à se reprendre pour tourner cette dernière vidéo, je ne sais toujours pas. Par pure obstination. Et par amour, bien sûr. Ça a toujours été son facteur de motivation, l'amour inconditionnel qu'elle éprouvait pour ces deux femmes en pleurs ; ses précieux anges crasseux.

Je remets Betty en laisse – ce sera le seul moyen de la faire bouger – et poursuis ma marche aussi discrètement que possible, en espérant qu'elles n'entendront pas mes pas crisser sur le gravier. Je suis persuadé que non ; elles sont perdues dans leur moment privé.

En partant, je pleure encore, les larmes marbrant la poussière que notre promenade a laissée sur mes joues. J'ai le sentiment que je ne vais peut-être jamais m'arrêter de pleurer, et je suis impatient de retourner dans les collines, où je pourrai être seul avec mes souvenirs. Ma vie me paraît si terne sans l'éclat d'Andrea pour l'illuminer, et je m'accroche au mince espoir que toutes ces histoires qu'on me racontait quand j'étais petit sont vraies.

Que quand mon temps sera écoulé, et que ce vieux corps inutile se sera enfin mis à jour avec mon esprit et estimera qu'il en a eu assez, nous serons réunis.

Chapitre 63

Poppy

Il s'écoule une journée entière avant que nous nous sentions capables de passer à la lettre suivante, même s'il est jovialement inscrit : V pour Victoire.

Le U – le récit de sa dernière nuit au cottage – nous a toutes les deux détruites. Je sais combien je me sens coupable et devine que Rose doit éprouver la même chose. Maman avait exposé son point de vue sur la culpabilité de manière claire précédemment, mais aucune de nous n'était en mesure de faire taire ce sentiment après ça. Et je ne pense pas que nous méritions de le faire. Que nous ne nous soyons pas trouvées auprès d'elle n'était pas entièrement notre faute. Mais qu'elle ait été mise dans cette position – dans l'impossibilité de tendre la main à ses propres filles – l'était.

Je ne sais toujours pas comment nous aurions réagi si elle avait passé ce coup de fil. Si l'on nous avait appris qu'elle était mourante, et qu'elle nous voulait toutes les deux à la maison avec elle. J'aime penser que nous nous serions élevées au-dessus de nos différends mesquins, et aurions déclaré une trêve pour ses derniers jours, mais je n'en suis pas sûre à cent pour cent. Nous aurions plus probablement fait semblant – avec médiocrité –, et elle l'aurait vu, et ça se serait révélé tellement pire. Nous sommes une paire de connasses absolues, et nous avons toutes les raisons d'avoir honte de notre comportement.

Le seul point positif de cette lettre, de la détresse de notre mère, a été la façon dont nous avons réagi ; la preuve que son abécédaire fonctionnait. Qu'il n'avait pas été entièrement perdu, ni vain, ni insignifiant. Au milieu de toute cette peine, toute cette culpabilité et ce regret, nous nous étions tournées l'une vers l'autre, et nous n'étions plus seules. J'avais Rose, et Rose m'avait. Maman avait accompli cette prouesse.

Vidées et déglinguées, nous sommes désormais prêtes pour le round 22, qui se présente avec un mystérieux paquet et une note. C'est encore une carte des mammifères britanniques – un élégant cerf, cette fois –, et je vois d'après son écriture légèrement plus nette qu'elle se sent beaucoup mieux qu'au moment où elle a rédigé le T et le U. Je me surprends à caresser le carton et renifler l'encre, comme si je pouvais d'une certaine façon y découvrir une trace d'elle. Une trace que je peux étreindre et réconforter, dont je peux me soucier. Parce qu'à cet instant précis, j'en ai marre de penser à ma petite personne, et même à Rose ; je veux juste ma maman. Je veux ma maman, pour pouvoir lui dire combien elle me manque, et combien je l'aime, et combien je suis affreusement désolée que nous ayons toutes été à court de temps.

Chapitre 64

Andrea : V pour Victoire

Les filles, je ne peux que m'excuser pour la lettre précédente. Je suis persuadée que la lecture en a été difficile, mais le toujours sage Lewis insiste pour qu'elle demeure.

Je n'avais pas du tout le moral, et j'espère que vous me pardonnerez. Je suis installée à l'hôpital à présent, et vraiment, c'est assez chouette. Le personnel est si gentil, j'ai de fabuleux médicaments qui me circulent dans le système, et autant de gelée que je peux en manger. Pas si mal !

Je n'ai pas beaucoup de place, là, bien que je puisse utiliser aussi le verso de la carte, alors en avant pour V… et Victoire ! Il y a quatre objets dans votre paquet. Deux sont des médailles ; je suis tellement désolée qu'elles soient en plastique, elles étaient décrites comme des « petits cadeaux pour les convives » sur le site Web, et vendues par six. J'ai donné les autres à Lewis et Rhonda, et j'en ai gardé une pour moi et laissé une pour Joe. Nous sommes tous champions, exactement comme ce charmant Mo Farah.

Dans le paquet se trouve également ce ravissant exemplaire relié en cuir du *Jardin secret*, que tu as gagné au lycée, Poppy, pour le Prix de création littéraire. Tu étais si brillante. Et Rose, tu as été nommée Jeune scientifique de Forest Hills de l'année en 1991, et voici ta récompense, *Une brève histoire du temps* au format de poche. Je constate que tu l'as lu, aux pages cornées et aux notes que tu as ajoutées au stylo rouge, comme si tu avais eu pleinement l'intention d'interroger Stephen Hawking à un moment donné.

J'étais si fière de vous à l'époque, et je le suis toujours. Je sais que vous avez probablement oublié ces petites victoires depuis longtemps, mais je les ai conservées, bien sûr. J'adorais ces petites plaques à l'intérieur, avec vos noms et vos exploits inscrits dessus en lettres fantaisie.

Je m'attendais complètement à ce que tu poursuives ton parcours pour devenir écrivain, Poppy – tu as toujours été si douée avec les mots –, et à ce que tu persévères dans la science, Rose. Vous vous êtes construit des carrières, et il n'y a aucun problème avec l'une ou l'autre, mais je ne ressens pas un grand air de victoire autour de vous quand vous me parlez de vos métiers.

Je sais que je vous en ai beaucoup demandé au fil de cet abécédaire, mais à présent, je vais avoir l'impertinence de pousser le bouchon encore plus loin. Mettez vos médailles et soyez fières de qui vous êtes, mais interrogez-vous aussi sur qui vous pourriez être. Menez-vous les vies que vous auriez dû mener ? Est-ce que vous êtes contentes d'aller travailler tous les jours ? Dans le cas contraire, il n'est jamais trop tard pour changer, car s'épanouir dans sa profession est l'une des plus grandes victoires de l'existence. Personnellement, j'ai toujours été dévastée de n'avoir jamais gagné de récompense. Penny Peabody n'en a pas été loin – j'ai été nommée dans la catégorie Meilleur second rôle féminin dans un drame britannique par un magazine télé ringard –, mais hélas, ce n'était pas destiné à se réaliser. Peut-être qu'on tournera un film au paradis, et que je pourrai remporter un Oscar là-haut !

Bref. La carte est remplie, et je suis fatiguée, alors je vous adresse un tendre au revoir.

À la victoire !
Maman xxx

Chapitre 65

Rose

— Elle a raison, non ? dis-je en soulevant la masse de mes cheveux par-dessus le collier en nylon de la médaille.

Le disque en plastique pend bas sur ma poitrine. Poppy porte aussi le sien, et je nous soupçonne d'être toutes les deux ridicules.

— Évidemment qu'elle a raison, répond Poppy, qui parcourt déjà les illustrations du *Jardin secret*, les caressant comme si elles allaient prendre vie sous son contact. Elle a toujours raison.

— Mon boulot est ennuyeux, poursuis-je avec Stephen Hawking niché sur mes genoux. En fait, ma vie entière est ennuyeuse. Je vais faire cette formation d'enseignante.

Poppy lève les yeux vers moi et sourit. Une grande dose de l'hostilité sous-jacente entre nous a été évacuée par cette lettre de maman, par David Bowie, par les incontrôlables sanglots sur l'épaule l'une de l'autre. Ça paraît tellement plus simple d'être en sa compagnie, comme si un furoncle particulièrement vilain avait été percé et pouvait désormais commencer à guérir.

— Et je vais écrire ce foutu livre, ajoute-t-elle. Nous nous sommes bien débrouillées, mais quelque part en cours de route, nous avons aussi été déviées, et nous ne pouvons pas continuer à en vouloir aux autres pour ça. Nous ne pouvons pas continuer à renvoyer la faute sur Gareth, ni l'une sur l'autre, ni sur des histoires qui se sont passées il y a un million d'années. Si nous voulons que les choses changent, nous devons les faire changer. Nous devons rendre maman de nouveau fière de nous.

— Nous le ferons, affirmé-je avec énergie.

Parce que je crois sincèrement que c'est vrai. Je crois que je peux essayer de devenir prof de biologie, et je crois vraiment que Poppy peut écrire ce « foutu livre ». Elle n'est peut-être pas ici avec nous, mais notre mère est toujours une source d'inspiration. Elle me donne toujours l'impression que je pourrais émerger victorieuse de la vie, exactement de la même façon que je dis à Joe qu'il peut être tout ce qu'il désire du moment qu'il travaille assez dur. Nous avons ouvert une nouvelle bouteille de très bon gin, et je lève mon verre.

— Un toast ! dis-je en le tendant vers Poppy.

— À notre mère, cette vieille cinglée pochtronne qu'elle était, et à nous ! À la victoire !

Poppy cogne son verre contre le mien, et nous les éclusons d'un trait, cillant à peine tandis que la double dose de gin descend. Ça, me dis-je en nous versant le prochain, c'est la génétique à l'œuvre.

Chapitre 66

Poppy

Je ne suis pas entièrement sûre que *Maison et Jardin* conseillerait de refaire la déco quand vous êtes décalqué au gin, mais là, nous dépassons les limites. Nous devrions probablement avoir une double page centrale intitulée : *Design intérieur – le style Tanqueray !*

Il se trouve que W, c'est pour *Wonderwall*, et maintenant, aucune de nous ne parvient à se retirer cette chanson de la tête. Cela explique aussi pourquoi maman avait décroché ses photos de famille, en laissant un mur parsemé de zones dénudées et fantomatiques, et de contours de cadres ternis.

Elle avait réussi d'une façon ou d'une autre à trouver un exemplaire du single d'Oasis – peut-être dans ma chambre, puisque j'y avais laissé un stock de vinyles lors de mon déménagement –, et avait collé une note circulaire sur la partie du milieu. La note est rédigée en spirale, dans une minuscule écriture qui rétrécit en s'enroulant vers l'intérieur. Un étrange mélange de ses tendances habituelles à la *Alice au pays des merveilles* avec des classiques britpop d'autrefois.

Créez votre propre « mur des merveilles », mes chéries, et occupez-vous-en ! Gardez-le en vie comme si c'était le jardin de notre histoire. Et souvenez-vous : tous les chemins que nous devons emprunter sont sinueux…

Avec le single se trouvait un énorme dossier marron, rempli à craquer de photos. Les albums sur les étagères sont encore pleins, elle a donc sans doute fait faire des copies ou, plus probablement, Lewis s'en est chargé. Les photos couvrent de vastes périodes de temps, et les feuilleter est une expérience douce-amère ; comme de nombreux voyages sur la route des souvenirs, on rencontre quelques ornières, et deux ou trois agresseurs attendant de vous menacer de la pointe de leur couteau pour vous dérober votre sac à main émotionnel. Il y en a quelques-unes de plus de notre mère bébé, avec ses parents aux visages graves, et une de son père arborant l'uniforme de la Royal Navy. Il y en a une encore plus vieille, de notre arrière-grand-père, également en tenue militaire, avec les cheveux lissés en arrière et des traits à la Errol Flynn. Il sourit à l'objectif d'une manière que son fils paraît n'avoir jamais vraiment maîtrisée et semble être un sacré personnage ; il porte aussi cette même boîte à tabac que j'ai volée dans le beau salon, bien qu'elle ait l'air neuve et brillante sur la photo. Il y a deux portraits de maman en bébé incroyablement mignon, avec des paquets de boucles en tire-bouchon, vêtue de ces culottes à froufrous dont les gens raffolaient à l'époque. Sur une autre photo, on la voit en tenue d'écolière, je dirais début des années 1960,. Sa pose étudiée est gâchée par le fait qu'une de ses chaussettes est remontée jusqu'au genou alors que l'autre s'affaisse autour de sa cheville.

Après cela, quand maman poursuit sa carrière d'actrice, elles deviennent toutes un peu plus glamour. Ses gros plans au fil des âges ; des clichés d'elle avec des gens plus ou moins célèbres, des photos prises sur les plateaux et dans les loges, les boissons alcoolisées se disputant la place avec les sticks de fond de teint, et les nuages de fumée s'élevant de gros cendriers en verre. Il y en a une d'elle avec sa propre mère, début des années 1970, vu le manteau afghan à hauteur de bottes que maman porte, dans un lieu que je reconnais comme étant Piccadilly Circus ; le même, mais avec des publicités aux couleurs vives pour Cinzano, les Ford Cortina et les minijupes. Ma grand-mère a l'air un peu mal à l'aise, submergée par tout ça, et je suis tellement triste de n'avoir jamais eu l'occasion de la rencontrer. Si triste que notre mère ait dû supporter sa mort toute seule, bien plus jeune que nous aujourd'hui, et sans famille pour l'épauler. Sans un fol abécédaire pour l'aider à traverser cette épreuve.

Notre père apparaît sur quelques photos, l'une où ils sont tous les deux dans un bar, une fois encore enveloppés de fumée et barricadés derrière une table couverte de verres vides. Elle paraît fraîche, dynamique et éperdument amoureuse tandis qu'elle se blottit contre lui ; il est un peu plus distant, avec une barbe seventies désormais rétro cool, et une cigarette qui pend de ses lèvres. Ils ont l'air incroyablement jeunes, et stupidement glamour. Il y en a une d'elle enceinte – de Rose, je suppose –, arborant la pose traditionnelle de profil pour exhiber son ventre rond, et des images d'elle avec notre père et nous quand nous sommes nouveau-nées. Je n'ai jamais vu celles-ci auparavant – uniquement celles où elle est seule avec nous –, et une fois encore, cela me rend mélancolique. Il aurait dû s'agir du moment le plus heureux de toute leur vie, mais sur celle avec moi surtout, le visage grassouillet de Rose rayonnant à côté de mon crâne chauve, maman a l'air tellement fatiguée. Vaincue. Comme si on avait aspiré un peu de vie de sa personne. Papa a une cigarette au bec même sur celle-ci, et je suis fascinée par l'idée que des gens soient capables de souffler leur fumée dans les services de maternité.

Cependant, sur la majorité des photos, c'est nous. Rose et moi enfants, un large éventail d'instantanés de machine à remonter le temps ; des vacances dans le Dorset, des pataugeoires dans le jardin, des promenades avec Patch, des premiers jours d'école, des spectacles de Noël, des anniversaires avec des ballons à chiffres exécutant leur chorégraphie à l'hélium en flottant au-dessus de nos têtes. Je reconnais nos différentes périodes, et ça fait bizarre, comme regarder un montage photo de la vie de quelqu'un d'autre. Dieu merci, il y en a peu de moi en Poppy Clafoutis, car j'avais déjà appris à éviter les appareils photo comme la peste à ce moment-là, et pas tant que ça de l'époque où nous sommes plus âgées, quand nous étions toutes les deux parties à l'université.

Elle a, avec sagesse, coupé l'existence de Gareth au montage, et la dernière de nous toutes ensemble a été prise des mois avant cet épouvantable réveillon de l'an 2000. Nous étions toutes les deux rentrées à la maison pour l'anniversaire de maman, et elle avait demandé à un serveur du restaurant de nous prendre en photo toutes les trois. La version de moi au siècle dernier paraît un peu renfrognée, et Rose est souriante et radieuse. Maman, bien entendu, est superbe. Étant une poseuse professionnelle, il était difficile de la prendre au dépourvu dans une mauvaise position, mais celle-ci est particulièrement jolie. On lui avait demandé un autographe pendant que nous étions dehors, ce qui lui avait conféré un air satisfait comme jamais, et elle paraît simplement si heureuse, serrée là entre nous deux.

Le changement après cela est soudain, et dévastateur. Il y a des photos de Joe bébé, d'elle et Rose, d'elle et moi. Mais jamais aucune de nous trois réunies. Tandis que nous fouillons parmi elles, en riant et poussant des *oh* et des *ah*, mon plus grand regret est de n'avoir jamais rien ajouté à sa collection. À sa réserve de souvenirs de nous ensemble, guéries, fortes, et formant un tout. Elle méritait plus que ce que nous lui avons donné, tellement plus. Nous ne pouvons plus changer le passé à présent, mais nous pouvons tout au moins créer notre propre mur des merveilles ; elle nous a même laissé deux paires de ciseaux et un paquet géant de Patafix pour nous faciliter la tâche.

Après un bref débat sur la façon de l'organiser – dans l'ordre chronologique, de taille, en carré ou en spirale –, le gin prend la décision finale, et nous commençons simplement à découper et coller des photos sur le mur au hasard. Une de Joe finit à côté d'une de Lewis habillé en Hamlet ; une de Rose ado atterrit à côté d'une de maman sur la plage en bikini ; une de Patch juxtaposée avec une de notre grand-mère qui rive silencieusement les yeux dans l'objectif ; une de la remise de diplômes de Rose alignée avec maman et Elvis. Quand nous avons terminé, la majorité du mur est couverte. Ce sera probablement affreux demain matin, mais pour deux dames bourrées, c'est une fantastique création conçue avec style.

Nous reculons pour admirer notre œuvre, nous adressant des compliments mutuels sur nos choix, et je suis frappée de voir jusqu'où nous sommes allées. Jusqu'où maman nous a amenées. Quand nous avons commencé toute cette affaire – cette folie d'abécédaire –, nous supportions à peine de nous tenir dans la même pièce que l'autre. Même aux funérailles de notre mère.

Et maintenant ? Toutes ces lettres plus tard ; après tous les road trips, les disputes, les lamentables karaokés, les chasses au trésor, et l'honnêteté brutale à vous tirer des larmes, nous parvenons à nous tenir côte à côte, et je peux dire à Rose « Tu étais le plus gros bébé du monde » sans que cela déclenche un autre round d'hostilités. Notre mur des merveilles est réellement merveilleux.

Nous prenons quelques aperçus de plus sur nos téléphones, en nous jurant de les faire imprimer avec nos clichés pris sous la tour Eiffel afin de pouvoir augmenter la collection, puis faisons un pas en arrière pour regarder une fois de plus l'ensemble. Nous prenons même des photos des photos, nous en sommes si satisfaites. Rose en observe une en particulier, en fronçant les sourcils. Je suis son champ de vision et vois qu'il s'agit de maman avec Lewis, sur Stapeley Hill. Elle a manifestement été prise par Lewis avec ses longs bras tendus, la version senior d'un selfie, et ils sourient tous les deux comme des enfants très désobéissants.

— On devrait l'inviter, dit Rose en se mordant la lèvre. Je veux dire, regarde-les. C'était un tellement bon ami pour elle. Il était avec elle quand elle est morte, et l'a aidée à organiser tout ça, et maintenant il est tout seul. Il ne semble pas avoir de famille, certainement pas de gamins, et à présent, il n'a même plus notre mère. Elle voudrait qu'on veille sur lui, tu ne crois pas ?

J'acquiesce et examine toutes les photos de Lewis dispersées sur notre mur des merveilles. Il y en a plus de lui avec son chien que de nos grands-parents et de notre père réunis.

— Tu as raison. On devrait. Peut-être qu'on pourrait essayer de lui cuisiner quelque chose. Ou au moins nous faire livrer un plat chinois et une bouteille de piquette. Dans la liste de l'abécédaire, X c'est pour soirée films. Je sais que ça pourrait signifier n'importe quoi dans l'univers de maman, mais peut-être qu'on pourrait interroger Lewis à ce sujet.

— Tant que ce n'est pas X pour films X, et que maman n'avait pas toute une activité secondaire dans le porno dont elle ne nous aurait jamais parlé…

Je frissonne, littéralement, à cette simple idée, en espérant que ce ne soit pas vrai. Voir le cul nu de notre mère sur un cheval de carrousel était bien suffisant, merci, sans découvrir qu'elle était également connue en tant que Pêche McTouffe ou Barbie Gros-Tétons. Même si celles-ci me sembleraient faire d'excellents personnages dans mon futur livre.

— Je vais lui envoyer un texto, dis-je, pendant que nous sommes trop cuites pour changer d'avis.

Chapitre 67

Rose

Lewis entre dans le cottage avec son chien, le célèbre épagneul Betty. Ou du moins j'ai l'impression qu'elle est célèbre maintenant, après avoir collé tant de photos d'elle sur le mur des merveilles. C'est une jolie vieillarde, avec d'énormes yeux bruns et ronds, et des nuances rouille sur sa douce fourrure blanche. Dès qu'elle a passé la porte, elle gambade, les oreilles en arrière, reniflant l'air, comme si elle cherchait furieusement quelque chose. Ou plutôt, je pense avec tristesse, quelqu'un. La pauvre Betty est sur la liste des créatures à qui Andrea Barnard, fournisseuse de délectables abécédaires et d'encore plus délectables saucisses, manque désespérément. Finalement, elle semble se résigner et saute sur le canapé, où elle tourne trois fois sur elle-même avant de s'installer en boule avec le museau calé sous la queue.

— Ah, dit Lewis en m'offrant une bouteille de vin qui paraît bien trop bon pour accompagner le modeste dîner que nous sommes parvenues à faire rôtir en son honneur, elle la cherche, non ? Je dois admettre que je me surprends à faire exactement pareil à une fréquence alarmante.

— J'aimerais vous voir roulé en boule en cachant votre truffe, Lewis, répond Poppy en se dressant sur la pointe des pieds pour l'embrasser sur la joue et retirer toute acerbité de ses propos.

— Hélas oui, je pense que ces jours-là sont derrière moi… Bref. J'étais ravi de recevoir votre invitation à la soirée films, mesdames, bien que j'en sache un peu plus que vous sur le sujet, et que je sois légèrement inquiet.

— Ouais. Je pense que nous le sommes tous, réponds-je en regardant le contenu de notre paquet pour la lettre X.

C'est en deux parties : des DVD et un énorme dé, du genre que les gens utiliseraient pour des jeux dans le jardin. Maman a collé du papier sur toutes les faces numérotées, et chacune montre un film différent commençant par la lettre X. L'objet entier est couvert de paillettes arc-en-ciel, dont il en tombe constamment, rendant la table et tous ceux qui entrent en contact avec lui étincelant comme un candidat de *Danse avec les stars*.

Lewis hoche la tête et tend la main pour lancer le dé, presque sans sembler remarquer ses propres actions. C'est un geste familier, que j'ai aussi relevé chez Poppy et moi-même, le besoin irrépressible de toucher les choses qu'elle a touchées, comme si elle y avait peut-être laissé de la magie, une trace de tout ce qu'elle signifiait pour nous.

— Elle avait un peu de mal à ce stade, dit-il en retirant sa veste en tweed pour révéler un gilet et une cravate eux aussi en tweed.

Même pour une soirée à l'extérieur, il a tout de l'avocat respectable. Je me demande, distraitement, s'il doit faire faire tous ses vêtements sur mesure, juste pour y caser sa carrure d'ours. Il se passe les mains sur les côtés, et son gilet commence aussitôt à chatoyer.

— Elle avait envisagé X pour eX, comme dans ex-conjoints, explique-t-il. Mais elle a fini par changer d'avis. Je pense que je me rappelle ses paroles exactes : « Nous avons déjà consacré une trop grande part de nos vies aux désastres romantiques ; il est temps de les mettre derrière nous. » Puis elle a commencé à devenir créative avec le matériel de bricolage. Rien ne semblait la rendre plus heureuse qu'un tube de colle et des paillettes… Horrible, ce truc. J'ai passé plusieurs jours en ayant l'air de sortir d'une fête de princesses Disney. Bref. Hum, ça sent bon !

— Eh bien, ce sera sûrement infect, alors profitez de l'odeur, déclare Poppy qui, je m'en aperçois, ressemble aussi un peu à une princesse Disney avec ses joues pailletées. Nous avons mis la table dans le beau salon. Nous pensions que nous pourrions manger, et ensuite voir ce que le dé du destin nous indique de regarder ?

— Merveilleux programme, répond Lewis en nous suivant. Je prie que nous tombions sur *X-Men*. Je suis un grand admirateur de ce gars, Wolverine. En fait, j'ai essayé de la convaincre de choisir *Magic Mike XXL*, ce film sur les stripteaseurs, et suggéré qu'on le visionne dans le cadre de nos recherches, mais elle a dit que ce serait trop pour mon vieux palpitant…

Je ravale un gloussement tandis que nous nous installons autour de la table, Betty adoptant une position alerte en dessous, espérant à l'évidence récupérer des restes. Poppy sert le dîner : agneau rôti légèrement trop cuit, avec carottes légèrement trop crues, et patates parfaitement grillées, que nous avons achetées congelées et simplement réchauffées. Même nous, nous ne pouvions pas les rater. Je verse le vin, et Lewis, en convive des plus polis, se déclare enchanté par chaque bouchée de ce qui est, en toute honnêteté, un repas résolument décevant. Nous discutons de l'abécédaire et marchons sur des œufs les uns avec les autres, craignant tous de briser la magie de la civilité et de susciter les larmes. Parce que ça arrive si facilement, et souvent de façon si inattendue.

Je découvre que je peux m'asseoir et penser à ma mère, me remémorant notre dernière conversation et m'adonnant à cette culpabilité contre laquelle elle nous a mises en garde, tripotant les plaies, essayant volontairement de me faire souffrir, et je reste toutefois les yeux secs et garde le contrôle. Cependant, les détails les plus anodins – comme être dans la file d'attente à la poste et voir une carte du village qu'elle m'a un jour envoyée, ou aller dans l'Affreuse Extension et voir cet appareil à abdos grotesque qu'elle a acheté sans jamais s'en servir, ou me souvenir d'elle qui répète son texte pour Penny Peabody en me le récitant au téléphone– peuvent me lancer dans des spasmes de sanglots incohérents. Quand ça arrive, ce n'est pas un beau spectacle ; il faut que je trouve un endroit privé, et que je gémisse comme un animal blessé, et je suis parfaitement incapable de bouger, ou de parler, ou de fonctionner, tant la douleur est à vif.

Je ne veux pas faire ça ce soir, et je suis assez certaine que les autres non plus. Nous sommes donc polis, et Poppy se montre incisive et sarcastique, mais d'une manière amusante, pas en méchante fille, et Lewis nous raconte des histoires sur la vie du village et pose des questions sur Joe, et ensemble –avec un peu d'efforts– nous allons tous au bout du dîner sans que chacun se poignarde avec un couteau à beurre. Bien entendu, la soirée se serait avérée beaucoup plus drôle si ma mère avait été là, et je suis pleine de regret que nous n'ayons jamais fait ça de son vivant. J'aurais adoré voir ces deux-là se titiller ; on serait tous partis pour « des barres de rire », comme dirait Joe.

Tandis que nous finissons notre dessert –c'est peut-être un grand mot, pour une barquette de Ben & Jerry's Chunky Monkey–, Lewis se cale dans le fond de son siège, son ventre majestueux étirant les boutons de son gilet, et se tamponne les bajoues avec sa serviette, ressemblant à un empereur romain qui vient de déguster un banquet de cinquante plats.

—Alors, dit-il après une courte pause, avez-vous discuté de ce que vous pourriez faire du cottage ? Évidemment, il n'y a aucune urgence, et la seule raison pour laquelle je le demande, c'est que… eh bien, si vous décidez effectivement de vendre, j'apprécierais que vous m'offriez le premier droit de préemption. Je me rends compte que je ne peux simplement pas supporter l'idée que des étrangers vivent ici, ce qui, je le sais, est d'un ridicule sentimentalisme. J'ai les fonds, et je ne vois rien de mieux dans lequel les dépenser en ce moment. J'avais prévu de proposer à votre mère une croisière autour du monde dès que je serais complètement à la retraite, mais… bon, ce n'était pas destiné à se réaliser. Ce serait gentil de votre part de m'envisager comme nouveau propriétaire. Enfin, si vous souhaitez vendre.

Poppy se mordille la lèvre, son visage pailleté un peu crispé dans la lueur des bougies. Elle donne à sa cuillère de glace un dernier coup de langue – elle semble avoir complètement surmonté son aversion pour les glucides et le sucre – et la repose dans son bol avec un petit fracas.

— Lewis, c'est charmant de le suggérer, dit-elle – et je suis soulagée d'entendre un ton doux sortir de sa bouche –, mais je ne crois pas que nous allons vendre.

Lewis et moi la regardons en haussant les sourcils. Je savais qu'elle envisageait de changer son style de vie, mais nous n'en avons pas convenablement discuté. J'éprouve une soudaine pointe d'incertitude et me rends compte que, malgré nos progrès, je ne lui fais toujours pas confiance à cent pour cent. Peut-être serons-nous toujours des « travaux en cours », qui sait ?

— Je suis consciente que nous n'en avons pas beaucoup parlé, Rose, dit-elle, ressentant manifestement mon hésitation, mais si ça ne te dérange pas, j'aimerais rester. On me harcèle à mort au boulot, même s'ils savent pourquoi je suis en congé, alors je crois que je n'aurai aucune difficulté à négocier une forme d'indemnités de licenciement, et j'ai un paquet d'argent placé dans l'appartement, et… eh bien, je peux le faire. Je te paierai ta moitié, tu ne seras pas démunie, vraiment. Je veux juste… je veux rester. Je sais que ça peut paraître bizarre, et que je ne devrais probablement pas prendre des décisions si importantes avec la tête à l'envers, mais ça me semble être le bon choix. Je veux rester ici, et écrire, et apprendre à cuisiner correctement, et veiller sur les mésanges bleues, et… juste vivre. Vous comprenez?

Elle a un ton désespéré, implorant, presque exactement comme quand elle était petite et qu'elle voulait jouer avec moi au Monopoly, ou qu'elle voulait me coller aux basques dans l'une de mes aventures de grande sœur. Je pouvais rarement y résister à l'époque, et je m'aperçois que c'est pareil aujourd'hui.

J'acquiesce en souriant et réponds :

— Ce serait bien, Poppy. Je pense que maman serait heureuse que l'une de nous habite ici. Et puis Lewis peut passer aussi souvent qu'il le désire.

— Ainsi que toi, se hâte-t-elle de dire en tendant le bras pour me saisir la main.

Le mouvement subit alerte Betty, qui se lève et renifle à la recherche de nourriture. Je remarque que le pelage de la chienne est également un peu étincelant ; l'un de nous a dû la caresser après avoir manipulé le dé à paillettes.

— Joe et toi, poursuit-elle. J'aimerais que vous me rendiez visite, vous aussi.

Lewis garde le silence durant notre échange, mais je jure de voir un éclat brillant dans ses yeux tandis qu'il nous observe.

— Nous le ferons. Promis.

Poppy hoche la tête et pousse un long soupir, comme si ses épaules venaient de se délester d'un énorme poids.

— Je trouve que c'est une idée formidable, approuve Lewis en nous versant tous un autre verre de vin. Et elle en serait effectivement ravie.

Il a l'air enchanté, bien que nous venions de rejeter sa proposition de rachat, et j'estime soudain que c'est le moment propice pour lui poser la question qui me brûle les lèvres depuis le début, mais que je n'ai pas osé poser jusque-là. Je ne crois pas que j'aurais été capable d'encaisser la réponse plus tôt.

— Lewis, dis-je, en baissant une main pour gratter l'oreille de Betty, comme si j'avais besoin de faire autre chose pendant que je pense même à ceci. Est-ce que ça vous ennuie que je vous interroge au sujet du jour où maman est morte ? Je sais que c'est vraiment dur pour vous, et nous vous sommes reconnaissantes de tout ce que vous avez fait pour elle, pour nous, mais... est-ce que ça a été paisible ? Est-ce qu'elle a beaucoup souffert ? Je suis consciente qu'elle avait de bonnes raisons de ne pas nous en parler, mais j'ai l'impression que je ne pourrai jamais m'en remettre à moins de vous demander ça.

J'entends Poppy descendre un demi-verre de vin, et Betty me lèche la main, comme pour me rassurer, et Lewis cligne des yeux pour en chasser des larmes que je n'aurais carrément jamais imaginées.

—Étrangement, oui, répond-il après quelques instants. Très paisible. Pour elle, en tout cas. Plus tôt dans la journée, pas tant que ça, car elle était tellement focalisée sur le bouclage de cette dernière vidéo qu'elle a refusé tout médicament des heures durant. Mais une fois qu'elle l'a achevée, et qu'elle savait que l'abécédaire était enfin terminé… eh bien, oui. Elle semblait beaucoup plus apaisée. Le personnel a été merveilleux pour gérer sa souffrance, et à la fin… eh bien, elle a paru simplement s'endormir. Elle a émergé de son sommeil plusieurs fois, mais en gros, ça s'est passé ainsi. Elle n'aurait pu être plus sereine, en sachant qu'elle avait fait tout son possible pour vous aider toutes les deux, et qu'elle vous avait dit combien elle vous aimait. La seule chose qui aurait pu lui procurer davantage de paix, c'est de voir ça : vous deux ici, ensemble, vous comportant comme les sœurs affectueuses que vous avez un jour été. Et j'aime penser que, d'une façon ou d'une autre, elle le voit et elle sait qu'elle a réussi.

J'acquiesce en guise de remerciements et prends conscience que je suis en train de pleurer. Je jette un coup d'œil à Poppy et vois qu'elle pleure aussi. Je reporte mon regard vers Lewis, il a abandonné la bataille, et des larmes coulent le long de ses joues rondes. Nous sommes tous les trois des épaves aux figures ruisselantes et pailletées, et finalement, après nous être dévisagés avec horreur, nous commençons à rire. Parce que nous avons tous l'air ridicules, même la chienne. Quelques minutes plus tard, nous pleurons toujours, mais avec hilarité, cette fois. En regardant autour de la table, ma sœur et cet homme que ma mère aimait tant, et en écoutant nos gloussements légèrement frénétiques, je me dis que ceci est aussi ce qu'elle aurait voulu.

— Bien, dis-je, une fois que je peux de nouveau parler. Je pense que c'est l'heure du film. Poppy, fais de la place, et nous allons lancer le dé…

Une fois les assiettes emportées à la cuisine, escortées de Betty, qui suit la trace du jus de viande restant, nous nous levons tous pour nous préparer. Je tends le dé à Lewis et indique que l'honneur lui en revient. Il y a là six films listés : *X-Men* ; *The X-Files, le film* ; quelque chose intitulé *Xiu Xiu*, qui est chinois, j'imagine ; ce *xXx* avec Vin Diesel ; *X-Men, le commencement*, qui est un peu de la triche, je trouve, mais contient les bonus de James McAvoy, et *Xanadu*. J'espère sincèrement que ce ne sera pas *Xanadu*. Je ne crois pas pouvoir supporter Olivia Newton-John dans un numéro de roller disco ; c'est au-delà de ce que mon esprit fragile pourrait endurer.

Lewis offre une prestation remarquable en soufflant sur le dé comme les joueurs superstitieux le font dans les films sur le jeu, le résultat en est qu'il s'étale des paillettes partout autour de la bouche, puis il fait rouler le dé sur la nappe. Il laisse une traînée brillante, comme si un escargot disco était passé par là, et termine sa course cahoteuse en s'immobilisant. Nous examinons tous ce qui apparaît sur la face vers le haut.

Putain ! C'est ce foutu *Xanadu*. Nous nous observons tous avec dégoût, et Lewis finit par briser le silence.

— Le meilleur sur trois lancers ? demande-t-il.

— Carrément, répond Poppy. C'est ce qu'elle aurait voulu.

Chapitre 68

Poppy

— Y, dis-je en lisant l'index de l'abécédaire désormais quasi désintégré, c'est pour *Yesterday*. Et c'est une lettre, associée à des journaux intimes.

— OK, répond Rose en sourcillant vers moi. Est-ce que tu penses vraiment qu'on a besoin de faire ça aujourd'hui ? J'ai parlé à Joe tout à l'heure, et il va bien. En fait, il avait l'air de péter la forme. Je me disais… qu'on pourrait prendre un peu plus de temps, et qu'il pourrait peut-être descendre en train pour la dernière partie des vacances. Si ça te convient.

— Bien sûr que ça me convient. Ce serait génial. Mais… bon, nous repoussons ça depuis deux jours maintenant, non ? Et je pense que nous savons toutes les deux pourquoi.

Elle hoche la tête et enroule une mèche de cheveux autour de ses doigts, paraissant triste.

— C'est parce qu'on approche de la fin, dit-elle. Et aucune de nous ne veut arriver à la fin. Parce que quand on y sera, c'est terminé, on reprend chacune des routes séparées, et tout revient à la normale.

Aussi difficile à croire que cela puisse être, elle a raison. Au début de toute cette histoire, nous ne pouvions même pas supporter de nous voir. Rose préférait s'arracher la chair autour des ongles plutôt que de me regarder dans les yeux, et je me comportais comme la pire connasse du monde, juste pour cacher combien je me sentais vulnérable. Depuis, l'abécédaire nous a mises à nu, assommées, piétinées, et reconstituées. Notre mère nous a guidées pour franchir tant d'obstacles, extirpées de chausse-trappes, écartées des sommets des précipices de notre autodestruction. Et, au fil du chemin, elle nous a fait rire, pleurer, manger, jouer, apprendre à nous connaître mutuellement, et à nous connaître nous-mêmes. L'idée que tout cela prenne fin – qu'on atteigne le redoutable Z – est presque trop à supporter pour nous. Parce qu'après ça tout dépend de nous, pas vrai ? Nous aurons ensuite à jouer notre propre rôle, sans maman pour nous diriger.

— Je sais, dis-je en lui prenant la main.

Rose tremble, et je serre ses doigts.

— C'est une affreuse pensée, poursuis-je. Pendant qu'on faisait ça, c'est comme si elle était encore avec nous, d'une certaine façon. Ces photos, ces vidéos, et tout ce qu'elle a laissé d'autre derrière elle, c'est comme si elle n'était pas vraiment partie. Mais elle voulait qu'on le fasse, et je ne pense pas qu'on devrait se dégonfler à Y, et toi ?

Rose a l'air de vouloir me contredire, mais acquiesce à contrecœur, en s'affaissant sur le canapé, vaincue. J'esquisse un sourire, m'efforçant de le faire paraître plus encourageant que ce que j'éprouve, et sors la lettre de la boîte aux coquelicots.

Elle est accompagnée d'un gros paquet emballé dans du papier kraft et noué avec de la ficelle, comme un colis dans un film en noir et blanc. J'ouvre l'enveloppe marquée d'un Y, et ensemble, assises côte à côte, nous lisons.

Chapitre 69

Andrea : Y pour Yesterday

Salut mes chéries, c'est maman ! Ceci sera ma dernière lettre, alors je vais essayer de faire en sorte qu'elle soit bonne. Mes niveaux de douleur sont sous contrôle à présent, ce qui facilite tout, non ? Je peux seulement espérer que les vôtres le sont aussi. Au moins, j'ai de la morphine, mes chéries, alors que vous n'avez que du gin !

Hier, j'ai passé la majorité de l'après-midi à fabriquer un dé à paillettes avec des titres de films sur les faces. J'espère que vous avez apprécié ce jeu, et triché autant de fois qu'il l'a fallu pour tomber sur *X-Men*. Je n'attendrais rien de moins, et j'aurais moi-même fait pareil. Hugh Jackman, miam !

Hier, j'ai aussi reçu la visite d'un jeune docteur originaire du Ghana effroyablement beau. Un homme adorable, mais malheureusement pas faiseur de miracles.

Hier, j'ai jeté ma prudence au vent et j'ai mangé de la gelée de citron vert au lieu de la fraise… Je sais, je sais, c'était fou de ma part !

Et hier, une fois que j'ai fini mon dé, Lewis m'a sortie dans mon fauteuil roulant pour une petite promenade. Nous ne sommes pas allés loin – juste au parc –, mais c'était merveilleux de sentir le soleil sur ma peau, et de voir les branches des jolis saules pleureurs retomber sur l'herbe, et d'écouter les enfants jouant sur les balançoires. Il est venu avec Betty, et nous avons fait un bon vieux câlin baveux. Toutou chéri.

Alors, tout bien considéré, un hier pas mal du tout. Mais maintenant, il est passé, et une nouvelle journée a démarré. Les probabilités sont… hum, j'aimerais dire infinies, mais puisqu'à cet instant je suis sous perfusion et que je porte une chemise de nuit, peut-être pas !

Cependant, la question reste la même ; nos « hier » font de nous qui nous sommes, mais nos « demain » font de nous ce que nous deviendrons. Ça me semble d'une sagesse adéquate, et c'est ma manière de dire : les filles, êtes-vous prêtes à faire vos adieux à hier ? Êtes-vous prêtes à jeter les ordures, laisser toute la peine et la détresse derrière vous ? Êtes-vous prêtes à tourner la page ?

Mon Dieu, comme je le souhaite ! J'espère que vous vous êtes pardonné mutuellement, et à vous-mêmes.

Si c'est le cas, alors dites-le, parce que se contenter de le penser ne compte pas. Regardez l'autre dans les yeux et dites au revoir à ces sales « hier ». Faites-le pour vous, si ce n'est pour moi. Et, pendant que vous y êtes, débarrassez-vous d'autre chose : ces horribles listes de culpabilité que je vous ai demandé d'écrire, il y a ce qui paraît un siècle à présent. La seule raison pour laquelle je vous ai demandé de les rédiger, c'était pour que vous puissiez les mettre à la poubelle.

Et quand vous aurez fini, le paquet contient un petit cadeau pour vous. C'est une collection de quelques-uns de mes journaux intimes, au fil des années. J'ai voulu les tenir avec assiduité, mais je n'en ai jamais vraiment eu l'autodiscipline, alors c'était toujours un peu aléatoire. Il y a des années où j'écris presque tous les jours, d'autres où il n'y a que deux notes.

Certaines sont drôles, d'autres tristes, et certaines, je suis horrifiée de le dire, sont purement assommantes. Ces journaux ne sont pas à lire tout de suite. Maintenant, c'est le moment de vous concentrer sur vos propres vies. Ils sont là pour plus tard. Pour quand vous aurez besoin de me sentir près de vous, sans pouvoir prendre le téléphone.

Pour quand vous vous retrouverez dans une situation et vous demanderez ce que je penserais… Enfin bon, je ne peux pas vous garantir que les réponses seront là-dedans, mais il y aura au moins quelque chose.

Même si c'est moi rêvassant d'Ian McShane ou me plaignant de la courte durée de vie des poissons rouges.

Ces journaux sont un petit bout de moi, à conserver avec vous pour toujours. J'espère qu'ils vous apporteront du plaisir, du réconfort, et de la consolation ; je ne suis peut-être plus là en personne, mais je peux au moins trôner sur vos étagères !

Bref, comme je le disais, j'ai eu une journée bien remplie hier, et je sens qu'un petit somme se profile. La morphine, aussi délicieuse soit-elle, ne rend pas les longues périodes de lucidité spécialement simples. Profitez bien des journaux, les filles, et n'oubliez pas : parlez-vous.

Avec mon amour, comme toujours,
Maman xxx

Chapitre 70

Rose

Poppy, partageant le don de notre mère pour le dramatique, a insisté pour célébrer une cérémonie de minuit. Je m'estime heureuse qu'elle n'ait pas insisté pour que nous mettions des robes païennes et nous étalions du sirop de canne sur la figure.

Je suis aussi un peu fatiguée, à dire vrai. J'ai veillé tard hier, en lisant l'un des journaux de maman. Je sais, elle a dit de ne pas s'en préoccuper pour l'instant, mais, bon, qu'est-ce qu'elle peut y faire ? Je me suis roulée en boule dans mon lit d'ado, et j'ai passé des heures à me délecter de ses récits de première main sur ses exploits dans le show-biz.

Le journal que j'ai lu couvrait la période Penny Peabody, et il était parfait : pas trop de tourmente, de crise d'angoisse ni de traumatisme, juste un tas d'anecdotes amusantes au sujet de la vie sur les plateaux, et des acteurs qui jouaient les gros durs insistant pour avoir exactement le bon mélange d'huiles aromatiques à brûler dans leurs loges, et qui baisait avec qui.

Elle a un style si spirituel et captivant, je suis absolument persuadée que, comme Poppy, elle aurait pu devenir écrivain aussi. Nous allons peut-être réviser ses journaux et les publier ; ils pourraient facilement devenir des classiques cultes. Tous les pervers qui ont regardé sa scène de nu sur le cheval de carrousel les achèteraient. Je sais qu'ils ne seront pas tous aussi drôles. Je sais que certains, en vérité, seront extrêmement douloureux ; mais c'est un voyage pour un autre jour. Pour l'instant, c'est agréable de l'imaginer en bonne santé, heureuse et profitant du crépuscule de sa vie.

Poppy est retournée dans la cabane à tondeuse, et en émerge en brandissant un bidon d'essence en plastique. Elle remue les cendres dans le barbecue et grimace. Je ne peux pas le lui reprocher. Le contenu est assez ignoble : le visage à moitié fondu de notre poupée Gareth, qui a subi une déformation digne des pires films d'horreur, son bras potelé replié sur sa tête comme pour essayer de parer les flammes. Ce soir, a-t-elle décrété, nous allons nous débarrasser de nos listes de culpabilité avec panache. C'est une soirée agréable, avec le ciel de la campagne et sa nappe d'étoiles d'une clarté éblouissante qu'on ne voit pas en ville. J'entends un hibou hululer, et les vaches de la ferme non loin, et c'est incroyablement paisible. Les lampes du cottage diffusent une lueur laiteuse, et le collectif de nains de jardin revêt une apparence superbement inquiétante, comme s'ils allaient peut-être prendre vie à tout moment et gambader sur la pelouse, avec leurs cannes à pêche, leurs arrosoirs et leurs petits chapeaux rouges.

— Alors, dit Poppy en me souriant dans le clair de lune. Nous sommes prêtes. J'ai ma liste, est-ce que tu as la tienne ?

Je hoche la tête et tire l'énorme liasse de mémos de ma poche. J'ai l'impression que c'était dans une autre vie, cette nuit où je me suis assise, détruite, sanglotant sur tous ce que je considérais comme mes crimes, sans vraiment croire encore que ma mère était partie. J'étais en état de choc, et rien de tout ça ne paraissait réel. C'est toujours le cas sous certains aspects.

— Est-ce qu'on les lit ? proposé-je, en jetant un coup d'œil à la feuille unique de Poppy par curiosité.

Je me demande s'il y a quoi que ce soit sur sa liste, ou sur la mienne, qui va nous nuire ; ça risque de nous ramener à notre monde pré-abécédaire, quand nous parvenions à peine à respirer en compagnie l'une de l'autre. J'espère que non, mais je pense que nous ne pourrons jamais en être sûres à cent pour cent ; notre relation, comme toutes les relations, je suppose, sera toujours un travail en cours, et peut-être que ce n'est pas une mauvaise chose.

Elle acquiesce, et nous échangeons les feuilles en silence. Je déplie la sienne et y lis un mot qui me saute au visage : TOUT. Eh bien, c'est assez direct.

Il faut un peu plus de temps à Poppy, évidemment, pour déchiffrer mes pattes de mouche et progresser dans ma pile de carrés froissés. Je la vois sourire devant certains, sourciller devant d'autres, et finalement, relever les yeux pour croiser les miens quand elle arrive au tout dernier point. Celui que je ne voulais même pas écrire : « N'avoir jamais accordé de seconde chance à Poppy. »

— Bon, dit-elle en me rendant les pages. Je ne sais pas quoi dire sur le fait d'avoir poignardé Yoda dans l'œil, mais la dernière ? Sur moi ? Je suis bel et bien prête à la brûler, Rose. Car tu m'as accordé une seconde chance, même si c'est seulement parce que maman t'y a incitée. Tu aurais pu refuser. Tu aurais pu t'éloigner de tout ça, rentrer à Liverpool, et nous ne nous serions probablement jamais revues. Au lieu de ça, nous sommes ici, ensemble. Et peut-être… peut-être que tu m'as pardonné ?

Dans le fond, je suppose que tout ce que notre mère a frénétiquement organisé, planifié et comploté a toujours mené à ceci. À ce moment précis : nous ici, dans son jardin à minuit, à écouter le refrain du hibou, en nous demandant ce qui va suivre. Techniquement, une seule lettre de son abécédaire peut s'appeler F pour Force de pardonner, mais toute cette affaire a essentiellement porté sur cette unique question. Est-ce que je pardonne à Poppy, avec tout ce que je sais maintenant ? En repensant à toute cette histoire avec du recul, en comprenant ce qu'elle a éprouvé ? Après avoir perdu notre mère, nous être aidées à aller au bout de l'abécédaire, et avoir fait les premiers pas hésitants et terrifiants pour retourner dans la vie l'une de l'autre ?

— Oui, je te pardonne, Poppy, dis-je simplement. Oublier ne sera pas aussi facile, pour toi comme pour moi, mais je te pardonne. Je t'aime. Tu m'as manqué. Et maintenant… eh bien, je n'imagine pas la vie sans toi. Si tu peux me pardonner la façon dont j'ai réagi, je peux te pardonner pour ce qui s'est passé. D pour D'accord ?

Elle tend une main, comme pour serrer la mienne et conclure le marché, et m'attire dans une étreinte à la place. J'enroule mes bras autour d'elle et sens qu'elle renifle dans mes cheveux. Je la soupçonne de pleurer et lui tapote le dos pour la consoler.

— OK, faisons ça, dit-elle, quand elle finit par se dégager.

Elle a quelque chose de pétillant ce soir, donne une impression d'énergie sans limites. Elle prend le bidon d'essence, presque en bondissant sur ses pieds nus, et en verse une giclée sur le barbecue. Je recule – la giclée était un peu du genre généreux – et attends qu'elle l'allume. Dans un petit son d'embrasement soudain, les flammes s'élèvent d'un coup, du rouge et or dansant dans le ciel nocturne. S'ensuit un crépitement, et l'odeur du plastique qui brûle tandis que Poupée Gareth se désintègre davantage. Poppy me regarde, de petites flammes vacillantes se reflétant dans ses grands yeux marron, et je hoche la tête. Exactement au même moment, nous jetons toutes les deux nos listes de culpabilité au feu, où elles se plissent, se froissent et se transforment rapidement en une petite pile de cendres.

Chapitre 71

Andrea : Z pour Zidolâtrie

Bonjour Rosehip, bonjour Popcorn ! J'espère que vous allez merveilleusement bien aujourd'hui, même si, comme moi peut-être, vous avez un peu le cafard. Nous sommes arrivées au Z, et à la fin de notre aventure ensemble.

Ceci sera mon dernier enregistrement pour vous, et j'ai de nouveau opté pour le bon vieux magnétophone. Il me reste une vidéo à faire, et je réserve toute ma présence à l'écran pour ça, car ce sera un événement important, et je ne veux pas me tromper dans mon texte. Parce que si c'est la fin de l'abécédaire pour moi, ce sera le commencement pour vous, et j'ai prévu de donner la prestation de ma vie.

Je n'ai aucune idée d'où vous êtes à cet instant, de ce que vous faites, ni de ce que vous ressentez. Ce projet tout entier a été créé dans le vide ; pour ce que j'en sais, tandis que j'enregistre ceci, vous avez peut-être déjà renoncé. Ou même pas commencé.

Toutes ces enveloppes pourraient être restées fermées, et vous n'avez peut-être même pas vu cette photo de moi avec Elvis… J'aime me dire que si. Je dois le penser. Je dois m'accrocher à ma certitude que vous êtes toujours là, toujours sur votre lancée comme on dit, toujours à mon écoute.

Je dois penser que tout ça a fait une différence. Que ça rendra votre avenir plus serein. Que tous mes souhaits et mes prières ont été exaucés, et que vous êtes de nouveau réunies. Ne pas le savoir me tue… ou est-ce que c'est le cancer, ah ah ! Désolée, humour noir… bref. Je dois accepter que je ne saurai jamais quel effet tout cela a eu sur vous, c'est un peu l'ultime suspense. Pour moi, en tout cas.

J'espère que vous vous êtes amusées, ou tout au moins que vous ne vous êtes pas entre-tuées. Pour moi, ça a été une sacrée mission, un abécédaire de tous mes rêves. Je suis consciente qu'une partie a pu se révéler étrange, ou perturbante, ou clairement déconcertante parfois, mais il n'était pas juste question de panser les plaies de votre relation, les filles. Il était question de moi, qui faisais mes adieux.

Nous savons tous que nous ne vivrons pas éternellement. Nous sommes tous conscients que viendra le moment où nous quitterons nos êtres chers, et repensons à notre vie en sachant que la fin

est proche. Qu'il n'y aura plus d'occasions, plus de choix, plus rien.
Mais le savoir en théorie et l'affronter en réalité – savoir que la vie n'est pas infinie, et que chaque minute qu'il vous reste est mesurée comme les grains d'un sablier géant – est très différent. Au début de tout ceci, je n'avais aucune idée du temps qu'il me restait, ni si je pourrais même aller au bout. Si le destin s'était montré mesquin, j'aurais pu vous laisser bloquées à la lettre H, je suppose !
Lewis pense – et il a raison en général – que je suis simplement trop obstinée pour lâcher prise avant que tout ça soit achevé. Avant que j'aie l'impression d'avoir fait de mon mieux... et peut-être que c'est le cas. Je suis assurément soulagée, d'une certaine manière, d'arriver à la lettre Z, même si c'est la fin. Je n'ai plus grand-chose dans mon réservoir, à dire vrai.
Tout cela est très étrange, non ? Ça l'est pour moi, du moins. Lewis, sur mon insistance, est rentré chez lui pour la nuit, et je suis étendue là, sur mon lit d'hôpital, à enregistrer ma voix pour que mes filles l'écoutent après ma mort. On ne peut vraiment pas faire plus bizarre que ça ; savoir que ce que je laisse, tous ces messages, vidéos et lettres, seront tout ce qui restera de moi.
C'est plus que ce qu'ont la plupart des gens, mais je sais que, pour vous, ce ne sera jamais assez ; quel que soit le nombre de questions auxquelles j'ai répondu, de

pensées que j'ai suscitées, rien de tout cela ne suffira jamais. Ce n'est simplement pas pareil que de m'avoir près de vous, n'est-ce pas ? Croyez-moi, les filles, si je pouvais accomplir ce miracle en particulier, je le ferais. J'ai fait la seconde meilleure chose avec tout ceci, et je l'ai fait avec tant d'amour. Cela s'est avéré parfois épineux, et je constate, tandis que je suis allongée ici, seule, que ceci est le plus épineux de tout. Parce que c'est ma dernière chance, mon ultime tentative de vous laisser plus fortes que je ne vous ai trouvées. Je peux entendre les infirmières bavarder à l'extérieur, et je peux imaginer Lewis rentrer chez lui et se verser un grand verre de porto, et je peux vous imaginer toutes les deux, vaquant à vos occupations, sans vous douter de ce qui est sur le point de vous arriver. Le choc du coup de fil que, je le sais, vous allez recevoir d'ici peu. Je peux imaginer tout ça, mais je ne peux pas vraiment imaginer comment cette affaire va se terminer, pour aucun d'entre nous. J'ai entamé une histoire que je ne serai jamais capable d'achever. Est-ce que vous redeviendrez sœurs ? Est-ce que le paradis existe, et si c'est le cas, est-ce que c'est ma destination ? Et comment Lewis va-t-il donc s'en sortir sans moi ?

J'ai suggéré beaucoup de réponses au cours de cet abécédaire, mais ces dernières interrogations l'emportent sur moi. Je suppose que je ne saurai simplement jamais… à moins que la réponse à la question sur le paradis soit « oui », bien sûr !

Je sais que je radote, mais je me rends compte que je suis si réticente à appuyer sur ce gros bouton STOP. J'ai plus ou moins l'impression qu'il me menace, qu'il m'observe dans le clair-obscur, comme si, en pressant STOP sur l'enregistrement, j'allais presser STOP sur ma vie. Presser STOP sur mon contact avec vous. Lâcher prise. Et je n'ai vraiment, vraiment pas envie de lâcher prise. Je veux vous tenir tout près de moi, vous nicher dans mes bras, embrasser vos visages et vous garder à l'abri.
Je sais que vous êtes adultes, mais dans mon esprit, vous êtes toujours mes bébés. Mes petites filles chéries. Vous êtes toute ma vie, et j'aimerais tellement vous protéger de ce qui se profile.
Je ne peux pas le faire, malheureusement. Ni trouver un Z véritablement satisfaisant avec lequel achever tout ça. C'est extrêmement contrariant qu'après tous ces efforts la dernière lettre de l'alphabet en soit une aussi périlleuse. Lewis m'a laissé un dictionnaire très pratique pour m'inspirer, et j'ai effectivement fait de grandes trouvailles. Par exemple, saviez-vous que le mot *zettatesla* existait ? Non ? Moi non plus ! Il a une consonance merveilleusement exotique, mais en fait il a à voir avec la physique et le magnétisme. Effroyablement ennuyeux.
Et saviez-vous qu'en Inde et en Iran la partie d'une maison réservée aux femmes s'appelle le zénana ? Ou qu'une ziggourat est un type de tour ? Que le zamia est

un arbre des régions tropicales ? Je ne suis pas certaine de l'utilité de tout ça pour moi maintenant, mais je suppose qu'il n'est jamais trop tard pour apprendre. Bref, je crois que tout ce que j'ai réellement besoin de vous dire, c'est que je vous aime d'un zettamillion de manières différentes. Je vous aime tant, en fait, que ça surpasse tout langage connu et nécessite, je pense, l'invention d'un nouveau mot. J'ai décidé que ce serait *zidolâtrie*. La définition, au cas où vous vous poseriez la question, ressemblerait à ça dans le dictionnaire :

Zidolâtrie *: subst. fém.*
Mot employé pour décrire le comble de l'amour, l'adoration et la fierté.

Ça, mes chéries, c'est ce que j'éprouve pour vous. N'hésitez pas à alerter les aimables rédacteurs des dictionnaires académiques.

Et maintenant, je crains de devoir appuyer sur STOP. Je peux seulement espérer que ce ne sera pas trop littéral. Je vais finir sur quelque chose avec lequel j'ai aussi prévu de commencer, si le dieu des Magnétophones m'accorde un jour de plus. Je finirai en vous demandant de toujours vous rappeler cette vérité toute simple : je vous aime, et je sais que vous m'aimez.

Alors pour l'heure, mes chéries, mes adorables anges crasseux, je vous dis au revoir. Mon amour pour vous est de la pure *zidolâtrie*.

TROISIÈME PARTIE

Rideau

Chapitre 72

Joe : les critiques sont sorties

Ça, c'est un chouette endroit. En haut des collines, une campagne vraiment belle autour de nous. Nous sommes descendus pour l'anniversaire de maman, et tante Poppy nous a préparé un gâteau. Il était assez dégoûtant – je suppose qu'elle s'exerce encore–, mais nous avons tous fait semblant de le trouver délicieux. Surtout Lewis, qui a parlé de ce truc infâme comme de la meilleure chose qu'il ait mangée de sa vie.

À présent nous sommes là-haut, avec lui, maman, Poppy et Betty. On est mi-octobre, et le soleil brille toujours, mais il fait un peu frais. Les branches des pommiers dans le jardin du cottage ploient sous les fruits, et il y avait une couche de givre sur la tête de tous les nains ce matin quand je me suis réveillé et que j'ai regardé par la fenêtre de l'ancienne chambre de Poppy. C'est la mienne désormais, quand je viens séjourner ici, et elle m'a dit que ça ne posait pas de problème si je voulais laisser des affaires, ou me débarrasser des siennes. Mais j'aime plutôt bien la déco. Il y a beaucoup de livres, et l'autre jour, j'ai trouvé un paquet de Rizla caché dans un exemplaire du *Journal de Bridget Jones*. Cependant, je ne peux pas me moquer d'elle pour le papier à cigarette, parce que, alors, je devrais d'abord avouer que je lisais *Le Journal de Bridget Jones*. Et connaissant Poppy, elle posterait l'info sur ma page Facebook, et je serais mort socialement.

Poppy et maman sont parties devant, et dansent autour des cercles de pierres en massacrant une espèce de chant. Je n'arrive pas à distinguer les paroles, mais ça semble requérir beaucoup de mouvements de bras et de sauts.

Maman a entamé sa formation d'enseignante ce trimestre, et on dirait que ça lui plaît. La maison est remplie de dossiers, de schémas avec des codes couleur et de surligneurs, alors j'imagine qu'elle prend ça au sérieux. Tout comme son nouveau régime santé, qui est super. Elle vient même avec Simon et moi à la salle de sport. Je commence à penser qu'elle fait peut-être aussi d'autres trucs avec Simon, mais ça ne me regarde pas. C'est sûr qu'il est plus souvent à la maison, et ils sont sortis deux ou trois fois au cinéma et à la soirée quiz du pub. Elle devient un peu frivole quand il est dans la pièce, et c'est bizarre. Mais cool, je suppose. Simon ne paraît jamais frivole –les entraînements chez les marines l'ont sans doute dépouillé de ce trait de caractère–, mais il a clairement l'air content quand il la voit. Hé, peut-être que j'aurai un nouveau beau-père un jour, qui sait ? Cependant, j'ai moins de certitude pour un nouveau grand-père ; elle lui envoie des mails à Blackpool, et ils ont parlé de se rencontrer, mais ce n'est pas encore arrivé. Heureusement que je suis déjà habitué aux familles à géométrie complexe.

Poppy est toujours au cottage, où elle me dit qu'elle écrit un « roman explicitement érotique ». Je n'ai pas posé trop de questions là-dessus, car j'ai un peu peur qu'elle y réponde. Les boîtes – celles couvertes de jolies fleurs – sont là aussi ; maman a dit que c'était leur foyer spirituel. Je ne suis pas certain que les boîtes aient un esprit, mais celles-ci sont assez spéciales.

Lewis est à la traîne derrière nous, plus loin dans la colline, surtout à cause de Betty, qui se déplace aussi vite qu'un escargot. Cela dit, c'est bien qu'il soit là. Je pense qu'il est un peu seul sans grand-mère, et j'ai l'impression que Poppy l'a en quelque sorte adopté. Ils sont vraiment grossiers l'un envers l'autre, mais de cette façon qui laisse penser qu'ils s'apprécient. Je les rattrape, d'assez près pour entendre qu'elles poursuivent leur délire sur les déesses et les Mars. Complètement cinglées !

Pour ma part, grand-mère me manque toujours, mais je crois qu'elle serait ravie de voir ça. Dans cette carte qu'elle m'a laissée – celle avec le renard au recto –, elle m'a dit combien elle nous aimait tous, en me donnant aussi des conseils. Elle a dit que je devrais apprendre à reconnaître l'or véritable quand je le voyais, et m'a recommandé de chérir les choses qui comptent dans la vie.

Tout cela a été un peu difficile pour moi – j'essaie toujours de me concentrer sur mon bac de physique –, mais je n'oublierai pas. J'ai encore cette carte, et je la garderai toujours.

Elle me manque. J'aimerais qu'elle danse autour de ces pierres avec maman et Poppy. Ça fait bizarre qu'elle ne soit pas là, que tous ces trucs se soient passés sans qu'elle en soit témoin.

Mais qui sait, en réalité, me dis-je en regardant la façon dont ces deux-là étreignent cette pierre géante – la pierre de la sorcière –, peut-être qu'elle le voit ?

REMERCIEMENTS

Cet ouvrage a vraiment été un lexique, autant pour moi que pour Rose et Poppy, surtout T pour Travail acharné et C pour Cheveux que je me suis arrachés. Mais il y a eu beaucoup de S pour Soutien tout le long du chemin, et, comme d'habitude, je tiens à remercier ceux qui m'ont accompagnée tout au long de ce projet.

Un immense merci à Kim Young, Charlotte Ledger et l'équipe de HarperCollins, qui m'ont soutenue du début à la fin. Je remercie également mon agent Rowan Lawton ; bienvenue à bord du train fou !

Il y a aussi quelques personnes qui m'ont aidée de diverses manières – à grand renfort de bière et d'éclats de rire –, et à qui je tiens à témoigner ma reconnaissance : Sandra Shennan, Pamela Hoey, Jane Murdoch, Jane Costello, Milly Johnson, Jane Linfoot, le gang Barbacoa Quiz et Vikki Everett.

Sur un plan plus personnel, ma famille a, comme toujours, été fabuleuse. Mes adorables enfants Keir, Dan et Louisa me permettent de garder les pieds sur terre, et de ne pas perdre de vue le quotidien : les lessives de leurs affaires de sport, la chasse aux clés égarées, et le fait qu'ils ont piscine le mardi. Merci aussi à mon mari, beau, intelligent, en plus d'être un génie de la musique (ça te va comme ça, Dom ?), pour m'avoir écoutée en boucle sur mes problèmes de fiction, pour m'avoir laissée regarder *Supernatural*, et avoir toléré des tonnes de plats à emporter. Je vous aime tous à l'infini, et au-delà.

Ma belle-famille – les Fous O'Malley – mérite aussi de figurer en bonne place dans ces remerciements, surtout ma belle-mère, Terry, dont les histoires de show-biz m'ont largement inspirée pour donner vie à Andrea Barnard.

L'un des thèmes principaux de ce livre est le deuil, et la façon dont nous le traversons. Malheureusement, j'ai perdu bien trop de personnes chères ces dernières années, et plusieurs de mes amis ont vécu aussi cette douloureuse expérience. Peut-être sommes-nous simplement à l'âge où nous faisons plus d'adieux qu'avant. Alors le mot de la fin s'adresse à tous les êtres chers que nous avons perdus : nous vous aimons toujours ; vous nous manquez toujours, et nous pensons toujours à vous, chaque jour.

À DÉCOUVRIR ÉGALEMENT
DANS LA COLLECTION

Milady
FEEL GOOD BOOKS

Aubin
IMPRIMEUR

IMPRIM'VERT
Votre imprimeur agit pour l'environnement

Achevé d'imprimer en mai 2018
N° d'impression 1803.0324
Dépôt légal, juin 2018
Imprimé en France
81122921-1